U0793949

普通高等教育“十一五”国家级规划教材
新世纪高职高专物流管理专业系列教材
机械工业出版社精品教材

物流设施与设备

第4版

主 编 蒋祖星
副主编 吕 霞 孟初阳 何民爱

机械工业出版社

现代物流装备正朝着自动化、集成化和智能化方向发展，并且其应用的范围越来越广。本书主要介绍五大运输方式的基础设施和港口、场站、货栈等物流节点中的起重机械、输送机械、装卸搬运机械、流通加工机械，以及现代化仓库中的集装化技术、货架技术、月台技术、起重搬运机械、包装加工设备、仓储设备和物流信息技术与设备。通过对这些设施和设备的功能、技术参数、结构特点及应用范围的介绍，使读者对物流装备的合理选择、正确配置、合理使用及规范化管理有较深切的认识，正确了解物流技术装备在现代物流系统中的作用，通过切实选好、用好、管好物流设备，充分发挥其效能。

本书可用作高职高专物流管理专业和相关专业的教材，也可作为物流从业人员的参考书及物流工程技术和管理人员培训用参考书。

图书在版编目（CIP）数据

物流设施与设备/蒋祖星主编．—4版．—北京：机械工业出版社，2016.12（2025.8重印）
普通高等教育“十一五”国家级规划教材　新世纪高职高专物流管理专业规划教材
ISBN 978-7-111-54981-9

Ⅰ．①物…　Ⅱ．①蒋…　Ⅲ．①物流—设备管理—高等职业教育—教材　Ⅳ．①F253.9

中国版本图书馆CIP数据核字（2016）第235902号

机械工业出版社（北京市百万庄大街22号　邮政编码100037）
策划编辑：孔文梅　胡延斌　　责任编辑：孔文梅　张　亮　张　翔
责任校对：王　欣　　封面设计：鞠　杨
责任印制：常天培
河北虎彩印刷有限公司印刷
2025年8月第4版第15次印刷
184mm×260mm・13.75印张・291千字
标准书号：ISBN 978-7-111-54981-9
定价：45.00元

电话服务　　网络服务
客服电话：010-88361066　　机　工　官　网：www.cmpbook.com
010-88379833　　机　工　官　博：weibo.com/cmp1952
010-68326294　　金　书　网：www.golden-book.com

机工教育服务网：www.cmpedu.com

前言

PREFACE

物流设施与设备作为现代物流系统的技术支撑要素之一，是物流现代化的基础。快速、高效、自动化的物流机械设备是提高物流能力与效率、降低物流成本、保证物流服务质量的决定因素。本书介绍了综合交通运输系统、集装化装卸搬运系统、散料输送系统、自动仓储系统、流通加工系统、配送中心系统、港口装卸系统、物流信息系统等不同领域的物流作业设施与设备。

本书在前三版的基础上，对使用中的一些问题进行了改进，同时补充和强化了集装箱装卸设备、仓储信息设备、流通加工设备、物流设备管理、物流信息技术与设备等方面的内容，力求内容新颖、浅显易懂。

本书图文并茂，力求深入浅出，尽量避免关于物流设施设备具体结构、深层次的工件原理分析，重点对现代物流系统中主要的设施与设备的功能、性能参数、结构特点及应用范围等进行了介绍，以期使读者对物流装备的合理选择、正确配置、合理使用及规范化管理有较深切的认识。

本书适于作为高职高专物流管理专业和相关专业的教材，也可作为物流从业人员的参考书及物流工程技术和管理人员培训用参考书。建议教学时数为60～70课时。

本书由蒋祖星任主编并最终定稿。其中第三章、第四章由广东交通职业技术学院蒋祖星教授编写，广东交通职业技术学院高级工程师吕霞编写了第一章、第七章和各章案例并主持了第4版的修订工作，第五章由浙江交通职业技术学院孟初阳编写，第二章第一、二节由山东交通学院何民爱编写，第二章第三、四节由吉林交通职业技术学院周永福编写，第六章由宁波高等职业技术学院付静芳编写。广州航海学院苏曙教授审阅全部文稿，并提出了许多宝贵的建议，在此谨致谢意。

物流是个发展中的产业，不断有新的思想、观念和技术产生。限于编者的水平，书中难免有不妥之处甚至错误，我们热忱欢迎读者指正，并能将意见反馈给我们，以便做进一步修改完善。

为方便教学，本书配备电子课件等教学资源。凡选用本书作为教材的教师均可索取，请发送邮件至cmpgaozhi@sina.com，咨询电话：010-88379375，QQ：943579158。

编　者

目 录

CONTENTS

第一章 Chapter One

概　　述

知识目标

了解物流机械设备的发展情况与发展趋势，以及现代物流设备的特点；理解物流设施与设备在现代物流中的地位与作用。熟悉物流设施与设备的构成、现代物流设备管理的含义、物流机械设备保养的基本内容。

能力目标

掌握物流机械设备选择与配置的基本原则和步骤，设备点检的含义、类别、方法和步骤。

2009年国务院颁布了《物流业调整和振兴规划》，提出了物流业发展的十大主要任务和九大重点工程，第一次将物流业的发展提升到了国家战略的高度。现代物流设施设备为物流业的发展提供了硬件保证，是现代物流发展的基石。我国经济的高速增长和物流业的迅猛发展，为物流设施设备的发展带来了难得的机遇。“工欲善其事，必先利其器”，高度发达的物流设施与设备是现代物流系统的特征之一，它对提高物流能力与效率、降低物流成本、保证服务质量等方面都有着十分重要的影响。

第一节　物流设施与设备的构成

一、物流设施与设备的组成

物流设施与设备是物流系统中贯穿于物流全过程、深入到各作业细节的复杂的技术支撑要素，它种类繁多、形式多样，大致由以下几部分构成。

1．物流基础性设施

（1）物流网络结构中的枢纽点，包括全国或区域铁路枢纽、公路枢纽、航空枢纽港、水路枢纽港，国家战略物流储备基地，辐射全国、经济区域的物流基地等。

（2）物流网络结构中的线，包括铁路、公路、航道、输送管路等。

(3) 物流基础信息平台。其任务是为企业的物流信息系统提供基础信息服务（交通状态信息、交通组织与管理信息、城市商务及经济地理信息等），承担不同企业间的信息交换枢纽支持，提供政府行业管理决策支持等。

这类设施一般具有公共设施性质，是宏观物流的基础，它的主要特点是由政府投资建设，战略地位高，辐射范围大。

2. 物流功能性设施

(1) 以存放货物为主要职能的节点，如储备仓库、营业仓库、中转仓库、货栈等，货物在这种节点上停滞时间较长。

(2) 以组织物资在系统中运动为主要职能的节点，如流通仓库、流通中心、配送中心、流通加工中心等。

(3) 物流系统中的载体，包括货运车辆、货运列车、货机、货运船舶等。

这类设施往往被第三方物流企业所拥有，是提供物流功能性服务的基本手段。

3. 物流设备

物流设备是指进行各项物流活动所需的机械设备、器具等可供长期使用并在使用过程中基本保持原来实物形态的生产资料。它不包括建筑物、场站等物流基础设施和运输工具。

(1) 物流仓储设备，主要用于各种配送中心、仓库存取货物。它主要有：货架、堆垛机、室内搬运车、出入库输送设备、分拣设备、提升机、AGV（自动导引运输车）、搬运机器人以及计算机管理和监控系统。这些设备可以组成自动化、半自动化、机械化的商业仓库，完成对物料的堆垛、存取、分拣等作业。

(2) 起重机械，用于将重物提升、降落、移动、放置于需要的位置。起重机械是生产过程中不可缺少的物料搬运设备。起重机械包括：千斤顶、电动葫芦、桥式起重机、臂架起重机、装卸桥等。

(3) 输送机械，是按照规定路线连续或间歇地运送散状物料或成件物品的搬运设备，是现代物料搬运系统的重要组成部分。它主要有：带式输送机、斗式提升机、埋刮板输送机、悬挂输送机、架空索道等。

(4) 流通加工机械，是完成流通加工作业的专用机械设备。它主要有切割机械与包装机械两大类。切割机械有金属、木材、玻璃、塑料等原材料切割机械；包装机械有充填机械、罐装机械、捆扎机械、裹包机械、贴标机械、封口机械、清洗机械、真空包装机械、多功能包装机械等。

(5) 集装单元器具，主要有集装箱、托盘和其他集装单元器具。

(6) 工业搬运车辆，主要指在工厂和码头应用极为广泛的叉车、跨运车、牵引车等搬运设备。

(7) 物流信息技术设备，是指用于物流信息的采集、传输、处理等设备，主要包括计算机及网络、信息识别装置、监控装置、通信设备等。主要有条形码技术、射频技术、电子标签技术、全球定位系统与地理信息系统等。

物流设施与设备的组成如图1-1所示。

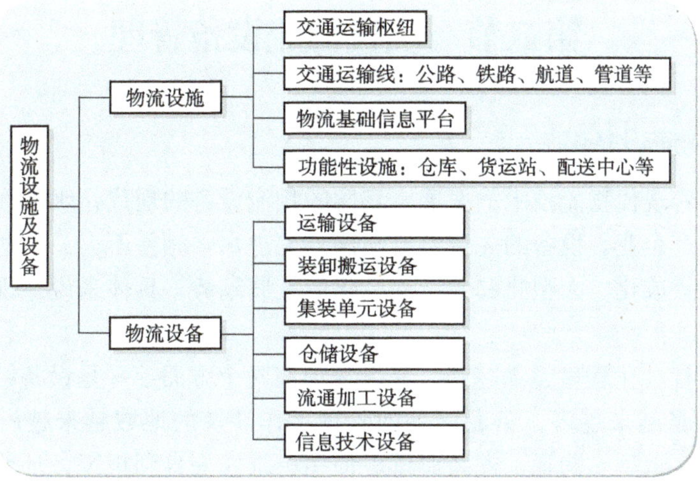

图1-1 物流设施与设备的组成

二、物流设施与设备在现代物流系统中的地位与作用

1. 物流设施与设备是物流系统的物质技术基础

物流设施与设备是进行物流活动的物质技术基础，也是生产力发展水平与物流现代化程度的重要标志。物流设施与设备作为生产力要素，对于发展现代物流，改善物流状况，促进现代化大生产、大流通，强化物流系统能力，具有十分重要的作用。

2. 物流设施与设备是物流系统中的重要资产

在物流系统中，物流设施与设备的价值所占资产的比例较大，现代物流设施、设备既是技术密集型的生产资料，又是资金密集型的社会财富，因而，其造价昂贵，建设一个现代化的物流系统所需的物流设施、设备购置投资相当可观。同时，购置设备之后，为了维持设备正常运转、发挥设备效能，在设备长期使用过程中还需要继续不断地投入大量的资金。

3. 物流设施与设备涉及物流活动的每一环节

在整个物流过程中，从物流功能来看，物料或商品要经过包装、运输、装卸、储存等作业环节，而且伴随着附加的辅助作业，这些作业的高效完成需要不同的物流设施、设备。

4. 物流设施与设备是物流技术水平高低的主要标志

随着生产的发展和科学技术的进步，物流活动的诸环节在各自的领域中不断提高技术水平，一个完善的物流系统离不开现代先进水平的物流技术的应用。例如，现代化交通基础设施（如高速公路、高速铁路等）的建设和先进运输设备的配置，极大地缩短了物流时间，提高了运输效率；托盘、集装箱技术的发展和应用，以及各种运输方式之间的联运的发展，促使搬运装卸实现机械化、自动化，提高了装卸效率和运行质量；高架自动化立体仓库技术的发展和应用，大大节约了仓库面积，提高了仓库使用效率；现代计算机技术、网络技术的发展以及物流管理应用软件的开发，促使物流向效率化阶段演进。可以说，物流技术是提高物流生产力的决定性因素。

第二节 现代物流设备管理

一、现代物流设备的特点

近年来，随着现代物流技术的发展，我国的物流设备的现代化水平在不断提高，在一些大型物流和生产企业，设备的先进性已与国外先进水平相差不大，这些设备的自动化程度较高，体现出集成化、大型化和生产连续化的发展趋势。具体来说，现代物流设备具有以下共同特点。

（1）设备的社会化程度越来越高，具体表现在两个方面：一是设备结构越来越复杂，零部件品种、数量越来越多，备品配件的管理工作涉及的地域越来越广；二是设备从研究、设计、制造、选型、购置、安装调试、使用、维修一直到报废，环节多，各环节之间互相影响，互相制约。

（2）设备中体现的科学技术知识门类越来越多，如液压、机械、电子、电器等。

（3）设备大型化（功率、容量、参数大）、高速化、连续化、电子化，生产率都很高，因而在使用中若管理不慎，将导致故障损失大、污染严重、磨损快等严重后果。

（4）现代设备多为能源密集型的，能源消耗大。

（5）现代设备又是资金密集型的，设备投资和使用费用十分昂贵，迫切要求提高管理的经济效益。

二、现代物流设备管理的含义

现代物流设备管理是以物流设备的一生为研究对象，以设备寿命周期费用最经济和设备综合效率最高为目标，动员全员参加的综合管理。在现代设备管理中，出现了一些新的概念，如设备寿命周期、设备寿命周期费用等。

（一）设备寿命周期费用

1. 设备寿命周期

设备的寿命是指设备从最初的调查研究开始直到报废为止的整个过程。它包括调查研究、计划、设计、制造、选型、购置、安装、调试、运转、维修、更新报废等环节。其中调查研究、计划、设计、制造等环节称为设备寿命的前半生；选型、购置、安装、调试、运转、维修、更新报废等环节称为设备寿命的后半生。

从系统的观点考察，设备寿命的前、后半生，即制造与使用是设备管理这个大系统中的两个子系统。两者之间存在着相互依存、相互促进的内在联系。但是，由于传统设备管理的局限性，设备研制单位只管研制，设备使用单位只管维修，界限分明，表现在制造厂生产的新设备不完全符合或不符合使用单位的要求。因此，造成了不少使用单位设备的大量积压；使用单位在设备更新、改造中的成功经验，不能为设备制造单位吸取，阻碍了新设备技术水平的提高。大量的实践证明，设备在使用与维修时的许多问题取决于它的先天性，即设备初始方案论证及设计试制阶段所确定的一些技术指标，若先天不足，那么后天纠正补救是很困难的。设备寿命的后半生子系统内部各环节之间同样存在着相互制约、相互促进的内在联系，传统设备管理的第一弊病是机械地把买、用、修、更、改分割开来，片面地局限在中间一段，只重视维护修理，忽略了两头，不重视设备的合理选型、择优选购、设备更新和技术改造。拿设备合理选型、择优选购这一环节来说，由于设备部门无权过问或不去过问造成的浪费和损失就很大。

把设备管理的范围扩展到设备的一生是现代设备管理的重要观点，把设备管理的各个环节当作一个整体来管理以追求整体的效益最优。对设备实行的全过程管理，是按照系统论的观点组织设备管理的基本方法，是避免设备积压、浪费的重要措施，它有利于从整体上保证和提高设备的可靠性、维修性和经济性。实行全过程管理是有效地提高企业和国家技术装备水平，实现技术装备现代化的重要保证。

2. 设备寿命周期费用

设备寿命周期费用是指设备一生的总费用，它包括设备的研究、设计、制造、安装、调试、使用、维修、改造直到报废为止所产生的费用的总和。

寿命周期费用一般由两部分组成：一是购置费，设备如是企业自制，则包括调研、设计、制造、安装、调试等费用，如是外购，则包括购置费、运输费、安装调试费。二是维持费，它包括运行费和维修费两部分；购置费与维持费及拆除费之和减去残值即为设备寿命同期费用，即

设备寿命周期费用=购置费+维持费+拆除费–残值

设备寿命周期费用的概念涉及设备的一生。因此，追求寿命周期费用最经济这一目标，也必须贯彻于设备运动过程的始终。只有在设备寿命一生的各个阶段都认真采取和执行有效的措施，才能达到寿命周期费用最经济的目的。

3. 设备寿命周期费用变化规律

在物流机械设备的整个寿命周期内，不同阶段的费用发生情况是不同的。一般情况下，机械设备从规划到设计、制造，即设备寿命周期的前半生，其支出的费用是递增的；到安装调试阶段开始下降，其后运行阶段的费用保持一定的水平；到运转阶段的后期，机械设备性能逐渐劣化，维修费用增加，维持费上升；上升到一定程度，机械设备经济寿命终止，机械设备就需要改造或更新，机械设备的寿命周期也到此结束。在机械设备的整个寿命周期内，各阶段费用支出的发展变化规律，如图1–2所示。

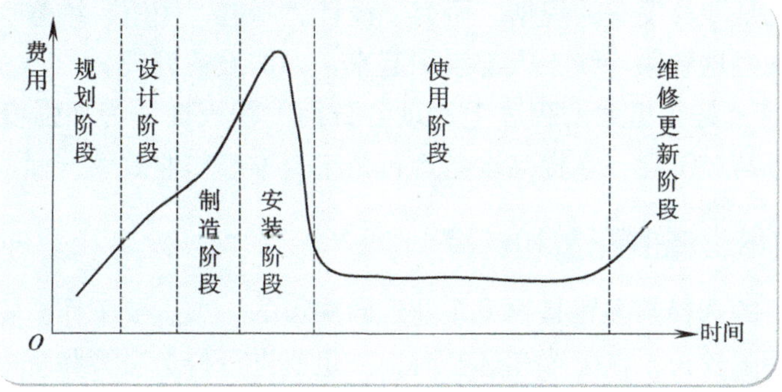

图1–2 机械设备寿命周期费用曲线

（二）综合效率

现代设备管理的另一个特点是以追求设备综合效率最高为目标。综合效率包括六个方面，即设备管理要完成六个方面的任务和目标，可归纳为六个英文字母：

P——产量，要完成产品产量的任务，设备的效率要高；

Q——质量，保证生产高质量的产品；

C——成本，生产成本要低；

D——交货期，按时完成生产任务，保证合同规定的交货期；

S——安全，保证生产安全；

M——有两方面的意义，一是环境，要减少污染，保证环境卫生，文明生产；二是人机匹配关系比较好，使工人保持旺盛干劲和劳动情绪，这是行为科学在设备管理中的应用。

PQCDSM可采用定性和定量方式确定。在寿命周期费用和综合效率基础上，还要进一步测算设备的费用效益，计算公式为

费用效益=综合效率/寿命周期费用

寿命周期费用只是评价设备经济性的一个方面，还要看到设备的效率如何，同样的费用，要选择效率高的设备。

（三）全员参加

全员参加，对设备实行全员综合管理，是现代物流设备管理的又一大特点。所谓“全员”，指的是三全，即全效率、全系统、全体人员。其具体含义是：

全效率，即综合效率，是从PQCDSM这六个因素的现状出发，对设备的效率进行全面的衡量。

全系统，其内容包括两个方面：

（1）推进全系统管理，即要建立起从设备计划、设计、制造、安装、使用、维修一直到更新报废这样一个全系统管理体系，建立一个有效的反馈系统。

（2）建立与设备全过程相适应的一整套维修方式。通过全系统可以开展设备的综合管理，这有利于企业更好地发挥设备计划、设计、制造、安装、调试、使用和维修等各部门在设备管理方面的作用，有利于最大限度地提高设备的综合效率。

全体人员，凡是涉及设备的规划、研究、设计、制造、使用、维修、供应等所有部门的有关人员，从企业经理到第一线工人都组织起来，参加设备管理。

全员管理的意义是在更大的程度上调动各方面的积极性，为加强设备管理，改进设备的可靠性、维修性与经济性，在提高设备运行效率与维修作业效率方面取得更大成效。

三、物流机械设备的配置和选择

物流机械设备的选择与配置是物流企业经营决策的一项重要工作。物流机械设备一般投资规模大，使用期限较长，在配置和选择时，一定要进行科学决策和统一规划。正确地配置与选择物流机械设备，可为物流作业选择出最优的技术设备，使有限的投资发挥最大的技术

经济效益。

配置和选择物流机械设备应遵循技术上先进、经济上合理、生产作业上安全适用、无污染的原则。

1. 系统化原则

系统化就是在物流机械设备配置、选择中用系统的观点和方法，对物流机械设备运行涉及的各环节进行系统分析，把各个物流机械设备与物流系统总目标、物流机械设备之间、物流机械设备与操作人员之间、物流机械设备与物流作业任务等有机严密地结合起来，改善各个环节的机能，使物流机械设备配置、选择最佳，使物流机械设备能发挥最大的效能，并使物流系统整体效益最优。

在企业物流系统中，用系统观点和方法解决物流机械设备配置和选择问题，是提高企业资源利用率、实现最合理投资的重要手段。按系统化原则配置与选择物流机械设备，不仅要求物流机械设备与整个系统相适应，各物流机械设备之间相匹配，而且还要求全面、系统地分析物流机械设备单机的性能，进行综合评价，做出决策，使设备配置达到整体最优。

2. 适用性原则

适用性是指物流机械设备满足使用要求的能力，包括适应性和实用性。在配置与选择物流机械设备时，应充分注意与物流作业的实际需要和发展规划相适应，符合货物的特性、货运量的需要，适应不同的工作条件和多种作业性能要求，操作使用灵活方便。因此，首先应根据物流作业的特点，找到必要功能，再选择相应的物流机械设备。这样的物流机械设备才有针对性，才能充分发挥其功能。有人认为，物流机械设备的适用性越强，要求的功能越多，其实不然。功能越多，厂家的成本投入就越大，物流机械设备的价格也会提高，购置时一次支付的费用就会增高。况且，功能太多，不一定是实际作业所需要的，花了钱买了不需要的功能，物流机械设备得不到充分利用，肯定会造成浪费，不可能取得良好的经济效益。功能太低，不能满足作业要求，物流效益低，同样是不可取的。只有充分考虑使用要求，按必要功能去选择物流机械设备，才能充分体现物流机械设备的适用性，获得较大的投资效益。

3. 技术先进性原则

技术先进性，是指配置与选择的物流机械设备能够反映当前科学技术先进成果，在主要技术性能、自动化程度、结构优化、环境保护、操作条件、现代新技术的应用等方面具有技术上的先进性，并在时效性方面能满足技术发展要求。物流机械设备的技术先进性是实现物流现代化所必备的技术基础。但先进性是以物流作业适用为前提，以获得最大经济效益为目的，绝不是不顾现实条件和脱离物流作业的实际需要而片面追求技术上的先进。当然，也要考虑企业未来发展规划及技术改造的潜力，防止购置技术上已属落后、已被淘汰的机型。

4. 低成本原则

低成本是指物流机械设备的寿命周期成本低。它不仅是要一次购置费用低，更重要的是物流机械设备的使用费用低。任何先进的物流机械设备的使用都受经济条件的制约，低成本是衡量机械设备的技术可行性的重要标志和依据之一。在多数情况下，物流机械设备技术先进性与低成本可能会发生矛盾。但在满足使用要求的前提下应对技术先进性与经济上的耗费进行全面考虑和权衡，做出合理的判断，这就需要进一步做好成本分析。有些物流机械设备原始费用比较低，但其能源消耗量大，故障率高，维修费用高，因此导致了运行成本很高。相反，有些物流机械设备的原始费用高，但其性能好、能耗小、维修费用低，因而运行成本较低。因此，应全面考查物流机械设备的购置费用和运行费用，选择整个寿命周期费用低的物流机械设备，才能取得良好的经济效益。

此外，为完成某种轻量级工作而购买价格昂贵的重量级物流机械设备，或选用使用寿命不长的物流机械设备，或非标准物流机械设备，都可能会带来经济上的不合理。

5. 可靠性和安全性原则

可靠性是指物流机械设备在规定的使用时间和条件下，完成规定功能的能力。它是物流机械设备的一项基本性能指标，表示物流机械设备功能在时间上的稳定性和保持性。如果物流机械设备的可靠性不高，无法保持稳定的物流作业能力，也就失去了物流机械设备的基本功能。物流机械设备的可靠性与经济性是密切相关的。从经济上看，物流机械设备的可靠性高就可以减少或避免因发生故障而造成的停机损失与维修费用支出。但是可靠性并非越高越好，因为提高物流机械设备的可靠性需要在物流机械设备研发制造中投入更多的资金，受到其制约，价格就会较贵。因此，不能片面追求可靠性，而应全面权衡提高可靠性所需的费用开支与物流机械设备不可靠造成的费用损失，从而确定最佳的可靠度。

安全性是指物流机械设备在使用过程中保证人身和货物安全以及使环境免遭危害的能力。它主要包括设备的自动控制性能、自动保护性能，以及对错误操作的防护和警示性能等。

随着物流作业现代化水平的提高，可靠性和安全性日益成为衡量设备好坏的重要因素。在配置与选择物流机械设备时，应充分考虑物流机械设备的可靠性和安全性，以提高物流机械设备利用率，防止人身事故，保证物流作业顺利进行。

6. 一机多用原则

一机多用是指物流机械设备具有多种功能，能适应多种作业的能力。配置用途单一的物流机械设备，使用起来既不方便，又不利于管理，因此，应发展一机多用的物流机械设备。配置和选择一机多用的物流机械设备，可以实现一机同时适宜多种作业环境的连续作业，有利于减少作业环节，提高作业效率，并减少物流机械设备台数，便于物流机械设备管理，从而充分发挥物流机械设备潜能，确保以最低的投入获得最大的效益。如叉车具有装卸和搬运两种功能，正是这点使其得到了极为广泛的应用。再如多用途门座起重机，通过集装箱吊具、吊钩、抓斗等多种取物装置的调换，可适用于装卸集装箱、钢材和超长超大重件等件杂货及煤和砂石等散装货物。在配置与选择物流机械设备时，要尽量优先考虑一机多用的物流机械设备。

此外，还有环保性原则，要求物流机械设备噪声低、污染小，具有较好的环保性。

四、物流机械设备的使用管理

（一）物流机械设备使用管理的基本要求

物流机械设备的正常使用是指在规定的工作条件下，物流机械设备从事物流作业，发挥其规定效能的工作过程。物流机械设备使用管理是从采购、验收、投入使用到报废的全过程管理，包括设备组织管理、技术管理、安全管理、经济管理等具体内容。

物流机械设备使用管理的基本要求是：保持机械设备处于良好技术状态，进行合理的生产组织，充分发挥物流设备的效能，安全、优质、高效、低耗地完成所担负的作业任务，并取得最佳的经济效益。

物流机械设备在使用过程中，由于受到工作环境条件、使用操作方法、工作持续时间、工作量、工作负荷等因素的影响，使其应有的功能和技术状态不断发生变化而劣化。为控制这种变化过程，除了要为物流机械设备创造适宜工作的环境条件外，正确使用物流机械设备是控制设备技术状态变化和延缓工作能力下降的先决条件。

（二）物流机械设备的正确使用

物流机械设备的正确使用包括技术合理和经济合理两个方面。技术合理是按有关技术文件规定的设备性能、使用说明书、操作规程、安全规则、维护保养规程，以及不同的工作状况、工作环境、自然条件下的使用要求，正确操作机械设备。经济合理是在设备性能允许的范围内，通过合理的组织管理，充分发挥设备的效能，以高效、低耗获得较高的经济效益。

1. 物流机械设备正确使用的衡量指标

评价物流机械设备是否得到正确使用，可从以下三个方面的指标加以考察。

（1）高效率。物流机械设备的作业能力是否得到充分发挥是衡量设备是否正确使用的主要因素之一，在物流作业流水线或综合机械化组合中，至少应保证主要物流机械设备的作业能力得到充分发挥。

（2）经济性。物流机械设备的使用经济性是要求物流机械设备在完成一定工作量的作业时所需的运行成本最低。运行成本包括机械设备的日常消耗品费用、养护费、人工操作费等。不同的物流机械设备，不同的作业性质，应有相应的使用经济性指标。

（3）故障率。物流机械设备的故障率是指在规定的使用寿命内发生故障的概率。引起设备故障的主要原因除设备的自然磨损和老化外，还有人为因素、维护保养、使用环境条件等方面。制定合理的设备操作规程及维护保养制度，并严格执行，是降低设备故障率，保持设备技术状态完好和延长使用寿命的重要手段。

2. 保证设备正确使用的措施

（1）严格按规程操作设备。设备操作规程规定了设备的正确使用方法和注意事项，对异常情况应采取的应急处理措施及异常事故的报告制度。

（2）实行使用设备的各级技术经济责任制。这要求操作者按规程操作，按规定交接班，按规定进行维护保养。班组、车间、生产调度部门和企业领导都应对设备的正确使用承担责任，不允许安排不符合设备规范和操作规程的作业任务。

（3）严格使用程序管理。对重要设备采取定人定机、教育培训、操作考核和持证上岗制度。建立严格的交接班制度，严肃处理设备事故责任人等。

（4）实行设备养护的奖励制度，将提高使用人的积极性同物质奖励结合起来。

3. 物流机械设备正确使用的注意事项

正确、合理地使用物流机械设备，能减轻设备的自然损耗，保持良好的工作性能，充分发挥设备效能，延长设备使用寿命。为此，在物流机械设备使用中，应做好以下工作：

（1）健全组织保障体系，做好设备安装工作。从企业领导到一线操作人员都应树立关心设备、爱护设备的思想，人人参与设备管理。在使用前首先要严格按质量标准安装设备，安装后要经试运转验收合格才能投入使用。

（2）合理安排设备的工作量负荷。在安排设备工作量时，要根据设备本身的性能参数和物流作业任务量，经过科学的计算，合理确定设备工时定额。不同设备，其性能、结构、效率、使用范围、工作条件和能力都不相同，故在安排工作量时，需按照设备的不同技术性能分别确定工作量，既要充分发挥设备的效能，有利于提高设备利用率，又要防止设备的过度疲劳和磨损，更不能超负荷使用。合理安排设备工作量也为设备的计划维修打下基础。

（3）加强对操作人员的规范管理，做到正确使用设备。设备操作人员、使用人员必须熟知设备性能、操作和使用程序。这要求不断对操作使用人员进行技术培训，严格考核制度。合格的操作人员必须做到“四懂四会”，即懂性能、懂结构、懂原理、懂用途；会使用、会维护保养、会检查、会排除故障。

（4）完善设备使用的技术保障工作。要及时提供规格、质量符合要求的燃油、润滑油、液压油、备品配件等日常消耗品和替换件，这是保证物流机械设备正常运行的物质条件。

（三）物流机械设备的维护保养管理

1. 物流机械设备保养管理的基本内容

物流机械设备要经常处于完好状态，除正确使用设备外，正确的维护保养也非常重要。良好的设备维护保养能有效减少设备故障及修理次数，延长设备的使用寿命。

维护保养是指对设备进行清洁、润滑、调整、防腐、检查等一系列工作的总称。其目的是减少设备的磨损，及时发现和处理设备运行中出现的异常现象。尽管物流机械设备的结构、性能和使用方法不同，设备维护保养工作的具体内容也不完全相同，但设备维护保养工作的基本内容是一致的，即清洁、安全、润滑、防腐、检查。

清洁是指对各种物流机械设备进行清洁，做到无灰、无尘、整齐，保持良好的工作环境。

安全是指设备的安全保护装置要齐全，各种装置不漏水、不漏油、不漏气、不漏电，保证安全，不出事故。

润滑是指对设备各运动摩擦部位要定时、定点、定量加注润滑油，保证运动副得到正常的润滑，减少摩擦磨损，保证运转畅顺。

防腐是指防止设备腐蚀生锈，提高设备运转的可靠性和安全性。

2. 物流机械设备的点检制度

检查设备的目的是判断和确定设备的技术状态是否在规定范围内，据此做出继续使用、采取预防措施或停机修理的结论。物流机械设备的点检是一种现代先进的设备检查制度，是对影响设备正常运行的一些关键部位进行经常性检查和重点控制的方法。

（1）设备点检的含义。设备的“点”是指预先规定的设备的关键部位或薄弱环节。设备的“检”是指通过人的五官或运用检测的手段进行检查，及时准确地获取设备部位（点）的技术状况或劣化的信息，及早预防维修。

进行设备点检能够减少设备维修工作的盲目性和被动性，及时掌握故障隐患并予以消除，从而掌握主动权，提高设备完好率和利用率，提高设备维修质量，并节约各种费用，提高总体效益。

（2）设备点检的类别。

1）日常点检。每日通过感官检查设备运行中的关键部位的声响、振动、温度、油压等，并将检查结果记录在点检卡中。

2）定期点检。时间周期长短按设备具体情况划分，有一周、半月、一月、数月不等。定期点检除凭感官外还要使用专用检测仪表工具。定期点检主要是针对重要设备，要检查设备的性能状况、设备的缺陷、隐患以及设备的劣化程度，为设备的大修、项修方案提供依据。

3）专项点检。专项点检是有针对性地对设备某些特定项目的检测，要使用专用仪器工具，在设备运行中进行。

（3）设备点检的方法。

1）运行中检查。

2）停机检查，其中包括停机解体检查和停机不解体检查。

3）凭感官和经验检查。

4）使用仪表仪器检查。

某设备的点检方法一经确定，点检人员不能随意自行改变。

（4）设备点检的步骤。

1）确定设备的检查点。设备的检查点往往是设备的关键部位或薄弱环节，检查点一经确定，轻易不要变动，并要长期积累历次检查数据和资料。

2）确定点检路线。检查点确定后，要根据设备的分布和类型等具体情况组成一条点检路线，并明确点检前后顺序。点检路线确定后，也不许轻易变动。

3）确定点检标准。设备的点检标准要根据设备的各种资料并结合实际经验来制定，其标准要定量化，便于检查。

4）确定点检周期。设备的各自性能不同、特点不同、寿命不同，点检周期也不同。因此要根据实际情况，分别制定各设备的点检周期，以保证设备按时接受检查。

设备点检人员必须有高度的责任心和技术水平，切实做好点检工作，点检人员对检查信息记录要准确、简明、全面、规范。设备点检工作完成后，必须妥善保存、归档，以便今后工作中使用。

（5）设备点检工作的检查和考核。做好点检工作，对今后设备的修理工作会起到重要作用，因此要加强领导，定期检查、考核，杜绝不负责任的点检，使点检工作真正起到作用。

3. 物流机械设备的维护保养

物流机械设备的维护保养可采用“日常保养”和“定期保养”两级保养制度。

（1）物流机械设备的日常保养。物流机械设备的日常保养是全部维护工作的基础。它的特点是经常化、制度化。一般日常保养包括班前、班后和运行中维护保养。

参加日常维护保养的人员主要是操作工人。在设备的日常使用过程中，要注意观察设备运转情况和仪器、仪表，通过声音、气味等发现异常情况。设备不能带病运行，如有故障，应停机及时排除，并做好故障排除记录。

日常保养的内容大部分在设备的外部。其具体内容有：搞好清洁卫生；检查设备的润滑情况，定时、定点加油；紧固易松动的螺栓和零部件；检查设备是否有漏油、漏气、漏电等情况；检查各防护、保险装置及操纵机构是否灵敏可靠，零部件是否完整。

（2）物流机械设备的定期保养。

1）定期保养的定义。物流机械设备的定期保养是指在设备运行一定间隔时间后，由操作人员和保养人员按规定有计划地进行的强制性保养，是对物流机械的全面性维护工作，定期保养是物流机械设备运行管理和状态维修管理的重要组成部分，是使物流机械能经常保持良好技术状态的预防性措施。

该定义主要突出以下四项要求：

① 定期保养是由操作人员和专业保养人员按各自的职责分工，相互合作共同完成的。

② 定期保养是按一定的运行间隔期制订的保养作业计划。这个计划是状态维修管理计划的组成部分。保养必须按计划顺序管理，计划的执行必须具有严肃性。

③ 定期保养是一项强制性的管理措施。

④ 定期保养是对物流机械设备进行全面性维护，使其保持应有的技术状态。

2）定期保养的三大特点。

① 定期保养是状态维修的基础。物流机械设备在使用过程中，由于存在运动、摩擦、内部应力等物理、化学变化过程，必然会导致技术状态的不断劣化，并且通过机械零部件松动、温升异常、异响等现象表现出来。通过点检、保养、检测等手段把上述现象的信息及时采集起来，通过分析后做出维修决策，实施有针对性的维修，这就是以状态为基础的维修管理模式。

定期地对机械进行保养，可使机械运转情况得到及时改善，消除可以避免的磨损和损坏，减缓机械的劣化趋势，延长机械修理周期，减少修理工作量。所以说，执行定期保养是推行状态维修的基础，没有保养的基础保证，也就无法推行状态维修。

② 定期保养具有强制性。定期保养贯穿于设备运行的全部过程，使机械运转状态得到及时的改善，消除可以避免的磨损和损坏。所以说，保养伴随着机械设备运行全过程，不是可有可无的作业行为，而是必须进行的强制性行为。

③ 定期保养具有全面性。物流机械设备是由各个零部件组合而成的，各部件运转状态的正常与否直接对整机的技术状态产生影响，整机的技术状态如何也是通过零部件反映出来的，所以对物流机械设备必须实施全面性的定期保养。实施全面性定期保养的项目不宜过多，应根据具体设备的复杂程度和结构特点，以影响安全的零部件和装置为重点，以重点兼顾全面，达到对物流机械设备全面保养的目的。

3）定期保养的基本内容。

① 对机械设备进行清洁和擦洗。

② 检查、调整、紧固各操纵、传动及连接机构的零部件。

③ 对各润滑点进行检查、注油或清洗换油。

④ 调整和检查安全保护装置，保证其灵敏可靠。

⑤ 更换已磨损的零部件。

⑥ 使用相应的检测仪器和工具，按规范对主要测试点进行检测，并做好检测记录。

（四）物流机械设备的故障维修管理

1. 机械设备的故障规律

机械设备的故障规律是指设备从投入使用直到报废为止的全过程中，设备故障的发展变化规律。设备的典型故障强度曲线如图1-3所示，形似浴盆，故称浴盆曲线。

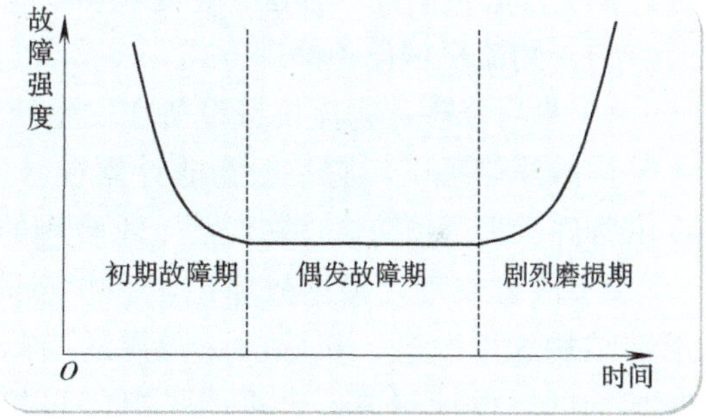

图1-3　设备故障强度曲线

浴盆曲线可分为三个阶段。第一阶段为初期故障期，这一阶段的故障率较高，发生的故障一般是由于设计上的疏忽、制造质量欠佳和操作不协调引起的。第二阶段为偶发故障期，在这一阶段设备已进入正常的运转阶段，故障率较低，基本上为一常数，大部分故障属于维护不好和操作失误而引起的偶发故障。第三阶段为剧烈磨损期，在此阶段，设备的某些零件已经老化，因而故障率剧增。

维护保养的作用就在于使设备技术状态缓慢变化，使浴盆曲线更趋水平，并使剧烈磨损期尽可能晚一些出现，即无故障工作时间尽可能长一些。

2. 物流机械设备故障管理的内容

物流机械设备故障管理的内容主要包括以下几方面：

（1）掌握异常信息。通过感官检查和利用各种专用故障状态监测仪器对设备进行状态监测，掌握设备关键部位和易产生故障部位的异常现象或故障征兆等信息，如振动、噪声、温度变化等。

（2）收集故障资料。做好物流机械设备故障资料的记录和收集工作，对故障信息及时、准确、完整地收集记录和总结分析，存入专业档案保管。有关记录内容应包括物流机械设备的编号、名称、型号规格、故障发生的机构或部位，故障原因、停机修理时间、修理内容与工艺措施、所用工艺装备、工时材料和主要修换件、维修费用、经济损失等。

（3）信息处理。充分利用数理统计等分析方法，如直方图、因果图、控制图等，进行记录数据处理，分析故障产生的原因，找出故障规律，制定故障处理对策。

（4）故障处理与信息反馈。由设备技术人员针对故障现场实际情况，制定具体对策，提出故障处理和维修方案，并及时组织力量对故障进行处理，有关信息向主管部门和设计制造部门反馈。

3. 物流机械设备的修理管理

修理的作用是恢复物流机械设备已失去的工作能力，使设备回复到良好的技术状态。设备的修理不同于设备的维护保养，修理的主要目的是修复和更换已经磨损或腐蚀的零部件，使设备恢复其技术性能和使用性能，保证其发挥正常功能。自然有形磨损的修理称为正常修理；事故性损坏的修理称为非正常修理。修理是恢复物流机械设备功能的有效措施，是有形磨损的局部补偿，也是物流机械设备管理的一个重要内容。

（1）物流机械设备修理方式。

1）事后修理。物流机械设备在发生故障而丧失其基本功能后进行的修理称为事后修理（又称故障修理）。它一般为非计划性修理，适用于利用率低、修理复杂程度低、能及时提供备件、实行预防修理在经济上不合理的中小型物流机械设备，如中小型起重机等。

2）改善修理。根据故障记录和状态监测结果，在修复故障部位的同时对设备性能或局部结构加以改进，根除故障根源的措施，称为改善修理。改善修理适用于机械设备某些结构的原设计制造不合理的情况，目的在于提高和改善局部结构或系统的可靠性和维修性。

3）预防修理。根据设备的工作环境、零部件及控制系统的工作状况，依靠监测信息，事先编制修理计划和修理项目及相应的工艺方案，开展对设备的维修作业，称为预防修理。预防修理可分为两大类：一是定期修理，二是定检定项修理。

① 定期修理，以时间为基础或以工作时数为基础，不考虑零部件磨损规律的修理方式。其特点是具有周期性，人力、备件等资源可事先预计，并可做长期计划安排。适用于连续或多班作业场合、使用频繁、平时难以停机修理的物流机械设备。

② 定检定项修理，以设备运行技术状态为基础的预防修理，又称针对性修理或状态监测修理。它用人工或仪器对设备工作状态进行监测和诊断，通过数据分析处理，了解并掌握设备或零部件的劣化程度、故障隐患，选择适当的时机安排修理。这种修理方式的特点是针对性强，可有计划地排除故障，使设备经常处于完好技术状态，并有效地提高零部件、结构件等的物质寿命。这种修理方式适用于大中型物流机械设备，如门座式起重机、岸边集装箱装卸桥等。

以上修理方式各有优缺点，企业可根据自己的物流作业特点、各类物流作业机械的特性、故障规模、修理费用、停机损失、资金、修理效果等情况分别加以择优选用。

（2）物流机械设备的修理类别。物流机械设备工作能力的下降和技术状态的劣化是逐渐发生的过程，而设备的修理却是间断发生的过程。根据修理内容和工作量的不同，修理作业可以划分成不同的类别。

1）大修。设备大修是旨在全面恢复设备工作能力的修理工作，其特征为全部或大部分拆卸分解，修复基准件，更换或修理所有不宜继续使用的零件，整新外观，使设备精度、性能等达到或接近原出厂水平。为了改进和提高设备工作能力，可以对需要改进的部位（部件或项目）或整机，结合大修进行现代化改装。

2）项目修理。项目修理简称项修，这里的项目是指设备部件、装置或某一项设备输出参数。项目修理是在设备运行状态管理的基础上，针对设备技术状态的劣化程度，特别是在已判明故障的情况下，采取的有针对性的修理。项目修理的特点是修理内容明确，针对性强，可节省修理时间、人力、物力和费用，效果较好。

3）小修。小修指工作量较小的修理。小修的工作内容除日常保养和定期保养的全部内容之外，还要根据物流机械设备的磨损规律，进行机、电检修，对故障部分进行分解、检查、调整和修理。小修属局部修理，目的在于排除故障，恢复局部功能。

物流机械设备的大修、项修、小修都应以技术状态监测为基础，以提高修理的计划性、准确性和经济性，减少不必要的拆卸或过剩修理。大修、项修、小修三者都具有恢复物流机械设备技术性能和使用性能的功用，但具体的工作内容和范围各不相同。大修是整机全面性恢复的修理，项修是局部性调整与恢复的修理，小修是排除故障的修理。

第三节 物流设施与设备的现状与发展趋势

一、世界物流设施与设备的发展现状

第二次世界大战后，工业生产、科学技术、经济得到了迅速发展，物流业以及作为物流业的硬件设施——物流设施、设备也得到了相应的发展。

从运输设备来看，20世纪50～60年代，散货船的载重量一般是几千吨至上万吨，运输的货物是以煤、大宗建材为主。水运工艺的第二次革命将谷物由袋装改为散装，还将某些本性属于散货的件货（如化肥）也改为散装运输，因此，出现了5万～8万t级的巴拿马型的散货船。2011年7月，中国打造的当时全球最大的40万t级散货船—巴西淡水河谷VALECHINA正式下水。

20世纪60年代末，在公路上首先出现了集装箱运输。集装箱运输因为能实现全部机械化作业，能提高装卸效率，提高货运质量，适合组织多式联运等优点，改变了件货运输和装卸的落后状况。因此，很快地应用到水路运输上，并引发了水运工艺的第三次革命。1976年出现了第一代集装箱运输船，其载箱量仅为200TEU（标准箱），航速22节。经过近40年的

发展，下水的第7代超大巴拿马型集装箱船，其载箱量高达19 000TEU以上，且近两年集装箱载箱量不断被刷新纪录。另外，为满足不同货物的运输要求，还出现了各种专用船舶，如液货船、滚装船、载驳船、冷藏船等。

国际集装箱运输系统的迅速发展，随着第七代集装箱运输船舶的出现，岸边集装箱起重机得到了相应发展。服务于第一、二代集装箱船舶的岸边集装箱起重机的起重量为22.68t，外伸距23.78m。而目前世界上最大的岸边集装箱起重机是由上海振华重工（集团）股份有限公司生产的，其外伸距达到了70m，起升高度49m，额定起重量75t。最新研制的双40ft箱双小车岸边集装箱起重机的理论作业生产率可达到90～100TEU/h。

近年来，新投产的散货船吨位在不断增大，为了提高装卸效率，散货船的装卸从采用门座起重机等通用设备发展到用装船机、卸船机等专用机械。目前亚洲最大的抓斗卸船机的生产率达到了3 500t/h，而移动式煤炭装船机的生产率达到了10 000t/h，弧线式矿石装船机的生产率则达到了16 000～20 000t/h。

汽车运输快捷、方便，能做到“门到门”输送，满足小批量、多品种的原材料和产成品的输送要求，因此，近年来公路运输发展迅速。中长途公路货车发展方向是大吨位、专业化、低能耗和高可靠性，重点发展半挂汽车列车，尤其是厢式半挂车。但普通的载货车只能完成一般的货物运输，不能满足运量的要求，所以出现了越来越多的专用车辆，如自卸车、罐式车、冷藏车等，因为它们能有效地发挥汽车运输的功能，满足输送货物的特殊要求，所以成了物流系统中不可缺少的设备。

随着物流业的发展，运输工具的大型化、专用化，物料搬运设备也向大型化、高速、高效、多品种方向发展；其控制方式也从手动、半自动发展到全自动。

轮胎起重机、汽车起重机等流动式起重机在20世纪50～60年代起重量大多为5t、8t。以后，通用型流动式起重机以中小型为主，起重量在40t以下，专用型流动式起重机向大型化发展。为满足大型石油、化工、冶炼设备和高层建筑构件安装等的需要，已生产了起重量3 600t的履带式起重机，汽车起重机的起重量达到了1 000t，主臂架长度121m。

流动式起重机早期大多采用机械式传动。由于液压传动具有结构紧凑、可以无级调速、操纵方便、运转平稳和安全可靠等优点，目前在流动式起重机上广泛采用，特别是大吨位的全液压起重机发展迅速。许多流动式起重机还采用液力传动。这种传动方式使液力变矩器与发动机合理匹配，发动机的转矩能自动适应行驶条件；还采用了动力换挡的变速器、液压转向装置，这样大大减轻了驾驶员的劳动强度。

带式输送机是用来将散货和件货进行平面输送的机械。早期的移动带式输送机单机长度仅几十m，固定带式输送机单机长度不过100多m。通过采用钢绳芯带，增加驱动单元的数量，采用中间驱动方式，增大单个驱动单元的功率，增大输送带与传动滚筒间的摩擦系数等方法，使单机长度大大提高。当长距离输送时，可以实现无转载运输。目前，带式输送机单机最大长度达到15 000m。

最初，对带式输送机单机采用手动操作，后来对带式输送机系统中各个单机用电器控制方式进行顺序操作。发展到目前，在中央控制室里对输送系统进行集中控制，实行无人操作及监控运行。

物流产业的发展也使传统的仓储部门从仅具有被动的储存和保管功能向物流中心和配送中心等新型物流组织转化。

美国于1959年开发了世界上第一个自动化立体仓库，并在1963年率先使用了计算机进行自动化立体仓库的管理。1974年郑州纺织机械厂建立了我国第一个自动化立体仓库。进入20世纪80年代，自动化立体仓库在世界各国发展迅速，使用范围涉及几乎所有的行业。仓库的规模由最初的几百个、几千个货位，发展到几万个、十几万个货位。仓储设备从最初的人工管理、手动控制发展到计算机管理和自动控制。在自动化物料搬运系统中，扫描技术、条码技术、数据采集技术、射频数据通信技术越来越多地运用到巷道堆垛机、自动导向车、出入库输送机等设备上。仓库的利用率达到了96%～98%。大型自动化立体仓库每小时可以完成500～800次出入库作业。

在自动化立体仓库中，早期大多采用桥式堆垛起重机向货架存取货物。因为考虑节省土地、提高仓库面积的利用率，货架的高度增加了，货架间的巷道变窄，巷道堆垛机成了自动化立体仓库主要的堆垛设备。巷道堆垛机的高度更大、机身更窄，可以同时进行货物的垂直提升和起重机的水平运行，因此，工作效率更高。巷道堆垛机从最初的由驾驶员手动控制来存取或拣取货物，发展到由可编程序控制器控制，无人驾驶，自动存取货物，而且具有较高的认址搜索能力和运行速度。

1976年北京起重运输机械研究所研制出我国第一台滚珠加工用的自动导向车（AGV）。现在，承载量从50kg～100t的各种自动导向车广泛应用在仓库、货场、加工车间等场合，其中使用得最多的是自动导向搬运车。目前，已制定了各种自动导向车的技术标准和安全操作规程，并在自动导向车中采用了更完善的安全保障技术，如传感控制智能化处理技术、非线路导向技术、实时双向无错传输技术，使自动导向车在自动化物料搬运系统中更好地适应系统柔性的要求。

在传统的仓库里，工人根据订货单拣取货物，再将拣取出的多种货物组合、装箱。在自动化仓库里，自动分拣机将从输送机运来的货物自动分拣，由移动式机器人或机械手将订单上所列的多种货物拣到集装容器中。这样大大提高了分拣的速度和准确性，降低了工人的劳动强度。

二、我国物流设施与设备的发展现状

1．物流基础设施初具规模

近年来，我国以干线铁路、高速公路、枢纽机场、国际航运中心为重点，大力推进物流基础设施建设。至2014年年末，我国铁路营业里程达到11.2万km，其中复线铁路里程5.7万km，电气化铁路里程6.5万km，高速铁路营业里程1.5万km，超过世界高铁营业里程的一半，居世界第一位。公路总里程446.4万km，其中高速公路总里程达11.19万km，规模居世界第一位。

民航机场202个，定期航线3 142条，其中国际航线达到490条，通航世界的116个国家。内河航道里程12.63万km，其中等级航道6.54万km，三级及三级以上航道1.085 4万km；全国港口拥有生产性泊位31 705个，其中沿海港口生产用码头泊位5 834个，内河港口生产用码头泊位25 871个；万吨级深水泊位2 110个，5万t级以上泊位和万吨级集装箱专用泊位分别达到990个和322个。截至2014年，全国港口年货物吞吐能力124.52亿t，其中集装箱吞吐量达到2.02亿TEU，集装箱吞吐量全球排名前十的港口中国包揽七席（见表1–1），全国集装箱吞吐量在1 000万TEU以上有上海、深圳、香港、宁波–舟山、青岛、广州、天津、大连八个港口，厦门、营口、连云港三个港口的集装箱吞吐量都在500万TEU以上。

表1–1　2014年全球十大集装箱港吞吐量排名

排　名	港口名称	2014年（万TEU）	2013年（万TEU）	全年同比增幅（%）
1	上海	3 528.50	3 361.70	4.96
2	新加坡	3 390.00	3 260.00	3.99
3	深圳	2 403.00	2 327.90	3.23
4	香港	2 228.00	2 235.00	（0.30）
5	宁波—舟山	1 945.00	1 735.07	12.10
6	釜山	1 842.00	1 762.00	4.60
7	青岛	1 662.44	1 552.20	7.10
8	广州	1 616.00	1 531.10	5.54
9	迪拜	1 525.00	1 363.00	11.80
10	天津	1 405.00	1 301.20	7.98

2. 物流技术设备市场活跃

我国的集装箱生产能力和国际市场份额都已居世界首位。各种物流设备制造企业及附属配件制造企业达3 000多家，一些企业如上海振华重工股份有限公司、三一集团有限公司、昆明船舶设备集团公司等积极引进国外技术消化吸收，提高技术水平，开展自主研发，已可以独立制造双小车岸桥、自动化仓库、AGV、搬运机器人等产品。

3. 物流基础设施尚待完善

（1）交通运输基础设施总体规模仍然很小，按国土面积和人口数量计算的运输网络密度，我国还不到15km/万人，大大低于主要工业化国家铁路的平均水平。

（2）能够有效连接不同运输方式的大型综合货运枢纽、服务于区域或城市的物流基地、物流中心等现代化物流设施还比较缺乏。这些严重影响着物流集散和运输效率的提高。

（3）运输结构矛盾比较突出，各种运输方式尚未形成合理分工关系，市场范围交叉严重，在同类货源上进行盲目的竞争，使得各种运输方式不能合理地发挥各自的优势。

4. 物流技术装备比较落后

物流装备水平仍然较低，各种运输方式之间装备标准不统一，物流器具标准不配套，物流包装标准与物流设施标准之间缺乏有效衔接，在一定程度上延缓了物流机械化和自动化水平的提高，影响了运输工具的装载率、装卸设备的荷载率以及仓储设施的空间利用率。

企业物流信息管理水平和技术手段比较落后，缺乏必要的公共物流信息平台，订单管理、货物跟踪、库存查询等物流信息服务功能较弱，制约了物流运行效率和服务质量的提高。

三、物流设施与设备的发展趋势

为适应现代物流产业的需要，物流设施与设备呈现出以下的发展趋势。

1. 大型化和高速化

图1-4 19 100TEU集装箱船“中海环球”轮

随着船舶的大型化（如图1-4所示），车辆的专用化，交通运输方式的现代化，装卸搬运设备的容量、能力越来越大，设备的运转速度或运行速度大大加快。铁路运输、公路运输、海运的运输设备通过大型化弥补自身速度难以提高的缺陷，油轮最大载重量可达56.5万t，集装箱船装载能力已达19 224TEU；铁路货运出现了装载716 000t矿石的列车；矿用卡车的最大载重量可达400t；管道运输的最大口径为1 220mm。提高运输速度一直是各种运输方式的努力方向，目前营运的高速货运列车最高速度已达到200km/h；高速公路网的建设为公路运输的提速提供了保障；在水运中，水翼船的速度已达70km/h，而气翼船的速度可达170km/h。

2. 实用化和多样化

在现代化物流系统中，流动过程中的原材料、在制品、产成品已从低产量、大批量、少品种发展到高产量、小批量、多品种。“零库存”“及时供货”“供应链管理”等物流管理方式也被普遍采用。因此，近年来，国内外在建设物流系统及自动化仓库方面更加注重实用性，大型自动化仓库已不再是发展方向。为了适应工业和物流业的发展形势，甚至10～20个巷道的自动化仓库系统都不再是首选方案，目前更趋向于采用规模更小、运作速度更快和用途更广的自动化仓库系统。利用先进的微电子控制技术，对货物进行分段输送和按预定路线输送，对货物的储存和输送保持了高度的柔性，并且具有较高的生产率。

起重机械要提高其使用时的安全性和可靠性。在传动和控制系统中采用新型的安全装置，如激光、红外线、超声波防撞装置，带语音提示功能的超负荷、超行程限制器，以及室外工作起重机的新型防滑装置。这样，一方面保证了起重机械的安全运转，另一方面还提高了机械的使用率和减少了停机检修的时间。

电动车辆无废气排放，低噪声、低振动，特别适宜在仓库内和车间内作业。高比能量、长寿命、易充电的新一代蓄电池的应用，室外作业场合也开始采用电动车辆。因此，电动车辆必将成为工业车辆发展的重点。

物流机械设备也向多品种方向发展，使其服务领域更加广阔。例如，仅叉车就有内燃叉车、平衡重叉车、前移式叉车、托盘搬运车、托盘堆垛车等多种产品，其中各种产品又可细分为不同型号。世界著名叉车企业恒力公司就拥有580多种不同车型，以满足客户的各种实际需要。许多厂商还根据客户特殊情况为其量身定做各种物流设备，例如开发特殊用途的起重机，如海上钻井平台用的起重机；通过采用花纹带、波状挡边搁板带、压带、磁性带、吊挂带等方式，使带式输送机能够水平、大倾角，甚至垂直输送货物。

3. 自动化和信息化

广泛采用先进的微电子技术、自动控制技术、人工智能技术、模糊控制技术等，实现现代物流机械设备的自动化和智能化是今后的发展方向。

桥式起重机、抓斗装卸桥、集装箱龙门起重机或者它们的某些机构采用全数字控制或遥控方式；多台电梯和自动化仓库中的多台堆垛起重机采用群控的方法，实现机械的自动化作业。这些都大大提高了作业效率。

带式输送机已经实现无人操作及远程监控。在中央控制室可以对系统中的主机、辅助设备和各种装置进行集中控制，对整条输送线路的情况实施远程监视以便及时发现故障和发现可能发生的事故。

内燃车辆用计算机对发动机工况进行管理，控制燃料的消耗和废气的排放，不仅改善了发动机的效率和提高了经济性，而且降低了能耗也保护了环境。用计算机对发动机的特性、变矩器的特性，以及实时车速、对应的发动机转速等传动系数进行分析，完全实现了自动变速。

在自动导向车系统中，自动导向车由计算机控制能够按照设定的指令进行无人导向运行、平层认址和载荷交换。新技术的应用日新月异，随着物流作业要求的提高，导向车的故障自动诊断和排除技术、双向无错传输技术、能源自动补充技术和非线路导向技术得到进一步发展。应用了电子和自动控制以后，巷道堆垛机具有了更高的认址精度和搜索能力。

图1-5 自动化立体仓库

自动化立体仓库已经进入智能储运技术阶段。自动化仓库的一个发展方向是采用扫描技术。普遍采用扫描技术，可以提高信息的传输速度以及传输的准确性。采用射频数据通信技术，能够实现移动的搬运工具与固定的中央控制室之间的数据传输，完成快速的数据采集、处理和交换。另外，自动化立体仓库的码垛作业将逐步走向使用机器人代替人工操作（如图1-5所示）。

多媒体技术的应用使得远程操作指导和现场监视更加直观，也使得异地故障分析和防火、防盗成为可能。

4. 成套化和系统化

图1-6 自动堆垛起重机

在实现了物流机械单机自动化作业的基础上，将一些物流机械设备组成一个系统，通过计算机控制，使它们在作业过程中能够很好地衔接、协调和高效地工作。

现代化港口采用集装箱自动装卸搬运系统（如图1-6所示）。无人驾驶的集装箱搬运车装有自动导航装置，能够沿规定的路线将集装箱搬运到堆场上的指定位置；用跨运车进行集装箱的堆垛作业，同时在车上的检测设备测取集装箱的箱号、堆放位置等信息，并与中央控制室之间实现无线传输。当集装箱需要出港时，中央控制室的计算机将有关箱号、堆放位置等数据传输给跨运车或集装箱龙门起重机，并根据指令完成集装箱的拆垛作业。自动导向车将集装箱运到码头前沿，再由岸边集装箱起重机装船或装入集装箱卡车出港。

5. 模块化和标准化

与传统的设计和生产模式相比，物流机械设备运用标准化设计，采用模块化结构的方式更适应客户的需求。客户需要什么功能就组装成需要的设备，而且价格也更加合理。

在分析了起重机械相近系列产品的结构和规格的基础上，选出几种机型，然后将零部件制成通用的组合件。根据用户的要求，将各种组合件拼装成不同的产品或派生出新产品。这种模块化和标准化的生产方式，降低了设计成本，缩短了制造周期，同时也加快了新产品的开发。

标准的、模块式的自动化仓库系统与传统的根据用户要求而专门设计制造的自动化仓库相比，有更多现成的硬件和软件方面的产品，可以更快、更容易地组成用户要求的仓库，而且价格也比较合理。

物流标准化有助于实现物流设备的通用化。如大型集装箱拖车可运载海运、陆运、空运的所有尺寸的集装箱。国外的公路、铁路两用车辆与机车，可直接实现公路、铁路的运输方式转换。标准化的物流设备极大地提高了物流作业效率。

6. 绿色化

随着全球环境的恶化和人们环保意识的提高，对物流设备提出了更高的环保要求，而越来越多的企业已经通过或正在抓紧进行ISO14000认证，以此保证所提供产品的“绿色”特性。

物流机械设备的“绿色”化就是提高设备的牵引力，有效地利用能源，减少污染排放。内燃机车辆可以采用液化石油气作燃料，使废气的排放符合国际标准。压缩天然气燃料将得到推广应用，内燃机车辆的噪声也降低到75～80DB。

物流机械设备的“绿色”化还体现在对各物流机械设备的调度、使用和维护方面，如带式输送机在输送散货物料时要采用防护罩，尤其在物料粒度小和输送速度快的情况下，要避免粉尘的飞扬。

| 经典案例 |

中国最大集装箱船郑和号在沪命名交付

以中国伟大航海家郑和名字命名的18 000TEU超大型集装箱船，2015年9月12日在上海长兴岛完工并交付给承租运营方——国际航运界三大班轮公司之一的法国达飞海运集团公司。

这是继7月27日上海外高桥造船有限公司命名交付“达飞—瓦科斯—达伽马”号后的又一艘18 000TEU超大型集装箱船。她的命名交付，打破了韩国船厂在该领域的垄断地位，标志着中国造船业已跨入世界超大型集装箱船开发、设计和建造的第一方阵，显示出上海船舶工业已形成连续建造交付超大型集装箱船的能力。

“郑和”号轮为世界第七代集装箱船，由上海外高桥造船有限公司控股子公司——上海江南长兴重工有限责任公司建造，中国船舶工业集团公司第708所设计，被誉为集装箱船中的“巨无霸”，数项指标创下了中国造船业新纪录：

其一：该船长399.9m，比美国“尼米兹”级核动力航空母舰还要长70m，是当时中国建造的船体最长的船舶。

其二：装载量达到18 000TEU，如将其头尾相连，长度为108km；如垒起来，高度47km，是中国建造的最大载箱量集装箱船。

其三：船型宽54m，甲板面积相当于4个标准足球场，是中国建造的甲板面积最大的民用船舶。

其四：船型深30.2m，上层建筑高38m，从船底至驾驶室的净空高度为65m，相当于22层楼的高度。设计吃水14.5m，服务航速22.2节，投钢量约4.8万t，入级法国船级社是中国建造的最大净空高度船舶。

成立于2007年的长兴重工是当今中国最具实力的大型集装箱船制造商之一，目前已形成18 000TEU、9 400TEU、8 530TEU、5 100TEU、4 700TEU、4 600TEU等系列型号，已完工交付37艘集装箱船，是名副其实的世界集装箱船的建造中心。

据悉，2015年9月，上海外高桥造船有限公司与中国远洋（香港）航运公司正式签订了3艘20 000TEU集装箱船建造合同。该公司将打造继承造法国达飞海运集团公司3艘18 000TEU集装箱船之后，制造更大型集装箱船的重要里程碑，为公司20 000TEU集装箱船等系列产品推向国际市场铺平了道路。

【资料来源：中国新闻网】

复习思考题

1．物流设施与设备作为物流系统的物质基础，主要由哪几部分组成？
2．物流技术装备包括哪些设备？
3．物流设施与设备在物流系统中的地位与作用如何？
4．现代物流机械设备管理的主要特点是什么？
5．何谓机械设备寿命周期费用？并说明其变化规律。
6．简述物流机械设备配置与选型的原则。
7．简述物流机械设备点检的含义和步骤。
8．简述物流机械设备的修理类别及各类修理的主要特点。
9．现代物流机械设备的主要发展方向是什么？

第二章 Chapter Two

货物运载设施与设备

知识目标

了解货运汽车的种类和基本结构，铁路系统的基本构成，港口设施与设备的组成，货运船舶的类型及各自的特点，航空港内设施的组成，管道运输设施的组成；掌握公路分级与技术标准，汽车货运站的主要功能，船舶的主要组成部分。

能力目标

掌握货运汽车的性能和选用；了解铁路站场的作业过程；掌握船舶装载能力的确定方法。

第一节　公路运输设施与设备

公路运输是指使用公路设施、设备运送物品的一种运输方式。其特点是机动、灵活，投资少，受自然条件限制小，在短途货物集散转运上有明显的优越性，尤其在“门到门”运输中其作用更为显著。2013年统计，在世界现代交通网中，公路线长约占2/3，约达2千万km，公路运输所完成的货运量占全部货运量的80%，货物周转量占10%，公路运输已成为一种不可缺少的重要组成部分。

公路运输设施与设备主要包括货运车辆、公路及货运站场等，它们的技术水平和管理水平直接影响整个物流系统的运输效率和经济效益。本节主要介绍公路的构成、等级与功能、公路枢纽、货运车辆的类型、基本结构以及货运车辆的使用与管理等方面的知识。

一、公路

（一）公路的基本构成

公路由路基、路面、桥梁、涵洞、公路排水系统、防护工程和交通服务设施等构成。

（1）路基。路基是公路的基础，由土方或石方填高或挖低而成，经加工夯实，务求坚固平坦。对于路基工程，目前各国都制定有技术标准。

（2）路面。路面是用各种材料分层铺筑在路基顶面供车辆行驶的层状构造物，设计时必须保证路面具有足够的强度、刚度、平整度和粗糙度，以满足车辆在其表面能安全、迅速、舒适地行驶。

（3）桥梁。桥梁是为公路跨越河流、山谷或人工建筑物而建筑的构造物。

（4）涵洞。涵洞是为了排泄地面水流或满足农田灌溉需要而设置的横穿路基的小型排水构造物。

（5）公路排水系统。公路排水系统是为了排除地面水和地下水而设置的，由各种拦截、汇集、输送及排放等排水设施组成的构造物。

（6）防护工程。防护工程是为了加固路基边坡，确保路基稳定而修建的构造物。

（7）交通服务设施。交通服务设施一般是指公路沿线设置的交通安全、养护管理、服务、环境保护等设施，如交通标志、交通标线、养护管理房屋和绿化美化设施等。

（二）我国公路的分级

1．我国公路的技术分级

公路是连接各城市、城市和乡村、乡村和厂矿地区的道路。根据交通量、公路使用任务和性质，将公路分为以下五个等级：高速公路、一级公路、二级公路、三级公路、四级公路，见表2-1。

表2-1　我国公路分级表

等级类别	要　　求	年平均日交通量
高速公路	不少于四个车道，全封闭、全立交，专供汽车高速行驶，具有特别重要的政治经济意义	>25 000辆
一级公路	有四条有效行车道，基本封闭，连接重要政治经济文化中心、部分立交的公路	10 000～25 000辆
二级公路	一般至少有两个有效行车道，基本封闭，连接政治、经济中心或大工矿区的干线公路或运输繁忙的城郊公路	2 000～10 000辆
三级公路	沟通县或县以上城市的支线公路	200～2 000辆
四级公路	沟通县或镇、乡的支线公路	<200辆

2．我国公路的行政分级

《中华人民共和国公路管理条例实施细则》第三条规定：“公路分为国家干线公路（以下简称国道），省、自治区、直辖市干线公路（以下简称省道），县公路（以下简称县道），乡公路（以下简称乡道）和专用公路五个行政等级。”这是我国按照行政管理体制，根据公路所处的地理位置、公路在国民经济中的地位和作用以及公路交通运输的特点所做的公路行政分级。总体来说，我国公路系统实行“统一领导、分级管理”的原则，中华人民共和国交通运输部主管全国的公路事业。

（1）公路行政级别。全国公路分为五个级别：国道、省道、县道、乡道和专用公路。

1）国道。国道是指具有全国性政治、经济意义的主要干线公路，包括重要的国际公路、国防公路，连接首都与各省、自治区首府和直辖市的公路，联结各大经济中心、港站枢纽、商品生产基地和战略要地的公路。

2）省道。省道是指具有全省（自治区、直辖市）政治、经济意义，以省会城市为中心，连接省内重要城市、交通枢纽、主要经济区的干线公路，以及不属于国道的省际重要公路。

3）县道。县道是指具有全县政治、经济意义，连接县城和县内主要乡（镇）、主要商品生产和集散地的公路，以及不属于国道、省道的县际间的公路。

4）乡道。乡道是直接或主要为乡、村内部经济、文化、行政服务的公路和乡、村与外部联系的公路。

5）专用公路。专用公路就是专供或主要供某特定工厂、矿山、农场、林场、油田、电站、旅游区、军事要地等与外部连接的公路，它由专用部门或单位自行规划、建设、使用和维护。

（2）我国国道系统简介。根据我国国情，将国道划分为三类，国道编号都是由三位数字组成。第一类是以首都北京为中心向全国各地不同方向延射的国道，这类国道的左端第一数字是1，后面两位数字是国道自身的序号，例如，国道107是从北京出发经石家庄、郑州、广州到深圳的公路主干线，全长2 449km。以北京为中心向全国各地呈放射状的国道共计12条，2.3万km。这一系列国道将首都北京与全国主要的政治经济中心连接在一起。第二类国道是不通过首都北京，而是由北向南的高等级公路主干线，称为南北纵线国道，共计27条，3.7万km。这类国道左端的第一位数字是2，后面两位数字是国道自身序号，例如，国道210，从包头开始，穿过内蒙古、陕西、四川、重庆、贵州、广西等省、市、自治区，途径西安、重庆到南宁。这27条国道从东到西依次平行沟通我国南北地区。第三类国道是由东向西的公路主干线，称为东西横向国道，共计29条，4.6万km。这类国道左端以3字起头，后两位数字是国道自身序号，例如，国道310就是自连云港，连接徐州、西安到天水终止的东西干线，全长1 153km。这29条国道干线从我国北部向南依次平行排列，沟通我国东西地区。上述三类国道共有68条，总里程12.5万km，占全国公路总里程的7%左右，这些国道互相衔接，将我国各省、市、自治区，各主要城市和政治经济中心及交通枢纽连接在一起，构成我国四通八达的高等级骨干公路网，在我国的经济现代化进程中发挥着极为重要的作用。

（三）高速公路的主要功能和特点

高速公路是经济发展的产物，是一个国家现代化水平的重要标志之一。

我国从20世纪70年代开始研究规划修建高速公路，至20世纪80年代末期，已相继建成了沪嘉、沈大、莘松、广佛等高速公路。进入20世纪90年代后，西临、京津塘、合宁、京石、济青、广深等高速公路又相继建成通车。至2014年年底，我国高速公路的通车里程已超过111 900km，对我国政治、经济、文化的发展与交流起到了积极的推动作用。目前，国内绝大部分省、市已制定了高速公路发展规划，不少省、市的高速公路正在逐步形成网络，高速公路的建设规模随着我国国民经济的发展逐步扩大，建设地域已从沿海、平原等经济发达地区向内陆腹地、山区发展。高速公路作为地区经济动脉的作用已越来越被人们所认识。一个高速公路建设的热潮正在全国兴起，这是我国改革开放以来经济快速发展的必然趋势。

1. 高速公路的主体功能

（1）封闭、全立交、严格控制出入。高速公路实行的是一种封闭型管理，各种车辆只能在具有互通式立交的匝道进出，从而界定了运营管理的责任。

（2）汽车专用，限速通行。高速公路只供汽车专用，不允许行人、牲畜、非机动车和其他慢速车辆通行。同时，一般规定时速低于50km的车辆不得上路，最高时速亦不宜超过120km，从而保证了运营管理上对象的唯一性。

（3）设中央分隔带，分道行驶。高速公路一般有4个以上车道，实行上下车道分离，渠化通行，隔绝了对向车辆的干扰。并通过路面交通标线分割不同车速的车辆，较好地保证了高速公路的连续畅通，从而强调了运营管理的秩序。

（4）有完善的交通设施与服务设施。高速公路能满足司乘人员在路上的多种需求，除设有各种安全、通信、监控设施和标志进行无声服务外，还建有服务区，能够提供停车休息、餐饮、住宿、娱乐、救助、加油、修理等综合服务。同时，高速公路也是信息传递的多功能载体，从而决定了运营管理的服务性。

2. 高速公路的特点

高速公路之所以备受青睐，是由其特点决定的。

（1）车速高。车速是提高公路运输效率的一个重要因素。车速加快可以使运输时间缩短，车辆周转率提高。高速公路设计时速可达120km以上，比普通公路高出60%～70%。车辆使用效率提高，运输时间缩短，可给社会和公路运输经营者带来巨大的经济效益。

（2）通行能力大。高速公路路面宽、车道多，因而车流量大、通行能力大，解决了交通拥挤与堵塞问题。一般普通公路通行能力为每天200～2 000辆，而四车道高速公路昼夜通行能力为2.5万～5.5万辆，六车道为4.5万～8万辆，八车道为6万～10万辆。由此可见，高速公路所能承担的运输量要比普通公路高出几倍乃至几十倍。

（3）行车安全。高速公路采取了一系列确保交通安全的措施，行车事故大大减少。据统计，高速公路的交通事故率仅为普通公路的1/3，事故死亡率仅为普通公路的1/2。

（4）运输成本低。高速公路完善的道路设施条件使主要行车消耗——燃油与轮胎消耗、车辆磨损、货损货差及事故赔偿损失降低，从而使运输成本大幅度降低。高速公路的高效率功能，还进一步推动了公路运输组织方式的变革，如汽车制造以提高轴载荷不断朝大型化、高速化、专用车型发展。为减少装卸、中转，运输组织方式尽量采取拖挂运输、汽车列车及集装箱运输。

3. 高速公路设施与装备

为了确保高速公路的安全与畅通，为驾驶人员提供快速、优质的信息服务，高速公路安装了先进的通信、监控系统，可以快速、准确地监测道路交通状况，并通过可变情况板、交通信息广播电台及因特网实时发布交通信息。

（1）外场设施，主要有应急电话、光缆、车辆检测器、气象检测器、可变情报板、可变限速板、可变标志牌、可调摄像机、电动封道杆、交通信息电台及供电设施等。

（2）机房设施，主要有主控台、监视器、大屏投影、服务器、计算机终端、光端机、供电设施及系统管理软件等。

（3）应急电话，每2km设置1对，通过有线或无线方式与控制中心进行通信，有线方式主要通过高速公路专用通信网的电缆和光缆传输，无线则通过公众移动通信网（GSM）传输。

（4）车辆检测器，采用环型检测线圈和压电电缆，主要用于检测车流量、平均速度、占有率、车头间距及轴数、轴重等。

（5）气象检测器，主要用于检测特殊路段的雨、雾、雪及冰冻情况，并将有关信息传输到控制中心，由控制中心通过可变情况板、交通电台及可变限速板发布警告和控制信息。

（6）可变情报板，通常设置于高速公路分岔口的事故多发地段的前方，一般每20km设置一块，是调节交通量和指挥高速公路交通非常重要的信息发布载体，用于发布的信息有：

1）前方道路交通状况，如堵塞、拥挤、正常、事故、施工等。

2）雨、雾、雪及冰冻等恶劣气象条件下的警示信息。

3）在上述道路交通情况下，到达另一条高速公路的时间及交通流向调控。

4）正常情况下显示时间，作时钟用。

（7）可变限速板和可变标志牌，特殊情况下，用于显示限速、前方施工和事故标志信息。

（8）可调摄像机，通常设置于高速公路互通立交桥、隧道、弯道及事故多发地段等，焦距、方向可调。

（9）系统管理软件，用于整个系统的数据采集、处理、计算和存储，并发布控制指令和信息。

（10）供电设施，主要有市电、太阳能电池、蓄电池和汽、柴油发电机等。

高速公路安装交通管理系统后，提高了高速公路网的安全性和通行能力，使交通事故造成的损失减少了20%。由于及时的信息提供，增加了驾驶人员的舒适感和安全感。高速公路设有完善的服务设施，设有休息区和服务区。休息区有公用电话、公厕、停车场、休息亭等，为司乘人员提供临时休息场地。服务区设有加油、餐饮、住宿、公用电话、小卖部等设施，为司乘人员提供各类服务。

二、公路枢纽

公路运输枢纽是在公路运输网络的节点上形成的货物流、旅客流及客货信息流的转换中心，具有运输组织管理、中转换乘与换装、装卸存储、多式联运、信息流通和生产生活辅助服务六大功能的综合性设施。它是公路运输系统的重要组成部分，也是公路与水运、铁路、机场等多种运输方式之间、公路交通与城市公共交通之间有机衔接的重要节点，是保障公路运输便捷、安全、经济、可靠的重要基础设施。公路枢纽主要由客运枢纽站场和货运枢纽站场组成。

2007年交通部在《全国公路主枢纽布局规划》的基础上，制定了《国家公路运输枢纽布局规划》。该规划确定了国家公路运输枢纽总数为179个，其中12个为组合枢纽，共计196

个城市。国家公路运输枢纽覆盖了所有直辖市、省会城市和计划单列市及地级城市137个，覆盖城市占全国地级以上城市总数的60%，覆盖总人口占全国总人口的60%；覆盖城市的地区生产总值约占全国国内生产总值的87%，覆盖了84%的国家开放口岸、56%的陆路边境口岸和98%的国家级经济技术开发区，加大了长江三角洲、珠江三角洲、环渤海等经济发达地区的枢纽覆盖密度，充分考虑了支持西部大开发、振兴东北老工业基地、促进中部地区崛起等战略的需要；覆盖了100%的沿海主要港口和93%的内河主要港口、全部的大中型枢纽机场、所有特等火车站和铁路集装箱中心站以及68%的一等火车站，有助于充分发挥公路运输的集疏作用，进一步提高我国综合交通运输的整体效率。

三、货运汽车

汽车是用于完成道路运输任务的主要物流设备。根据国家标准，“汽车是由动力装置驱动，具有四个或四个以上车轮的非轨道无架线的车辆”。货车是指运载货物的汽车，又称载货汽车或货车。货车通常采用前置发动机，车身由独立的驾驶室和货箱两部分组成。

（一）汽车的产品型号

传统的汽车型号由企业名称代号、车辆类别代号、主参数代号、产品序号几部分组成，必要时附加企业自定代号，如图2-1所示。

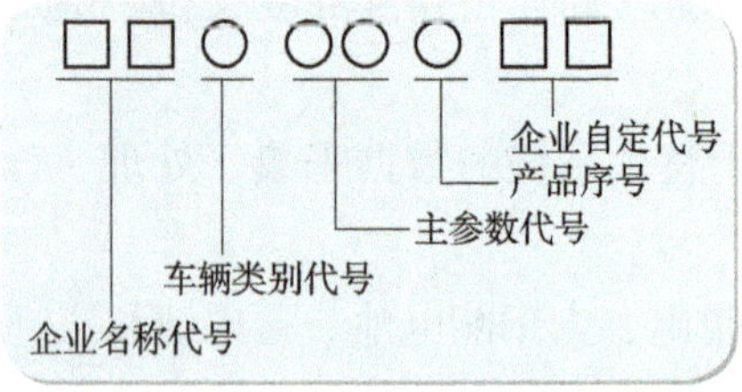

图2-1　传统汽车产品型号构成

各部分的含义及规定如下：

第一部分是企业名称代号，用于识别车辆制造企业，用代表企业名称的两个或三个汉语拼音字母表示。

第二部分是车辆类型代号，用于表明车辆分类的代号，各类汽车的类别代号见表2-2，用一位阿拉伯数字表示。

表2-2　车辆类别代号及含义

数　字	1	2	3	4	5	6	7	8	9
含　义	载货汽车	越野汽车	自卸汽车	牵引汽车	专用汽车	客车	轿车		半挂车及专用半挂车

第三部分是主参数代号，用于表明车辆的主要特性参数，用两位阿拉伯数字表示。

（1）载货汽车、越野汽车、自卸汽车、牵引汽车、专用汽车与半挂车的主参数代号为车辆的总质量（t）；牵引汽车的总质量包括牵引座上的最大质量，当总质量在100t以上时，允许用三位数字表示。

（2）专用汽车的主参数代号，当采用定型的汽车底盘改装时，若其主参数与定型底盘原车的主参数之差不大于原车的10%，则应沿用原车的主参数代号。

第四部分是产品序号和企业自定代号。产品序号表示一辆汽车的生产顺序号；企业自定代号是企业按需要自行规定的补充代号。

为了与国际标准接轨，我国原机械工业部1996年12月发布了“车辆识别代号（VIN）管理规则”（简称“规则”），由中华人民共和国机械工业部汽车工业司依据国际代理机构授权，对中华人民共和国境内的车辆识别代号实行统一管理，负责受理有关“世界制造厂识别代号（WMI）”的申请和对申请的批准事宜。中国汽车技术研究中心标准化研究所经授权负责车辆识别代号的备案工作。“规则”要求，1999年1月1日后，所有新生产的汽车必须使用车辆识别代号。

“规则”中对车辆识别代号的基本要求做了如下规定：

车辆识别代号由三部分组成，如图2-2所示。

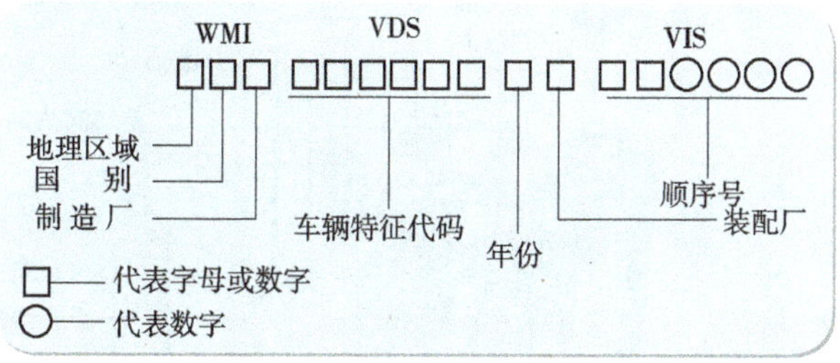

图2-2　现代车辆识别代号的基本组成

第一部分是世界制造厂商识别代号（WMI），一般由三位字码组成。世界制造厂识别代号必须经过申请、批准和备案后方能使用。WMI能保证汽车产品制造厂商识别标志的唯一性。

第二部分是车辆特征代码（VDS），由六位字码组成，用于识别车辆的一般特性，其代码顺序由制造厂决定。

第三部分是车辆指示部分（VIS），车辆指示部分由八位字码组成，用于标明车辆的生产年份以及产品生产的序列号。

（二）货运汽车的类型

1. 按用途分类

按用途和使用条件可将货车分为普通货运汽车和专用货运汽车两大类。普通货运汽车是指具有栏板式车厢，用于运载普通货物的汽车；专用货运汽车是指装置有专用设备、具备专用功能、承担专门运输任务的汽车，如汽车列车、箱式货车、冷藏保温车、罐式车、自卸车等。

2. 按最大总质量分类

货车按其最大总质量可以分为以下四类。

微型货车：最大总质量不超过1.8t。

轻型货车：最大总质量为1.8～6t。

中型货车：最大总质量为6～14t。

重型货车：最大总质量在14t以上。

（三）汽车的基本构造

无论何种类型的汽车，其总体构造均由发动机、底盘、车身和电气设备四个部分组成。

1. 发动机

发动机是汽车的动力装置，它是将某一种形式的能量转换为机械能的机器。目前绝大多数汽车采用往复活塞式内燃机作为动力装置，它是将燃料燃烧产生的热能转变为机械能的发动机，根据所用燃料的不同可分为汽油机和柴油机两大类。

汽油机的总体构成如图2-3所示，它由两大机构、五大系统组成，两大机构是曲柄连杆机构和配气机构；五大系统是燃料供给系统、冷却系统、润滑系统、点火系统和起动系统。柴油机在总体构造上没有点火系，因此，它由两大机构四大系统组成。

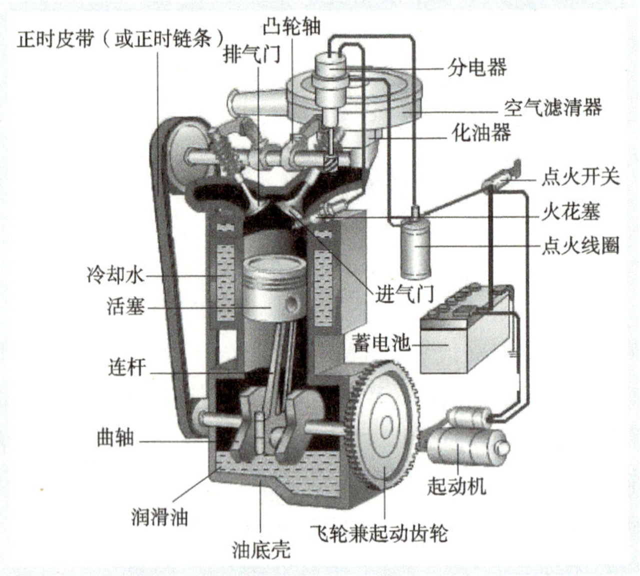

图2-3　汽油机的总体构成

（1）曲柄连杆机构。作为发动机的骨架，要求其具有足够的强度和刚度，保证安装其上的各部件有正确的工作位置，并实现能量转换，即将热能转换为机械能。

（2）配气机构。其作用是保证新鲜可燃混合气（汽油机）或纯净的空气（柴油机）及时进入气缸，废气及时排出气缸，做到进气充分，排气彻底。

（3）燃料供给系。其作用是储备一定数量的燃油，保证定时定量地向发动机提供合格的燃料，并将产生的废气进行处理后及时排出发动机体外。

（4）冷却系。发动机在工作过程中，由于燃烧产生的气体温度高达1 800～2 000℃，与这些高温气体直接接触的机件必须进行冷却，以保证发动机的正常工作。因此，冷却系的作用就是保持发动机在最适宜的温度范围内工作。

（5）润滑系。其主要作用是对发动机的摩擦零件进行润滑，以减轻发动机零部件的磨损，延长其使用寿命，同时还具有散热、清洗、保护及密封等作用。

（6）起动系。其作用是在汽车起动时向发动机提供必需的外部动力。车辆上多采用电力起动系，它主要由起动机和起动机控制电路两部分组成，起动机将蓄电池的电能转换为机械能，产生启动时所需的转矩，从而使发动机获得初始能量而旋转。

（7）点火系。其作用是按照发动机的工作需要及时点燃气缸内的可燃混合气，使之迅速燃烧。

以上各系统分别完成不同的功能，它们相互配合、相互协调，共同完成发动机能量的转换。

2. 汽车底盘

汽车底盘的作用是支承、安装汽车发动机及其各部件、总成，形成汽车的整体造型，并接受发动机的动力，使汽车产生运动，保证正常行驶。汽车底盘通常由传动系、行驶系、转向系和制动系四个系统组成。

（1）传动系。其作用是接受发动机输出的动力，并将动力最终传递给驱动车轮。它由离合器、变速器、万向传动装置、主减速器与差速器、半轴等组成。

（2）行驶系。行驶系是整个汽车的组装基础，它将汽车各总成及部件联成一个整体，支承全车的重量，并承受外界对汽车的各种力和力矩，缓和路面的冲击和振动，保证汽车正常行驶。车辆行驶系主要由车架、车轿、悬架和车轮等部分组成。

（3）转向系。其作用是使汽车能够按照驾驶员的意愿改变行驶方向。汽车转向系按转向能源的不同分为机械转向和动力转向两大类。机械转向是以人的体力作为转向动力，所有的传动件都是机械部件。为了减轻驾驶员的劳动强度，改善转向系统的技术性能，在重型汽车上一般采用动力转向系统。采用动力转向的汽车在转向时所需的能量，只有小部分靠驾驶员的体能来提供，而大部分能量来自于转向液压系统的压力能。

（4）制动系。其作用是使汽车减速或停车，并保证汽车能可靠地停驻。

汽车都有几套独立的制动装置，一般包括行车制动装置、驻车制动装置和应急制动装置等。

行车制动装置是驾驶员用脚操纵的制动装置，其主要作用是使行驶中的车辆减速或停车。根据制动动力的来源不同，常用的有液压制动和气压制动两种。

驻车制动装置是驾驶员用手操纵的制动装置，主要作用是防止停车后汽车发生溜车现象。行车制动装置和驻车制动装置是所有汽车上都必须具有的基本制动装置。在重型或矿用汽车上，为了提高行车安全性和减轻制动器的磨损和制动性能的衰退，还应增设应急制动、安全制动和辅助制动装置。应急制动用独立的管路控制车轮制动器作为备用系统；安全制动是当制动压力不足时才起制动作用的制动装置，当制动压力不足时，使车辆不能正常起动，从而保证了行车安全；辅助制动是为了下长坡时减轻行车制动器的磨损和改善制动性能的热衰退而设置的制动装置。较完善的制动系统还应具有制动动力调节装置、报警装置、压力保护装置和防抱死制动系统（ABS）等附加机构。

3. 汽车车身

汽车车身既是驾驶员工作的场所，也是装载乘客和货物的场所。典型的货车车身由驾驶室和货箱两部分组成。

4. 汽车电气设备

汽车电气设备由电源和用电设备两大部分组成。其具体包括蓄电池、发电机、起动系、点火系以及汽车的照明、信号装置和仪表等。现代汽车上还大量采用了各种微机控制系统和人工智能装置，如故障自诊、防盗、巡航控制、制动防抱死、车身高度调节等系统。

（四）车辆的选择

车辆的选择是指根据货物的种类、特点及运输批量等对车辆的类型和主要使用性能等进行合理选择。选配车辆必须遵循技术上先进、经济上合理、生产上适用、维修上方便的基本原则。

货运车辆类型的选择主要应根据货物的特性、包装的类型和形状来确定。普通货车能够满足一般货物的运输需要；专用车辆能够很好地满足特殊货物的运输需要，是保证运输质量、降低运输成本和提高运输效率的理想设备，如厢式车、罐式车、冷藏保温车等。

车辆的使用性能主要包括发动机性能、汽车的动力性、燃油经济性、行车安全性、操纵稳定性、行驶平顺性、通过性和环保性能等。

1. 车辆类型的选择

随着我国高速公路和现代物流业的不断发展，专用汽车需求量将呈逐年递增态势。以下是在物流领域可以选配的常见车型。

（1）普通拦板式货车。普通拦板式货车具有整车重心低、载重量适中的特点，适合于装运百货和杂品。

（2）厢式车。在物流领域，由于厢式货车结构简单，利用率高，适应性强，是应用前景最广泛的一种车型。厢式车除具备普通车的一切力学性能外，还具备全封闭的箱式车身，以及便于装卸作业的车门。封闭式的车厢可使货物免受风吹、日晒、雨淋，同时能防止货物散失、丢失，安全性好。且小型厢式载货汽车一般带有滑动式侧门和后开门，货物装卸作业非常方便。由于其小巧灵便，无论大街小巷均可长驱直入，可真正实现“门到门”的运输。

（3）自卸车。自卸车可以自动后翻或侧翻使货物自动卸下，具有较大的动力和较强的通过能力，是矿山和建筑工地上物流运输的理想车种。

（4）罐式车。罐式车装有罐状容器，密封性强，一般用于运送易挥发、易燃、危险品和粉状物料等。

（5）汽车列车。汽车列车是指一辆汽车（货车或牵引车）与一辆或一辆以上挂车的组合。货车或牵引车为汽车列车的驱动车节，称为主车；被主车牵引的从动车节称为挂车。采用汽车列车运输是提高经济效益最有效且简单的技术手段。它具有快速、机动灵活、安全等优势，可方便地实现区段运输、甩挂运输、滚装运输。

汽车列车主要有全挂汽车列车、半挂汽车列车、双挂汽车列车和特种汽车列车四种类型。

全挂汽车列车如图2–4所示，由一辆载货牵引车用牵引杆连接一辆或一辆以上的全挂车组合而成。

半挂汽车列车是指由一辆半挂牵引汽车和一辆半挂车组合而成的汽车列车，如图2–5所示。半挂汽车列车的牵引车上备有牵引座，半挂车上装有牵引销，半挂车通过牵引销与牵引车上的牵引座连接（或分离），并承受半挂车的部分载荷。

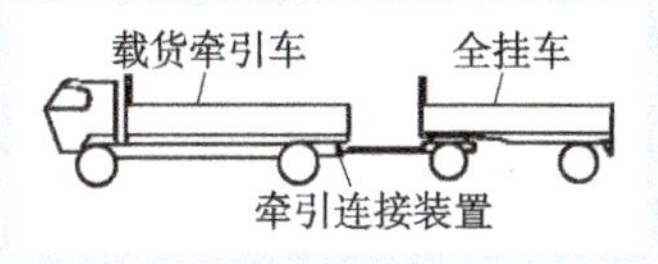

图2–4　全挂汽车列车示意图

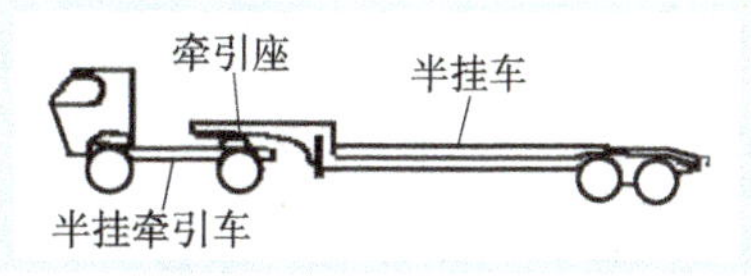

图2–5　半挂汽车列车示意图

双挂汽车列车是指由一辆半挂牵引车与一辆半挂车和一辆全挂车组合而成的汽车列车，如图2–6所示。由于双挂汽车列车又增加了一节挂车，所以载重量增加了，运输效率大大提高。但它要求牵引车具有更大的发动机功率，并且要求运行的道路条件要好。

特种汽车列车是指具有特殊结构或装有专用设备的汽车列车，图2–7为专门运输长形物料的一种汽车列车，物料的前后两端分别与牵引车和挂车有机连接，物料本身构成了汽车列车的一部分。

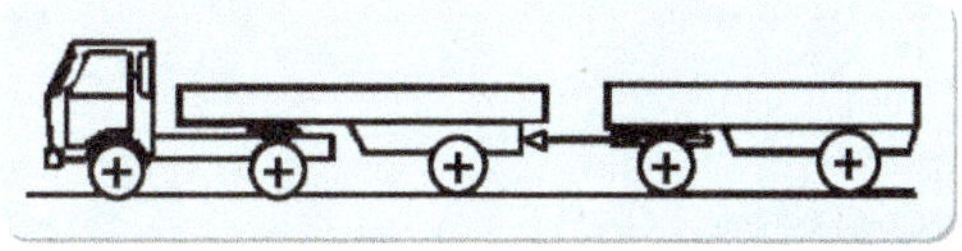
图2–6　双挂汽车列车示意图

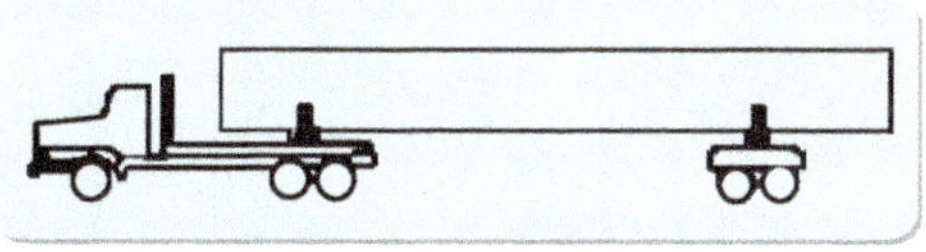
图2–7　特种汽车列车示意图

（6）冷藏保温车。冷藏保温汽车是指装有冷冻或保温设备的厢式货车，通过制冷装置为货物提供最适宜的温度和湿度条件，用来满足对温湿度有特殊要求的货物运输需要。

（7）集装箱运输车。集装箱运输车是指专门用来运输集装箱的专用汽车。它主要用于港口码头、铁路货场与集装箱堆场之间的运输。

与一般运输方式相比，集装箱运输具有以下四大优点：

1）简化了装卸作业，便于实现装卸作业的机械化，节约装卸时间，从而提高了劳动生产率，加快了货物和运输工具的周转速度。

2）节省了包装费用。

3）减少了货损货差。由于在整个运输过程中，只有起始运输和最终运输才打开集装箱装卸货物，因而减少了产生货损货差的机会。

4）降低了整个运输成本。集装箱运输在提高运输生产率的同时，还保证了运输质量，因而从整体上提高了经济效益，降低了运输成本。

随着我国加入WTO后国际交流的日益广泛，我国集装箱运输业正在得到迅速发展，公路集装箱运输车的需求将会进一步增加。

2. 发动机的选择

发动机性能的好坏直接影响汽车的使用性能，发动机性能指标随发动机工况而变化的关系称为发动机特性，表示发动机特性的曲线称为特性曲线。

根据特性曲线可以合理地选用和评价发动机，并有效利用发动机，使其性能得到充分发挥。发动机的特性曲线通常有转速特性、负荷特性、万有特性、排放特性和噪声特性等，其中最常用的是发动机的转速特性。

发动机的转速特性是指发动机性能指标随发动机转速而变化的关系曲线。对于汽油机，当节气门全开时的转速特性称为外特性，节气门部分开启时的转速特性称为部分特性；对于柴油机，油量调节机构固定在标定功率循环供油量位置时的转速特性称为外特性，油量调节机构固定在小于标定功率循环供油量某个位置时的转速特性称为部分特性。对于一台发动机而言，外特性曲线只有一条，表示发动机在使用中所能达到的最高性能，而部分特性曲线有无数条，表示发动机某一工况时的性能。

图2-8是某发动机的外特性曲线，它表示了发动机的转矩M_e、功率P_e和燃料消耗率g_e随发动机转速而变化的关系，分别称为发动机转矩特性、功率特性和燃料消耗特性。根据此特性曲线就可以确定对应于最大功率P_{emax}、最大转矩M_{emax}和最小燃料消耗率g_{emin}时的发动机转速n_{I}、n_{II}和n_{III}，从而可以确定发动机最有利的转速范围。

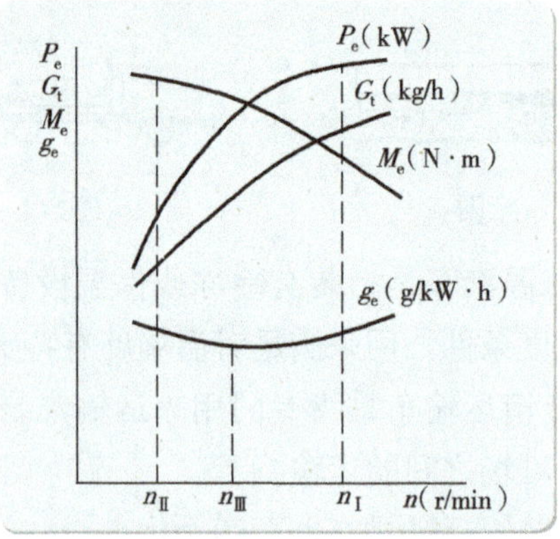

图2-8 发动机外特性曲线

通常情况下发动机铭牌上标出的功率及相应的转速称为发动机标定工况。由发动机外特性功率曲线可知，当发动机转速增加到接近最大功率转速n_{I}时，功率随转速提高而增加的幅度较小甚至出现功率下降的趋势，当转速过高时对发动机的寿命不利。因此，一般常限制其转速为n_B，此转速称为标定转速（通常小于发动机最大功率转速），与标定转速相应的节气门全开时的功率称为标定功率。

评价发动机性能的指标主要有动力性指标（有效转矩、有效功率及升功率等）和经济性指标（有效燃油消耗率）。

（1）有效转矩。由发动机曲轴对外输出的转矩称为有效转矩，用M_e表示。它可以由测功器测得。

（2）有效功率。由发动机曲轴对外输出的功率称为有效功率P_e，其计算公式为

$$P_e = \frac{M_e n}{9\,550}$$

式中 P_e——有效功率（kW）；

M_e——发动机的有效转矩（N·m）；

n——发动机转速（r/min）。

（3）升功率P_1（kW/L）。标定工况下，发动机每升气缸工作容积所发出的有效功率称为升功率。其计算公式为

$$P_1 = \frac{P_e}{iV_h}$$

式中 i——发动机气缸数；

V_h——每个气缸工作容积（L）。

（4）有效耗油率g_e（g/kW·h^{-1}）。发动机每输出1kW·h的有效功率所消耗的燃料克数，称为有效耗油率。其计算公式为

$$g_e = \frac{1\,000 G_t}{P_e}$$

式中 P_e——有效功率（kW）；

G_t——每小时的燃料消耗量（kg/h）。

因为有效燃料消耗率能直接表明发动机燃料消耗的经济性好坏，所以它是评价发动机经济性的常用指标。

3. 车辆使用性能选择

汽车的使用性能是指汽车能够适应使用条件而表现出最大工作效能的能力。它既是评价和选择汽车的主要标准，又是正确使用汽车的基本依据。

评价汽车使用性能的指标很多，有动力性、燃料经济性、行驶安全性、使用方便性、操纵稳定性、舒适性、可靠性、维修适应性和通过性等，下面对几个主要性能指标加以阐述。

（1）动力性。动力性是汽车的主要使用性能之一。只有汽车的动力性好，才有可能提高平均行车速度，汽车的平均行车速度越高，单位时间内完成的货运周转量（百吨公里、千人公里）就越大，运输生产率就越高。

评价汽车动力性的指标有三方面：最高车速、加速能力和爬坡能力。

1）最高车速。汽车的最高车速是汽车在下述条件下所能达到的最高车速：

① 最大额定载荷。

② 发动机全负荷。

③ 水平良好的路面。

④ 无风，1个标准大气压，气温在18～20℃。

2）加速能力。现代交通流量很大，如果汽车的加速能力不足，不但使本车的平均速度降

低，而且阻碍了后面车流的加速，产生交通阻塞，从而影响了整个交通运输的生产效率。

汽车加速能力的评价指标用加速时间表示，分为原地起步加速时间和超车加速时间。原地起步加速时间是指在良好平直的水泥或沥青路面上，汽车满载、用头挡或二挡起步，以全油门加速，在发动机最大功率转速时换挡，直到车速达到最高挡最高车速的80%以上时所用的时间。超车加速时间是指满载、用最高挡，从稍高于该挡最低稳定车速的某一低车速加速到另一车速所需的时间。

3）爬坡能力。汽车的爬坡能力是指汽车满载、在良好的水泥或沥青路上，各挡能爬过的最大坡度或最大坡道角。

在各挡最大爬坡度中，最重要的是一挡最大爬坡度和直接挡的最大爬坡度。一挡的最大爬坡度表示汽车的最大通过能力，直接挡最大爬坡度表示汽车不必换入低速挡而通过坡道的能力。直接挡的最大爬坡度大，表示在一般坡道上，不必换入低速挡就可通过，这有利于提高汽车的平均车速并可以减轻驾驶员的疲劳程度。

影响汽车动力性的主要因素有发动机的性能、底盘的技术状况、汽车的外形和尺寸、轮胎的尺寸和结构以及道路的使用条件等。

（2）汽车的燃油经济性。汽车的燃油经济性是指汽车以最小的燃油消耗量完成单位运输工作的能力，它也是汽车的主要使用性能之一。

我国及欧洲燃油经济性用L/100km为单位，它表示在指定工况下每100km行程汽车消耗燃油的升数，数值越大汽车的燃油经济性越差，该指标可用于相同载重量的汽车燃油经济性评价。另外一个常用的考核指标是以L/（100t·km）为单位，它表示每完成100t·km的货物周转量所用燃油的升数，利用该指标可对不同载重量的汽车进行燃油经济性的比较和评价。显然，其数值越大，汽车的燃油经济性越差。

（3）汽车的行驶安全性。汽车的行驶安全性包括主动安全性和被动安全性两大方面。

主动安全性是指汽车本身防止或减少道路交通事故的能力。它主要与汽车的制动性、操纵稳定性、驾驶舒适性、视野和灯光等因素有关，此外，动力性中的加速能力也对行车安全有较大影响。

被动安全性是指汽车发生交通事故后，汽车本身能够减轻人员受伤和货物受损的能力。

为了保障汽车的行驶安全和使汽车的动力性得以充分发挥，汽车必须具有良好的制动性能。汽车的制动性是指汽车按给定方向连续强制减速直到停车的能力，它是影响汽车行驶安全的重要性能。如果汽车的制动性能不良，即使动力性再好，也不能得到正常发挥。因此，汽车的动力性和制动性是决定汽车高速行驶的两个关键性能或基本条件。

汽车的制动性能有三方面的评价指标：制动效能、制动效能的恒定性和制动时的方向稳定性。

1）制动效能，包括制动减速度、制动距离以及制动力等。

2）制动效能的恒定性，包括抵抗制动效能的热衰退和水衰退的能力；汽车下长坡制动及汽车高速制动的情况下，制动器的工作温度显著提高，将会使制动器的制动力矩显著下降，汽车的制动效能会显著降低，这就是制动效能的热衰退现象。另外，汽车涉水后，由于制动器被水浸湿，制动效能也会降低，这种现象称为制动效能的水衰退现象。

3）制动时的方向稳定性，是指制动时汽车按照驾驶员给定方向行驶的能力，即制动过程中汽车不发生跑偏、侧滑和失去转向的能力。

（4）汽车的操纵稳定性。在驾驶员不感到过分紧张和疲劳的条件下，汽车按照给定方向行驶的能力，以及对各种企图改变其行驶方向的外界干扰的抵抗能力，称为汽车的操纵稳定性。

汽车的操纵稳定性包括两个方面：一方面是车辆按驾驶员所给定方向行驶的能力，称为操纵性；另一方面是汽车抵抗地面不平、坡道、大风等干扰因素保持稳定行驶的能力，称为稳定性。汽车的操纵稳定性不仅影响到汽车能否如意地驾驶，而且也是保证汽车高速行驶安全的一个主要性能。

（5）汽车的舒适性。汽车行驶时，由于路面的不平和冲击，会使乘坐者感到震动和冲击，减少震动和冲击的有效措施一方面是改善路面质量，减少震动源；另一方面要求汽车对路面不平和冲击具有良好的隔震特性，这一性能称为汽车的行驶平顺性。由于汽车的平顺性主要是根据乘坐者的舒适程度来评价的，所以也称为乘坐舒适性。另外，汽车的舒适性还包括噪声、空气调节和居住性等内容。

（6）汽车的通过性。汽车的通过性是指汽车以足够高的平均速度通过不良道路、无路地带和克服障碍的能力。

（7）汽车的环保性。汽车的环保性是指汽车运行时对周围环境产生不利影响程度的一种性能。汽车运行过程中对周围环境产生的危害主要有废气排放污染和噪声污染两大方面。

汽油机的主要污染物成分是一氧化碳（CO），碳氢化合物（HC）和氮氧化合物（NO_x）；柴油机的主要污染物成分是氮氧化合物和炭烟。另外，随着汽车尾气排放中CO_2数量的增多所引起的温室效应也引起了人们的高度重视。据世界卫生组织的最新研究表明，汽车尾气致人死亡的数字远高于交通事故致死的人数。另外还发现汽车尾气是导致支气管炎的主要原因之一。为此，各国都制定了非常严格的汽车尾气排放标准，我国也不例外。在进行车辆选择时，必须选择符合环保性要求的汽车。

4. 汽车的质量参数选择

（1）整车装备质量，是指汽车完全装备好的质量。它包括：发动机、底盘、车身、全部电气设备和车辆正常行驶所需要的辅助设备的质量，包括加足燃料、润料，冷却液的质量以及随车工具、备用轮胎及备品等的质量之和。

（2）厂定最大总质量，是指汽车满载时的总质量。它包括整车装备质量、最大装载质量、驾驶员的质量之和。

（3）最大装载质量，最大总质量和整车装备质量之差。

（4）最大轴载质量，汽车单轴所承载的最大总质量。

在以上四个质量指标中，装载质量是人们所关心的主要使用指标，车辆装载时绝不允许超过车辆的额定最大装载质量。

5. 汽车的尺寸参数选择

图2–9是汽车主要尺寸参数示意图，主要尺寸参数如下：

（1）车长（L），垂直于车辆纵向对称平面并分别抵靠在汽车前、后最外端突出部位的两垂面间的距离。

（2）车宽（B），平行于车辆纵向对称平面并分别抵靠车辆两侧固定突出部位（除后视镜、侧面标志灯、方位灯、转向指示灯等）的两平面之间的距离。

（3）车高（H），车辆支承平面与车辆最高突出部位相抵靠的水平面之间的距离。

（4）轴距（L_1、L_2），汽车处于直线行驶位置时，同侧相邻两轴的车轮落地中心点到车辆纵向对称平面的两条垂线间的距离。

（5）轮距（A_1、A_2），在支承平面上，同轴左右车轮两轨迹中心线间的距离（轴两端为双轮时，为左右两条双轨迹的中心线间的距离）。

（6）前悬（S_1），在直线行驶位置时，汽车前端刚性固定件的最前点到通过两前轮轴线的垂面间的距离。

（7）后悬（S_2），汽车后端刚性固定件的最后点到通过最后车轮轴线的垂面间的距离。

（8）最小离地间隙（C），满载时，车辆支承平面与车辆最低点之间的距离。

（9）接近角（α_1），汽车前端突出点向前轮引的切线与地面的夹角。

（10）离去角（α_2），汽车后端突出点向后轮引的切线与地面的夹角。

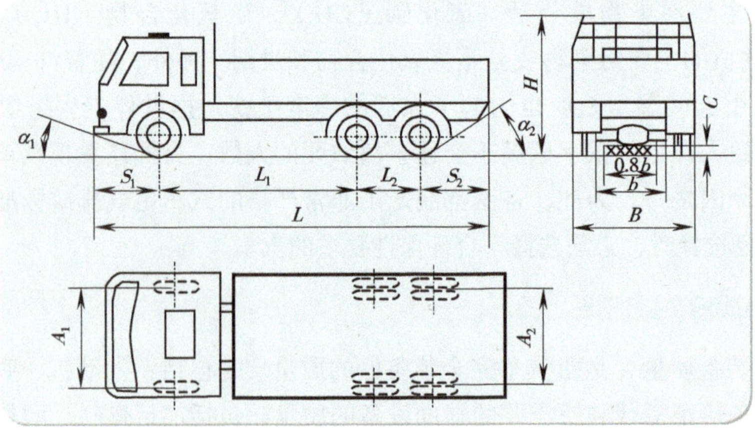

图2–9　汽车主要尺寸参数示意图

由于我国货运车辆货箱内部尺寸尚未有统一的规定，为了有效利用车厢的面积和容积，在选择车辆时，其内部尺寸的选择应考虑与流通容器之间的配合关系。例如，以货箱内部宽度2 340mm、2 140mm及1 840mm为例，说明物流笼车及托盘与车辆货箱的配合关系（见表2–3）。其他尺寸间的配合关系可依此类推。

表2-3　流通容器与车辆货箱的配合关系

适用装载容器	车厢内部宽度/mm	车厢内部长度/mm	装载数/个
1 100×1 100托盘	2 340	8 400	14
		7 200	12
		6 000	10
		4 800	8
1 100×800物流笼车		8 400	20
		7 200	16
		6 000	14
		4 800	10
1 200×1 000托盘	2 140	7 800	12
		6 600	10
		5 400	8
		4 800	8
950×800物流笼车		7 800	18
		6 600	16
		5 400	12
		4 800	10
1 100×800物流笼车		5 400	8
		4 800	8
		4 200	6
		3 600	6
		3 000	4
950×800物流笼车	1 840	5 400	10
		4 200	8
		3 600	6
		3 000	6
800×600物流笼车		5 400	12
		4 800	12
		4 200	9
		3 600	9
		3 000	6

第二节 铁路运输设施与设备

铁路运输是一种大运量、现代化的陆上运输方式，它是指利用机车、车辆等技术设备沿铺设轨道运行，运送旅客和货物的一种运输方式。按照列车的支撑和驱动方式可分为普通铁路运输和悬浮式铁路运输。

一、铁路系统构成

铁路运输系统技术设施与设备主要由铁路线路、铁路机车与车辆、信号设备和车站四部分组成。

（一）铁路线路

铁路线路承受机车、车辆和列车的重量，并且引导它们的行走方向，所以它是运行的基础。铁路线路是由路基、桥隧建筑物（包括桥梁、涵洞、隧道等）和轨道（包括钢轨、连接零件、轨枕、道床、爬坡设备和道岔等）组成的一个整体工程结构。

1. 铁路主要技术标准

铁路主要技术标准包括铁路等级、正线数目、限制坡度、最小曲线半径、牵引种类、机车类型、车站分布、到发线有效长度和闭塞类别等。这些标准是确定铁路运输能力大小的决定因素，不仅对线路的工程造价和运营质量有重大影响，而且是确定线路一系列工程标准和设备类型的依据，所以称为铁路主要技术标准。

铁路等级是铁路的基本标准，其他各项标准的确定，都与铁路等级有关。铁路各类等级涉及铁路线在铁路网中的作用、性质和远期客货运量（社会功能），以及最大轴重和列车速度等条件（技术级别）。我国铁路共划分为三个等级，见表2-4。

表2-4 铁路等级和主要技术标准

等级	路网中作用	远期年客货运量/GN	最高行车速度/(km/h)	限制坡度（‰）			最小曲线半径/m	
				平原	丘陵	山区	一般地段	困难地段
Ⅰ	骨干	≥150	80～140	4～6	9～12	12～15	500～1 600	450～1 200
Ⅱ	骨干	<150	80～120	6	12～15	15～25	450～1 000	450～800
	联络、辅助	≥75						
Ⅲ	地区性	<75	80～100	6	12～18	18～25	400～600	350～500

2. 铁路线路的构成

铁路线路一般由路基、桥隧建筑物和轨道组成。

（1）路基。路基是铁路线路承受轨道和列车载荷的基础结构物。按地形条件及线路平面和纵断面设计要求，路基横断面可以修成路堤、路堑和半路堑三种基本形式，如图2-10所示。半路堑是当原地面横坡大，且路基较宽，需一侧开挖另一侧填筑的挖填结合路基，也称半填半挖路基。

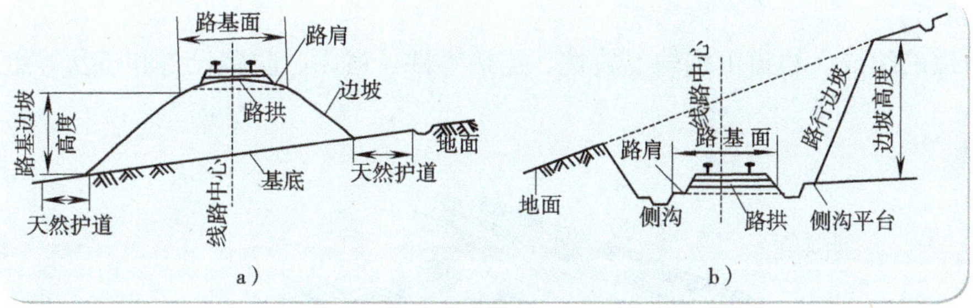

图2-10　路基的基本形式

a）路堤　b）路堑

路基顶面的宽度，根据铁路等级、轨道类型、道床标准、路肩宽度和线路间距等因素确定。路基面的形状包括有路拱和无路拱两种。非渗水的路基面往往做成不同形式的路拱，以便排水。为保证路基的整体稳定性，路堤和路堑的边坡都应根据有关规定筑成一定的坡度。

为了消除或减轻地面和地下水对路基的危害作用，使路基处于干燥状态，须采用地面和地下水排水措施，将降落或渗入路基范围的地面或地下水，拦截、汇集、引导和排离出路基范围外。这些排水设施有侧沟、排水沟、截水沟、渗（暗）沟等。

（2）桥隧建筑物。铁路通过江河、溪沟、谷地和山岭等天然障碍物或跨越公路、其他铁路线时需要修筑各种桥隧建筑物。桥隧建筑包括桥梁、涵洞、隧道等。

1）桥梁。桥梁主要由桥面、桥跨结构和墩台所组成，如图2-11所示。

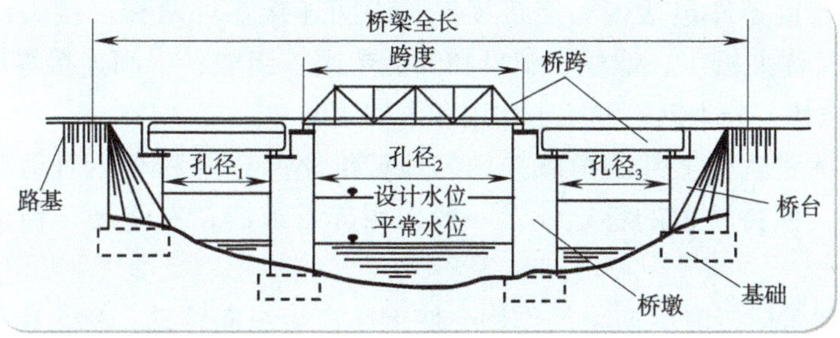

图2-11　桥梁

桥面是桥梁上的轨道部分。墩台包括桥台和桥墩，位于两端与路基邻接的叫桥台，中间的叫桥墩，横跨在两墩台之上的部分叫桥跨。两个墩台之间的空间叫桥孔。每个桥孔到设计水位处的距离叫孔径。每一桥跨两端支座间的距离叫作跨度。整个桥梁包括墩台在内的总长度，称为桥梁的全长。

铁路桥梁按照桥跨所用的材料分为钢桥、钢筋混凝土桥、石桥等；按照桥梁的外形分为梁桥、拱桥和斜拉桥；按照桥梁的长度（L）分为小桥（$L<20$m）、中桥（$20\text{m}\leqslant L<100$m）、大桥（$100\text{m}\leqslant L<500$m）和特大桥（$L\geqslant 500$m）。

2）涵洞。涵洞设在路堤下部的填土中，是用以通过少量水流的一种建筑物。

3）隧道。铁路隧道是线路穿越山岭的主要方式之一，还有穿越江河湖海与地面障碍的功能，如越江隧道、地下铁路隧道等。

（3）轨道

1）轨道的组成。轨道由钢轨、轨枕、连接零件、道床、防爬设备和道岔等组成，如图2-12所示。

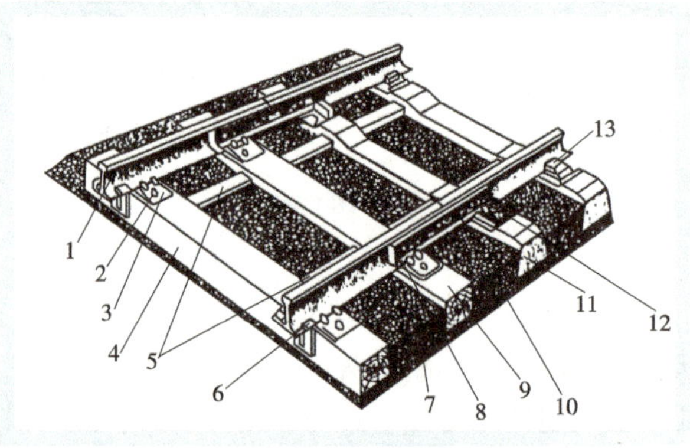

图2-12　轨道的组成

1—钢轨　2—普通道丁　3—垫板　4、9—枕木　5—防爬撑　6—防爬器　7—道床　8—鱼尾板　10—螺栓　11—钢筋混凝土轨枕　12—扣板式中间连接零件　13—弹片式中间连接零件

钢轨：采用稳定性良好的“工”字形断面宽底式钢轨，由轨头、轨腰、轨底三个部分组成。

轨枕：轨枕是钢轨的座垫，承受钢轨传来的压力并将其转给道床，还起保持钢轨位置和轨距的作用。轨枕按照制作材料分钢筋混凝土枕和木枕两种。

连接零件：连接零件包括接头连接零件和中间连接零件两种。接头连接零件连接钢轨，由鱼尾板（又称夹板）、螺柱、螺母和弹性垫圈等组成；中间连接零件（亦称钢轨扣件）连接钢轨与轨枕，分为钢筋混凝土枕用和木枕用两类。

道床：道床承受轨枕上部的荷载并均匀地传给路基，缓和车轮对钢轨的冲击，排除轨道中的雨水以及保持轨道的稳定性，一般采用碎石道砟，有坚硬、稳定和不易风化等优点。

防爬设备：列车运行时纵向力的作用会使钢轨产生纵向移动，称为爬行。为了防爬，一方面需加强钢轨和轨枕间的扣压力与道床阻力；另一方面需设置防爬器和防爬撑。

道岔：道岔是铁路线路和线路间连接和交叉设备的总称，其作用为使机车由一条线路转向另一条线路，或者越过与其相交的另一条线路。

2）无缝线路和新型轨下基础。无缝线路是把若干根标准长度的钢轨焊接成为每段800～1 000m的长钢轨，再在铺轨现场焊接成更长的钢轨，具有接头少，行车平稳，轮轨磨损少及线路养护维修工作量小等优点，是轨道现代化的主要技术表现之一。

宽钢筋混凝土轨枕比普通混凝土轨枕宽而且稍薄，在线路上连续铺设，提高了线路的稳定性，改善了钢轨的受力条件，有利于高速行车。整体道床是将路基、道床、轨枕三个基础部分用钢筋混凝土一次浇捣成形，具有线路强度高、维修工作量少的优点。

3）钢轨的强度和稳定性。钢轨的强度和稳定性取决于钢轨类型、轨枕类型和密度、道床类型和厚度等因素。根据运量和最高行车速度等运营条件，将轨道分为特重、重、次重、中和轻型五个等级，分别对这些影响规定了不同的要求。

钢轨要支承和引导机车车辆，必须具有足够的刚度，以抵抗动轮作用下的弹性挠曲变形，并具有一定的韧度，以减轻动轮的冲击作用，不致产生折断。此外，钢轨还应具有足够的硬度，以抵抗车轮的压陷和磨损。

我国生产的标准钢轨有70kg/m、60kg/m、50kg/m、43kg/m等数种。标准长度为25m和12.5m。钢轨连续铺设时，相邻钢轨间应留有轨缝，以适应温度变化时的胀缩。我国绝大多数线路轨距为1 435mm，称为标准轨距。直线段两股钢轨的顶面应保持在同一水平面高度。如有误差，在规定范围内，不允许超过4mm。

机车车辆在曲线上运行时，由于离心力的作用使曲线外轨承受了较大的压力，因而造成两股钢轨磨耗不均匀现象，严重时还可能造成翻车事故。因此要将曲线上的外轨抬高，使机车车辆内倾，以平衡离心力的作用。外轨比内轨高出的部分称为超高。

4）限界。为了确保机车车辆在铁路线路上运行的安全，防止机车车辆撞击邻近线路的建筑物和设备，对机车车辆和接近线路的建筑物、设备所规定的不允许超越的轮廓尺寸线，称为限界。铁路基本限界可分为机车车辆限界和建筑物接近限界两种，如图2-13所示。货物装车后货物任何部分的高度和宽度超过机车车辆限界时，都称为超限货物。按货物超限程度分为一级超限、二级超限和超级超限三个级别。一级超限和二级超限限界如图2-14所示。

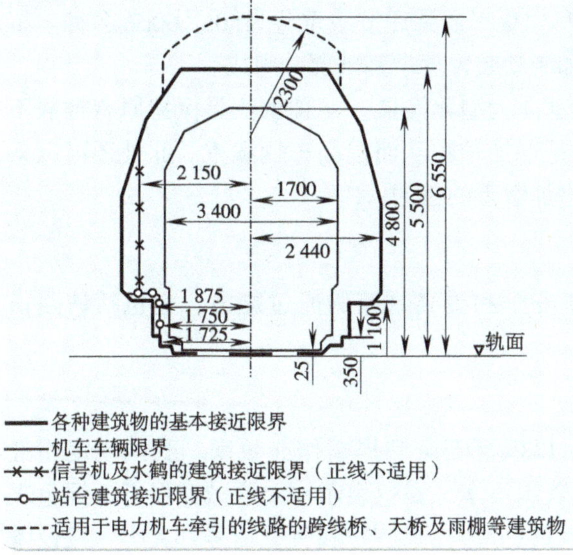

图2-13　机车车辆限界与建筑物接近限界

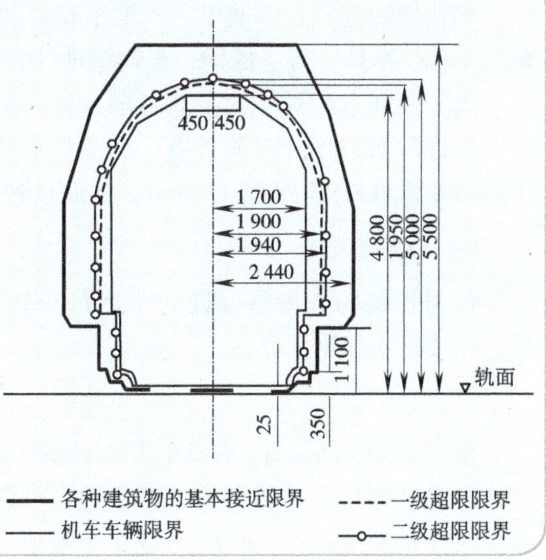

图2-14　一级、二级超限限界

（二）铁路机车与车辆

1．机车

机车是铁路运输的基本动力。由于铁路车辆大都不具备动力装置，列车的运行和车辆在车站内有目的的移动均需机车牵引或推送。

从原动力来看，机车分为蒸汽机车、内燃机车及电力机车。按用途分为客运机车、货运机车、调车机车。客运机车要求速度快，货运机车需要功率大，调车机车要有机动灵活的特点。

蒸汽机车是通过蒸汽机，把燃料燃烧产生的热能转换成机械能，用来牵引列车的一种机车。在现代铁路运输中，蒸汽机车已逐渐被其他新型牵引形式取代。

内燃机车是以内燃机为原动力的一种机车。其热效率比蒸汽机高，可达20%～30%，加足燃料后可长时间运行，但机车构造复杂，制造与维修困难，运营费用高。

电力机车靠其顶部升起的受电弓从接触网上取得电能，并转换成机械能牵引列车运行。电力机车功率大，获得能量不受限制，因而能高速行驶，牵引较重列车，起动加速快，爬坡性能强，容易实现多机牵引，更适用于坡度大、隧道多的山区铁路和繁忙干线。

目前我国铁路运输以电力机车为主。

2. 车辆

铁路车辆是运送旅客和货物的工具。车辆一般不具备动力装置，需要连挂成列车后由机车牵引运行。根据其用途，车辆可分为客车和货车两大类。

为了适应不同货物的运输要求，货车种类很多，主要有：棚车（P），装运怕湿及贵重货物；敞车（C），装运不怕湿的散装货物及一般机械设备；平车（N），装运长大货物与集装箱；罐车（G），装运液体、半液体或粉状货物；保温车（B），又称冷藏车，装运新鲜易腐货物。

车辆按轴数分有四轴车、六轴车和多轴车。货车通常还按载重分为50t、60t等多种。车辆由车体、车架、行走机构、车钩缓冲装置和制动装置五个基础部分组成。

为了提高运行效率，世界各国铁路车辆都向大型化发展。一种做法是保持原有轴数不变，提高轴重以增加车辆载重；另一种做法是增加轴数从而提高车辆载重。此外还可以采用新型车体材料以减轻车辆自重，从而达到增加载重的目的。

（三）信号设备

信号设备的作用是保证列车运行与调车安全和提高铁路的通过能力。它包括铁路信号、联锁设备和闭塞设备。

1. 信号

信号是对列车运行和调车工作的命令，以保证安全和提高作业效率。我国规定用红色、黄色和绿色作为信号的基本颜色，红色表示停车，黄色表示注意或减速慢行，绿色表示按规定的速度运行。铁路信号按信号形式可以分为视觉信号和听觉信号两大类，按设备形式可以分为固定信号、移动信号和手信号三类。

2. 连锁设备

连锁设备的主要作用是保证站内列车运行和调车作业的安全，以及提高车站的通过能力。

在车站上，为列车进站、出站所准备的通路，称为列车进路，凡是为各种调车作业准备的通路，则称为调车进路。一般每一个列车、调车进路的始端都应设立一架信号机进行防护，以保证作业时的安全。

列车的进出站和站内的调车工作通常是根据防护每一进路信号机的显示状态进行的。在有关的道岔和信号机之间，以及信号机和信号机之间，必须建立一种相互制约的关系，才能保证安全。我们把这种相互制约的关系叫连锁。为完成连锁关系而安装的技术设备叫作连锁设备。随着计算机技术的高度应用和发展，铁路车站的电气集中连锁设备正在逐步向微机连锁方向发展。

3. 闭塞设备

闭塞设备是用来保证列车在区间内运行安全的区间信号设备。闭塞设备能控制列车运行，保证一个区间、同一时间里只有一个列车占用。

二、铁路枢纽

铁路枢纽，是在铁路各线交会处或与其他交通线路的连接处，以铁路车站、联络线和进出站线等技术装备构成的铁路综合设施。铁路枢纽的功能是使各向铁路线相互沟通，与其他运输方式顺畅衔接。其主要作业内容是组织各向列车的到发和通过、客货的集散和中转、车辆改编以及货物承运与换装等项。

铁路枢纽通常设有编组站、客运和货运站，有时也可由一个站办理各种作业。在各站之间以联络线联结，在枢纽范围内引入车站的进出站线路。

我国铁路枢纽约有500多个，一般也是全国或者省区的政治、经济、文化中心或工业基地和水陆联运中心等，具有代表性的铁路枢纽见表2-5。

表2-5 中国十大铁路枢纽

铁路枢纽名称	主要功能
北京铁路枢纽	全国最大的铁路枢纽。有京广、京沪、京包、京九、京通等铁路干线呈辐射状通向全国，并有国际列车通往朝鲜、蒙古和俄罗斯
天津铁路枢纽	北方最大的海陆交通中心。京沈、京沪线在此交汇，并与塘沽新港相连，是北京的外港和门户
上海铁路枢纽	东部沿海地区最大的枢纽站。既是京沪线和沪杭线的终点，又是我国远洋航运和沿海南北航线的中心，客流量和货运量极大
哈尔滨铁路枢纽	东北北部最大的铁路交通中心。有哈大、滨洲、滨绥、滨吉等干线在此汇合。过境运输量很大。主要是木材、粮食、煤炭和大豆等
武汉铁路枢纽	京广、襄汉、汉九（江）铁路和长江、汉水航运交汇的交通中心，素有“九省通衢”之称，以水陆中转联运为其特色
郑州铁路枢纽	地处我国中原地带，陇海、京广两大干线在此相交，沟通了东西南北十几个省的货物，是全国铁路网的“心脏”
兰州铁路枢纽	中国西部最大的路网性铁路枢纽。陇海、包兰、兰青、兰新四大铁路干线在此汇合，既是通往青海、新疆的交通要塞，也是我国通向欧亚各国的国际通道
沈阳铁路枢纽	东北南部最大的铁路中心。有哈大、京沈、沈丹、沈吉等干线交汇，过境运输量为东北之冠
广州铁路枢纽	华南的水陆交通中心。京广、广深铁路与珠江航运在此汇合。黄埔港是广州的外港，经这里的海内外旅客和进出口货物流通量很大
重庆铁路枢纽	西南地区最大的水陆联运中心。是成渝、襄渝、川黔、遂渝、渝怀五条铁路干线以及长江和嘉陵江航线的交汇处

第三节　水路运输设施与设备

水路运输是指利用船舶，在江、河、湖泊、人工水道以及海洋上运送旅客和货物的一种运输方式。

水路运输按其航行的区域，大体上可划分为海洋运输和内河运输两种类型。海洋运输又有“远洋”“近洋”和“沿海”之分。“远洋”是指我国与其他国家或地区之间，经过一个或几个大洋的海上运输，如我国至非洲、欧洲、美洲、澳大利亚等地区进行的运输；“近洋”是指我国与其他国家或地区间，只经过沿海或太平洋（或印度洋）的部分水域的海上运输，如我国与朝鲜、日本、东南亚各国所进行的运输；“沿海”是指我国沿海区域各港之间的运输，其范围包括自辽宁的鸭绿江口起，至广西壮族自治区的北仑河口止的大陆沿海，以及我国所属的诸岛屿沿海及其与大陆间的全部水域内的运输。这种区分主要是以船舶航程的长短和周转的快慢为依据的。

内河运输是指利用船舶、排筏和其他浮运工具，在江、河、湖泊、水库及人工水道上从事的运输。内河运输通常多利用天然河流，因此建设投资少，运输成本低。我国有大小湖泊900多个，天然河流5 000多条，总长约43万公里，并且大多数河流水量充沛，常年不冻，适宜航行。目前的通航河流有长江、珠江、黑龙江以及大运河等。

水路运输的设施设备包括港口、航道和船舶3个方面。

一、港口

（一）世界港口演变过程

现代港口发展演变过程大致可以分为四个阶段：20世纪50年代中期以前、20世纪50年代中期～80年代的工业化时期、20世纪80年代～21世纪初的工业化后期、进入21世纪后的后工业化时期，见表2-6。

表2-6　世界港口发展历程表

港口历程	所处阶段	主要特点
第一代	20世纪50年代中期以前	主要满足基本功能，即海运货物的装卸、仓储中心和很少的增值服务
第二代	20世纪50年代中期～80年代的工业化时期	除了货物的装卸、仓储外，还增加了工业、商业活动，提供联合服务，增值服务范围进一步扩大
第三代	20世纪80年代～21世纪初的工业化后期	适应国际经济、贸易、航运和物流发展的要求，得益于港航信息技术的发展，逐渐发展成为国际贸易的运输中心与物流平台，主要业务范围扩大到货物从码头到港口后方陆域的配送一体化服务
第四代	进入21世纪后的后工业化时期	由于高新技术在港口领域得到全面应用，港口功能进一步完善，成为全球资源配置枢纽和全球生产、销售等整个供应链中重要的节点，港口生产经营从追求规模化转向追求规模化与满足个性，提供全程、全方位和多层面服务，提出建设生态港目标，强调持续发展

（二）港口在现代物流中的地位与作用

1. 现代港口在国际物流中具有十分重要的战略地位

（1）港口是国际物流与国内物流的交汇点。随着港口交叉腹地范围的扩大，港口吸引腹地的重点已经从地理位置，集疏运条件、传统的装卸和储存服务水平扩大到为产品提供增值服务的水平。

（2）港口是国际贸易中的主角。目前国与国之间的货运业中，海运以其低廉的价格，占据着90%以上的市场份额。港口作为海运的起点和终点，在整个运输链上总是最大量货物的集结点。

（3）港口在国际分工和世界经济、技术、交通方面扮演着重要的角色。港口作为国内市场与国际市场的接轨点，国内经济与国际经济的交汇点，已经实现从传统货流转变为人流、货流、商流、资金流、技术流、信息流的全面大流通，是货物、资金、技术、人才、信息的聚集点，具有发展成为物流生产要素整合平台的资源优势。港口通过发挥经济的聚集效应，整合各种生产要素，能够发挥1+1>2的效果。因此，港口是现代物流网络链中最有可能发展成为整合生产要素功能的平台。要把不同国家、不同地区之间有着最大禀赋差异的生产要素以最有利的方式结合，港口往往是最合乎逻辑的选址。世界主要港口基本上都是重要的经贸中心和工业基地。

（4）现代科技的发展正使港口日益成为全球综合运输网络的神经中枢。港口是船舶、航海、内陆运输、通信、经营和技术革新的汇聚点，在港口地区落户的有货主、货运代理行、船东、船舶代理行、商品批发部、零售商、包装公司、陆上运输公司、海关、商品检验机构以及其他各种有关机构。随着国际贸易的发展，物流中心的计算机系统必须与上述单位的计算机系统联网，将有关商流、物流、装卸运输、仓储信息及时汇集到港口和物流中心。因此港口就成为一个重要的信息中心。

2. 现代港口具有综合物流中心的功能

在综合物流时代，港口的功能发生了很大的变化。现代港口的功能更加广泛，将朝着全方位增值服务中心的方向发展，具备5个“中心”的功能。

（1）物流服务中心。港口首先应该为船舶、汽车、火车、货物、集装箱提供中转、装卸和仓储等综合物流服务，尤其是提高多式联运效率和港口竞争能力。

（2）商务中心。现代港口应该为用户提供方便的运输、商贸和金融服务，如代理、保险、银行、货代、船代、通关等。

（3）信息与通信服务中心。现代港口不但应该为用户提供市场决策的信息及其咨询，而且还要建成电子数据交换（EDI）系统的增值服务网络。

（4）现代产业中心。现代港口的开发建设，发挥着筑巢引凤的作用，首先促进了与港口生产有关的产业的发展，这些工业的发展又将进一步刺激物资交换和生活消费品的需求。因此，港口的发展，有利于人口的集中，有利于城市经济的增长。

（5）后援服务中心。现代港口既为物流增值服务提供了便利，对货物提供运输、仓储、加工、分拨、包装、信息等一系列增值服务，取得规模经济效益，同时又是一个人员服务中心，提供人才培训、供应和海员服务、贸易谈判条件，并提供舒适的生活娱乐空间，强化港城一体化关系，优化城市功能。

（三）港口的定义

什么是“港口”，现在还没有统一的定义，一些文献从不同的侧面对“港口”的概念进行了描述，例如，从运输功能角度、从地域概念的角度、从法律的角度等。在本书中，对港口及与港口有关的主要概念做出以下的定义：

（1）港口，是运输网络中水陆运输的枢纽，是货物的集散地，是船舶与其他运输工具的衔接点。它可提供船舶靠泊、旅客上下船、货物装卸、储存、驳运以及其他相关业务，并具有明确的水域和陆域范围。

（2）港界，是港口范围的边界线，根据地理环境、航道情况、港口设备以及港内工矿企业的需要等进行规定。一般利用海岛、山角、河岸突出部分，岸上显著建筑物，或者设置灯标、灯桩、浮筒等，作为规定港界的标志，也有按经纬度划分的。

（3）港区，是港界范围以内经当地政府机关划定的由港务部门管理的区域（包括陆域和水域），一般不包括所属小港、站、点。

（4）港口作业区。一个港口，为了便于生产管理，一般根据货种、吞吐量、货物流向、船型和港口布局等因素，将港口划分为几个相对独立的装卸生产单位，称为港口作业区。划分作业区可使同一货种最大限度地集中到一个作业区内进行装卸，因而可以提高机械化、自动化程度和充分发挥机械设备的效率，提高管理水平，避免不同货物的相互影响，防止污染，保证货物的质量和安全，便于货物的存放和保管，充分利用仓库能力等。

（5）码头，供船舶靠泊，是货物装卸和旅客上下的水上建筑物。

（6）泊位，是供一艘船舶靠泊的一定长度的码头。

（7）港口腹地，是港口吞吐货物和旅客集散所及的地区范围。腹地内的货物经由该港进（出），在运输上是比较经济合理的。其范围一般通过调查分析确定。港口腹地分为直接腹地和中转腹地。通过各种运输工具可以直达的地区范围称为直接腹地；经过港口中转的货物和旅客所到达的地区范围称为中转腹地。

（四）港口分类

根据目前国内常用的分类方法，可按港口的功能、地理条件及建造方式等作如下分类，具体见表2-7。

表2-7　港口分类

按功能分类	商业港	供商船进出使用的公共性质的港口
	工业港	直接服务于港区内的工业或仓储企业
	渔港	服务于水产事业，通常具备渔品接卸、加工、制冰、冷藏及渔需物资补给的能力
	军用港	用于军事目的的设施
	避风港	具有良好的天然地势，为船只躲避台风等灾害而设置

（续）

按地理条件分类	海港	位于海岸线上的港口，如北仑港、大连港等
	河口港	位于河流入海口处的港口，世界上有许多大的港口都是河口港，如鹿特丹港、上海港等
	河港	位于河流沿岸上的港口，如长江上的南京港、武汉港
	湖港	位于湖泊岸壁的港口
	水库港	位于水库岸壁的港口

（五）港口设施与设备分类

1. 港区生产设施与设备

（1）生产建筑，指水运企业进行主要生产工艺过程的建筑物。在港口中，如码头、仓库、货场、客运站、铁路、道路等；在修造船企业中，如船坞、船台、轮机车间、船体车间等。

（2）辅助生产建筑，指为水运企业提供辅助生产服务的建筑物，如港口的流动机械库、修理厂（所）、供应站、航修站、变电所、候工室、作业区办公室、消防站、通信建筑及港务管理办公建筑等。

（3）港区作业调度室，指港口日常装卸作业、生产的指挥中心。其任务是根据国家运输计划，结合港口的具体情况，按任务轻、重、缓、急编制港口生产作业计划；合理组织和指挥船舶与港口的生产活动；协调船港作业，加强水运与其他交通运输和物资部门的紧密配合，及时处理在生产中出现的各种问题；充分发挥港口的生产潜力，多快好省地保证完成国家运输计划。调度室一般设在港口装卸作业最中心的位置，并装设有与各有关方面联系的有线和无线电话及各种先进的电子装置。

（4）候工室，指港口作业区工人交接班、候工、临时配工和休息的场所。一般设在前方仓库的后方或在工人食堂、浴室附近。

（5）港口机械，包括港口起重机械、港口输送机械、港口装卸搬运车辆等。起重机械用于升降和搬运，但搬运距离较短，机构呈间歇式运动；输送机械可连续输送物料，搬运路线一般固定不变，大多用于输送散货；装卸机械可自行取物并装卸；搬运车辆可灵活安排搬运路线，运输距离较长，可在室内或室外作业。

2. 港口集疏运设施

（1）港区道路，指港内通行各种流通机械、运输车辆和人行的道路。港区道路联系码头、仓库、货场、前后方之间和港内与港外之间的交通，为减少行车干扰，便利消防，港区道路一般布置成环行系统。在主要装卸区和车辆、机械行驶较多的地区，路面结构多用混凝土和沥青混凝土铺面。

（2）港口铁路，指在港口范围内专为港口货物装卸、转运的铁路线路及设备，一般由港口车站、港区车场、码头线和库场货物线等组成。在作业量不是很大、距路网上编组站较近时，港口车站可与之合并；如作业量较小，车流性质较单纯，则港口专用线可直接与路网上的编组站或其他车站相连接。

1）港口铁路专用线，指不包括在铁路网的线路之内，而以轨道与铁路网的线路相连接，直接伸入港口（码头和库场等）的线路。专用线可连接货物站、区段站或编组站，根据地形条件，也可连接在中间站或站与站间的线路上。

2）码头铁路线，指码头上直接为船舶装卸服务的铁路线。线路的布置取决于码头的位置和形式、机械设备的类型、货物的种类和性质、直取作业比重等。直取作业量较小，可设一股铁路线；如码头泊位数较多，为了能由各个泊位取送车辆而不需一次将整个码头上的车辆都取走，应设两股码头线，并在一至两个泊位之间设过渡线；如码头很长，泊位数多，可设三股码头线。但这种方式比较少，容易引起作业混乱。

二、航道

（一）航道的概念

航道是指以组织水运为目的所规定或设置的船舶航行通道。随着船舶运行密度和纵横水运网的形成，现代水上航道已不仅是天然航道，还包括人工运河、进出港航道以及保证航行安全的航行标志系统和现代通信导航设备系统在内的工程综合体。

（二）航道的种类

1．海上航道

海上航道属天然水道，其通过能力几乎不受限制。每一海区的地理、水文情况都反映在该海区的海图上。船舶每次的运行都是根据海图结合当时的气候条件、海况和船舶本身的技术性能进行计算并在海图上标出。经过人们千百年来的努力和探索，加上现代导航技术的应用，世界各国和地区间的海上航道已基本为人们所了解和掌握。

但是随着船舶的大型化发展，有些海域或水道对通航船舶产生了一定限制。例如，马六甲海峡内有不少浅滩，载重28万t或吃水18m以上的巨型船舶禁止在海峡中通行，以确保航行安全。

2．内河航道

内河航道大部分是利用天然水道，再加上引航的航标设施所构成。内河航道与海上航道相比，运行条件有较大差别，主要表现为通航水深不同、通行的时限不同、通行的方式不同等。

世界上内河航道里程较长的国家有俄罗斯、中国、巴西、美国。内河航道货运密度（每千米航道完成的货物周转量）美国和西欧一些国家高于其他国家，其中尤以美国和德国的水平较高。

美国内河航道已形成以密西西比河为干线的航道网，其干线及主要支流已根据需要实现了渠化，其北部与五大湖相沟通，沿圣劳伦斯海道可东出大西洋，河口同墨西哥湾沿岸运河相连，采用统一的标准水深2.74m，长达9 700km，约占干支流总里程的50%。

西欧莱茵河源于瑞士，经法国、德国，在荷兰入北海，其干、支流均已渠化或治理，并与易北河和威悉河相沟通。莱茵—美因—多瑙运河工程，使莱茵河与多瑙河相沟通，可东出黑海。这一航道网通航可1 350t自航驳，航道网总长2万多km。

在中国，流域面积1 000km^{2}以上的河流有1 500多条，大小湖泊有900多个。但可通航500t级以上船舶的尚不足航道总里程的10%，大部分航道仅能通航100t级以下小船。中国内河航道主要分布在长江、珠江、淮河及黑龙江水系。其中长江、珠江和淮河 3个水系通航里程占全国通航总里程82.3%。

3. 人工航道

人工航道是指人工开凿，主要用于船舶通航的河流，又称运河。人工航道一般都开凿在几个水系或海洋的交界处，可以使船舶缩短航行路程，降低运输费用，方便人们生产和生活，扩大船舶航行范围，进而形成一定规模的水运网络。一些著名的国际通航运河，对世界航运的发展、船舶尺度的限制影响很大，其中主要有苏伊士运河、巴拿马运河、基尔运河。世界上最长最古老的人工运河是我国的京杭大运河。

（三）航道航行条件

海上航道的通过能力一般不受限制，所以，研究航道的航行条件只是针对内河航道。影响航道通过能力的因素很多，主要有航道的深度、航道的宽度、弯曲半径、水流速度、潮汐及季节性水位、航道的气象条件等。这些因素对港口建设、船型选择及运输组织都有决定性的影响。为了保证安全，航道必须具备一定的航行条件。

1. 足够的航道深度

航道深度是指全航线中所具有的最小通航保证深度，它取决于航道上关键性的区段和浅滩上的水深。航道深度是选用船舶吃水量和载重量的主要因素。航道深度增加，可以航行吃水深、载重量大的船舶，但必然会使整治和维护航道的费用增高。因此，设计航道深度时，应全面考虑。其公式为

$$最小通航深度=船舶满载吃水+富余水深$$

2. 足够的航道宽度

航道宽度视航道等级而定，通常单线航行的情况极少，双线航行最普遍，在运输繁忙的航道上还可考虑三线航行。

3. 适宜的航道转弯半径

航道转弯半径是指航道中心线上的最小曲率半径。一般航道转弯半径不得小于最大航行船舶长度的4～5倍。若河流转弯半径过小，将造成航行困难，应加以整治。若受自然条件限制，航道转弯半径最低不得小于船舶长度3倍，而且航行时要特别谨慎，防止事故发生。

4. 合理的航道许可流速

航道许可流速是指航线上的最大流速。船舶航行时，上水行驶和下水行驶的航线往往不同，下水就流速大的主流行驶，上水则尽量避开流速大的水区而在缓流区内行驶。船舶的航行速度与流速有如下关系：

下水时：航速=船舶静水速度+流速

上水时：航速=船舶静水速度−流速

5．符合规定的水上外廓

水上外廓是指要保证船舶通过时，水面以上部分所需要的高度和宽度，其尺寸按航道的等级确定。一至四级航道上桥梁等建筑物的净空高度，取20年一遇的洪水期最高水位来确定；五六级航道则取10年一遇的洪水期最高水位确定。

三、船舶

船舶是指能航行或停泊于水域进行运输或作业的运输工具，按不同的使用要求具有不同的技术性能、装备和结构。这里仅介绍以载运货物为主的货船，其大部分舱位是用于堆储货物的货舱。货船的船型很多，大小悬殊，排水量可从数百吨至数十万吨。

（一）货船分类

1．干散货船

又称散装货船，是用以装载无包装的大宗货物的船舶（如图2–15所示）。因为干散货船的货种单一，不需要包装成捆、成包、成箱的装载运输，不怕挤压，便于装卸，所以都是单甲板船。舱内不设支柱，但设有隔板，用以防止在风浪中运行的舱内货物错位。总载重量在5万t以上的，一般不装起货设备。由于谷物、煤和矿砂等的积载因数（每吨货物所占的体积）相差很大，所要求的货舱容积的大小、船体的结构、布置和设备等许多方面都有所不同。因此，一般习惯上仅把装载粮食、煤等货物积载因数相近的船舶，称为散装货船，而装载积载因数较小的矿砂等货物的船舶，称为矿砂船。用于粮食、煤、矿砂等大宗散货的船舶通常分为如下几个级别。

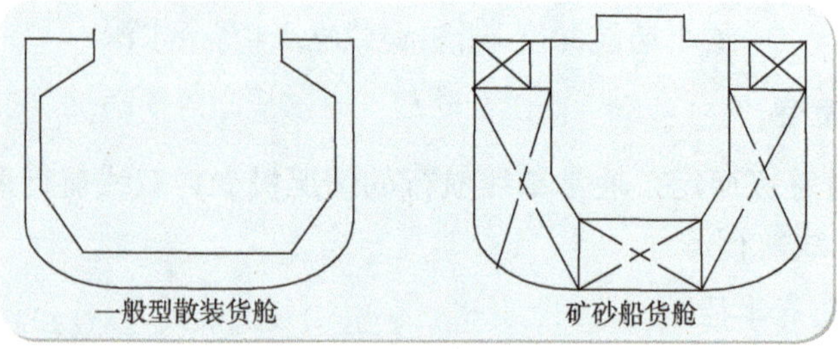

图2–15　散装船货舱结构

（1）总载重量（DW）为10万t级以上的散装货船，称为好望角型船。

（2）总载重量为6万t级的散装货船，通常称为巴拿马型。这是一种巴拿马运河所容许通过的最大船型。船长要小于245m，船宽不大于32.2m，最大容许吃水为12.04m。

（3）总载重量为3.5万～4万t级的散装货船，称为轻便型散货船。吃水较浅，世界上各港口基本都可以停靠。

（4）总载重量为2万～2.7万t级，称为小型散货船。它是可驶入美国五大湖泊的最大船型。最大船长不超过222.5m，最大船宽小于23.1m，最大吃水小于7.925m。

2. 杂货船

图2-16　杂货船

杂货船又称普通货船、通用干货船或统货船，主要用于装载一般包装、袋装、箱装和桶装的件杂货物（如图2-16所示）。由于件杂货物的批量较小，杂货船的吨位亦较散货船和油船小。典型的载重量在1万～2万t左右，一般为双层甲板，配备完善的起货设备。货舱和甲板分层较多，便于分隔货物。新型的杂货船一般为多用途型，既能运载普通件杂货，也能运载散货、大件货、冷藏货和集装箱。

杂货船具有下列一些特征：

（1）载重量不可能很大，远洋的杂货船总载重量为10 000～14 000t左右；近洋的杂货船总载重量为5 000t左右；沿海的杂货船总载重量为3 000t以下（由于货种多，货源不足，装卸速度慢，停港时间长，杂货船的载重量过大会不经济）。

（2）为了理货方便，杂货船一般设有2～3层甲板。载重量为万t级的杂货船，设有5～6个货舱。机舱位置多数采用中后机型，也有的采用尾机型。

（3）杂货船一般都设有首楼，在机舱的上部设有桥楼。老式的5 000t级杂货船，多采用三岛型。

（4）许多万吨级的杂货船，因压载的要求，常设有深舱，同时深舱可以用来装载液体货物（动植物油、糖蜜等）。

（5）杂货船一般都装设有起货设备，多数以吊杆为主，也有的装有液压旋转吊。

（6）大多数杂货船，每个货舱有一个舱口，也有少数杂货船采用双排舱口。

（7）不定期的杂货船一般为低速船。航速过高对于杂货船是很不经济的。远洋杂货船约为14～18节，续航力为12 000海里以上；近洋杂货船的船速约为13～15节；沿海杂货船的航速约为11～13节。

（8）杂货船一般都是一部主机，单螺旋桨。

3. 冷藏船

大多数食品类货物，如鱼、肉、蛋、水果及蔬菜等，在常温条件下进行长时间的运输、保管，会发生腐败，失去食用价值。引起动物食品货物腐败的主要原因是微生物的作用；引起植物性食品货物腐败的主要原因是货物本身的呼吸作用。降温能有效抑制这两种作用，防止货物在运输途中发生腐败。因此，冷藏运输作为一种有效的手段，得到了极为广泛的应用。冷藏并运输鱼、肉、果、蔬等货物的船舶，总称为冷藏船。

冷藏船最大的特点是其货舱实际上就是一个大型冷藏库，可保持适合货物久藏的温度。冷藏舱所需的冷源由设置在机舱内的大型制冷机提供。为保证一定的制冷效率，冷藏舱的四壁、舱盖和柱子都敷覆有隔热材料，以防止外界热量传入。为使船员能及时掌握并控制舱内的温度、湿度、二氧化碳含量等舱内环境参数，冷藏舱内还装有各种远距离测量和记录装置。

此外，为了有效地抑制各类微生物的繁殖和活动，舱内还设有臭氧发生器，使舱内在特定的持续时间内保持一定的臭氧浓度，以起到杀菌消毒的作用。

由于不同种类的货物所要求的冷藏温度不同，因此冷藏船还可按不同的冷藏温度进行细分，如专门运输水果、蔬菜的保温运输船；鱼、肉等动物性货物因需在较低的温度下以冻结的状态进行运输，所以冷冻并运输这类货物的船舶称为冷冻船（如图2-17所示）。

4. 木材船

木材船是专门用以装载木材或原木的船舶。这种船舱口大，舱内无梁柱及其他妨碍装卸的设备。船舱及甲板上均可装载木材。为防止甲板上的木材被海浪冲出舷外，在船舷两侧一般设置不低于1m的舷墙（如图2-18所示）。

图2-17　冷冻船

图2-18　木材船

5. 原油船

专门用于载运原油的船舶，简称油船，如图2-19所示。由于原油运量巨大，载重量可达50多万t，是船舶中的最大者。结构上一般为单底，随着环保要求的提高，结构正向双壳、双底的形式演变。上层建筑设于船尾。甲板上无大的舱口，用泵和管道装卸原油。设有加热设施在低温时对原油加热，防止其凝固而影响装卸。超大型油船的吃水可达25m，往往无法靠岸装卸，而必须借助于水底管道来装卸原油。

图2-19　原油船

6. 成品油船

专门载运柴油、汽油等石油制品的船舶。结构与原油船相似，但吨位较小。有很高的防火、防爆要求（如图2-20所示）。

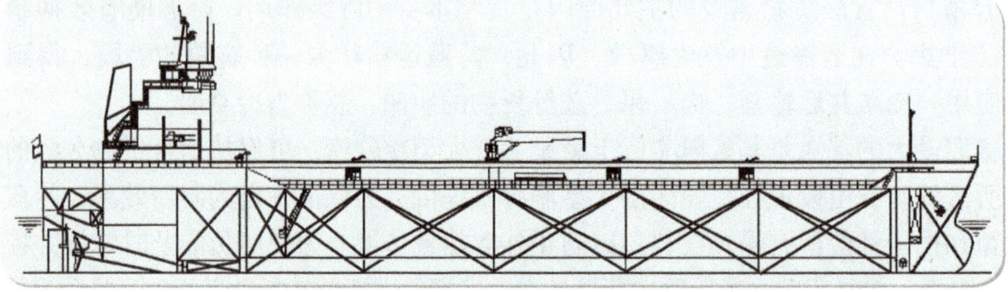

图2-20　成品油船

7. 集装箱船

集装箱船又称箱装船、货柜船或货箱船，是一种专门载运集装箱的船舶。其全部或大部分船舱用来装载集装箱，往往在甲板或舱盖上也可堆放集装箱。集装箱船的货舱口宽而长，货舱的尺寸按载箱的要求规格化，装卸效率高，大大缩短了停港时间。为获得更好的经济性，其航速一般高于其他载货船舶，最高可达30节以上。集装箱船可分为部分集装箱船、可变换集装箱船和全集装箱船三种。

（1）部分集装箱船，仅以船的中央部位作为集装箱的专用舱位，其他舱位仍装普通杂货。

（2）可变换集装箱船，其货舱内装载集装箱的结构为可拆装式的。因此，它既可装运集装箱，必要时也可装运普通杂货。

（3）全集装箱船，指专门用以装运集袋箱的船舶。它与一般杂货船不同，其货舱内有格栅式货架，装有垂直导轨，便于集装箱沿导轨放下，四角有格栅制约，可防倾倒。集装箱船的舱内可堆放3～9层集装箱，甲板上还可堆放三四层（如图2-21所示）。

8. 滚装船

滚装船主要用来运送汽车和集装箱，如图2-22所示。这种船本身无须装卸设备，一般在船侧或船的首、尾有开口斜坡连接码头，装卸货物时，或者是汽车，或者是集装箱（装在拖车上的）直接开进或开出船舱。这种船的优点是不依赖码头上的装卸设备，装卸速度快，可加速船舶周转。

图2-21　全集装箱船

图2-22　滚装船

9. 液化气运输船

液化气运输船是专门运输液化气体的船舶，所运输的液化气体有液化天然气（如图2-23所示）、液化石油气（如图2-24所示）、氨水、乙烯、液氯等。这些液货的沸点低，多为易燃、易爆的危险品，有的还有剧毒和强腐蚀性。因此液化气运输船货舱结构复杂，造价高昂。

图2-23　液化天然气船

图2-24　液化石油气船

液化气运输船按液化气的贮存方式分为三类：

（1）压力式液化气体船，适用于近海短途运输少量的液化气体。它是在常温下，将气体加压至液化压力，把液化气贮藏在高压容器中进行运输。这种运输方式，船体结构及操作技术都比较简单，但容器重量大，船舶的容量利用率低，不适用于建造大型高压容器。

（2）低温压力式液化气体船，把液化气体的温度控制在常温45℃以下，但高于液化气体的沸点，在这样的温度范围内，把气体加压至液态进行运输。采用这种方式运输，对于液化气体的温度和压力都需要进行控制，舱内要隔热绝缘，并且设置冷冻装置。

（3）低温式液化气体船，在大气压力下，将气体冷却至液态温度以下进行运输。船上设有温度和压力控制装置。适用于大量运输液化气体，目前这种类型的液化气体船较多。

10. 载驳船

专门载运货驳的船舶，又称母子船。其运输方式与集装箱运输方式相仿，因为货驳亦可视为能够浮于水面的集装箱。其运输过程是：将货物先装载于统一规格的方形货驳（子船）上，再将货驳装上载驳船（母船）上，载驳船将货驳运抵目的港后，将货驳卸至水面，再由拖船分送各自目的地。载驳船的特点是不需码头和堆场，装卸效率高，便于海—河联运。但由于造价高，货驳的集散组织复杂，其发展也受到了限制。目前较常用的载驳船主要有：

（1）拉西式载驳货船。这种形式的载驳船尾部有突出的悬尾，悬尾下方面临水面（如图2-25所示）。上甲板两侧，在整个载货区域内设有门式起重机运行轨道，轨道一直延伸到悬尾上。轨道上设置了起重量达500t的门式起重机。装载时，驳船由推轮推入悬尾下的水面，然后由悬尾上的起重机吊起，并沿轨道送至固定舱位堆放。

（2）西比式载驳货船。西比式载驳船为多层全通甲板船，没有舱口，其尾部设有起重量为2 000t的升降平台，其升降范围可从水面下一定深度达到各层甲板的高度，各层甲板上都设有轨道拖车系统（如图2-26所示）。载驳船尾部敞开，由一个滑门封住。西比式驳船标准尺度为29.7m×10.7m×3.2m，载货后重量可达1 000t。装船时，升降平台降到水下一定深度，顶推船将两只驳船推上平台并固定，然后升到各层甲板的高度，再用拖车沿轨道送至指定位置的支座上安放。

图2-25　拉西式载驳货船

图2-26　西比式载驳货船

（二）船舶的组成和性能

1. 船舶的组成

船舶由许多部分构成，按各部分的作用和用途，可综合归纳为船体、船舶动力装置、船船舾装、船舶的其他装置和设备等。

（1）船体。船体是船舶的基本部分，可分为主体部分和上层建筑部分。

主体部分一般指上甲板以下的部分，它是由船壳（船底及船侧）和上甲板围成的具有特定形状的空心体，是保证船舶具有所需浮力、航海性能和船体强度的关键部分。其主要包括：

1）船壳。船壳即船的外壳，是将多块钢板铆接或电焊结合而成的，包括船底板、舭列板、舷侧板三部分。

2）船架。船架是指为支撑船壳所用各种材料的总称，分为纵材和横材两部分。纵材包括龙骨、纵骨和桁材；横材包括肋骨、船梁和舱壁。

3）甲板。甲板是铺在船梁上的钢板，将船体分隔成上、中、下层。大型船甲板数可多至六七层，其作用是加固船体结构和便于分层配载及装货。

4）船舱。船舱是指甲板以下的各种用途空间，包括船首舱、船尾舱、货舱、机器舱和锅炉舱等。船舱一般用于布置动力装置、装载货物、储存燃油和淡水以及布置其他各种舱室。

（2）船舶动力装置，包括推进装置——主机经减速装置、传动轴系以驱动推进器（螺旋桨是主要的型式）；为推进装置的运行服务的辅助机械设备和系统，如燃油泵、润滑油泵、冷却水水泵、加热器、过滤器、冷却器等；船舶电站，为船舶的甲板机械、机舱内的辅助机械和船上照明等提供电力；其他辅助机械和设备，如锅炉、压气机、船舶各系统的泵、起重机械设备、维修机床等。通常把主机（及锅炉）以外的机械统称为辅机。

（3）船舶舾装，包括舱室内装结构（内壁、天花板、地板等）、家具和生活设施（炊事、卫生等）、涂装和油漆、门窗、梯和栏杆、桅杆、舱口盖等。

（4）船舶的其他装置和设备。除推进装置外，还有锚设备与系泊设备，舵设备与操舵装置，救生设备，消防设备，船内外通信设备，照明设备，信号设备，导航设备，起货设备，通风、空调和冷藏设备，海水和生活用淡水系统，压载水系统，液体舱的测深系统和透气系统，舱底水系统，船舶电气设备，其他特殊设备（依船舶的特殊需要而定）。

2. 船舶主要性能

船舶主要性能有浮性、稳性、抗沉性、快速性、耐波性、操纵性和经济性等。

（1）浮性是指船在各种装载情况下，能浮于水中并保持一定的首、尾吃水和干舷的能力。根据船舶的重力和浮力的平衡条件，船舶的浮性关系到装载能力和航行的安全。

（2）稳性是指船受外力作用离开平衡位置而倾斜，当外力消失后，船能回复到原平衡位置的能力。稳性是与船舶安全密切相关的一项重要性能。有关规范规定了各类船舶应具备的稳性标准，所有船舶必须达到规定的指标要求。为使船舶具有良好的稳性，可采取措施降低船舶的重心，减小上层建筑受风面积等措施。

（3）抗沉性是指船体水下部分如发生破损，船舱淹水后仍能浮于水面而不沉和不倾覆的能力。船舶主体部分的水密分舱的合理性、分舱甲板的干舷值和船舶稳性的好坏等，是影响抗沉性的主要因素。安全限界线指船侧舱壁甲板边线下76mm平行于甲板边线的曲线。按《国际海上人命安全公约》的规定，船舶遭受海损船舱进水后，其吃水应不超过安全限界线。

（4）快速性是表征船在静水中直线航行速度与其所需主机功率之间关系的性能。它是船舶的一项重要技术指标，对船舶营运开支影响较大。船舶快速性涉及船舶阻力和船舶推进两个方面。合理地选择船舶主尺度、船体系数和线型，是降低船舶阻力的关键。

（5）耐波性指船舶在风浪中遭受由于外力干扰所产生的各种摇荡运动及抨击上浪、失速飞车和波浪弯矩等，仍具有足够的稳性和船体结构强度，并能保持一定的航速安全航行的性能。耐波性不仅影响船上乘员的舒适和安全，还影响船舶安全和营运效益等，因而日益受到重视。

船在波浪中的运动有横摇、纵摇、首尾摇，垂荡（升沉）、横荡和纵荡六种。几种运动同时存在时便形成耦合运动，其中影响较大的是横摇、纵摇和垂荡。溅浸性主要是由于纵摇和垂荡所造成的船体与海浪的相对运动，增加干舷特别是首部干舷，加大首部水上部分的外飘，是改善船舶溅浸性的有效措施。

（6）船舶的操纵性指船舶能按照驾驶者的操纵保持或改变航速、航向或位置的性能，主要包括航向稳定性和回转性两个方面。它是保证船舶航行中少操舵、保持最短航程、靠离码头灵活方便和避让及时的重要环节，关系到船舶航行安全和营运经济性。

（7）经济性是指船舶投资效益的大小。它是促进新船型的开发研究、改善航运经营管理和发展造船工业的最活跃因素，日益受到人们重视。船舶经济性属于船舶工程经济学研究的内容，它涉及使用效能、建造经济性、营运经济性和投资效果等指标。

3. 船籍和船旗

船籍指船舶的国籍。商船的所有人向本国或外国有关管理船舶的行政部门办理所有权登记，取得本国或登记国国籍后才能取得船舶的国籍。

船旗是指商船在航行中悬挂其所属国的国旗。船旗是船舶国籍的标志。按国际法规定，商船是船旗国浮动的领土，无论在公海或在他国海域航行，均需悬挂船籍国国旗。船舶有义务遵守船籍国法律的规定并享受船籍国法律的保护。

方便旗船（Flag of Convenience）是指在外国登记、悬挂外国国旗并在国际市场上进行营运的船舶。第二次世界大战以后，方便旗船迅速增加，挂方便旗的船舶主要属于一些海运较发达的国家和地区，如美国、希腊、日本、中国香港和韩国的船东。他们将船舶转移到外国去进行登记，以规避国家重税和军事征用，自由制定运价不受政府管制，自由处理船舶与运用外汇，自由雇佣外国船员以支付较低工资，降低船舶标准以节省修理费用，降低营运成本以增强竞争力等。而公开允许外国船舶在本国登记的所谓“开放登记”（Open Register）国家，主要有利比里亚、塞浦路斯、新加坡、巴拿马及百慕大等国和地区。通过这种登记可为登记国增加外汇收入。

4. 船级

船级是表示船舶技术状态的一种指标。在国际航运界，凡注册总吨在100t以上的海运船舶，必须在某船级社或船舶检验机构监督之下进行监造。在船舶开始建造之前，船舶各部分的规格须经船级社或船舶检验机构批准。每艘船建造完毕，由船级社或船舶检验局对船体、船上机器设备、吃水标志等项目和性能进行鉴定，发给船级证书。证书有效期一般为4年，期满后需重新予以鉴定。

船舶入级可保证船舶航行安全，有利于国家对船舶进行技术监督，便于租船人和托运人选择适当的船只，以满足进出口货物运输的需要，也便于保险公司决定船、货的保险费用。

世界上比较著名的船级社有：英国劳埃德船级社（LR）、德国劳埃德船级社（GL）、挪威船级社（DNV）、法国船级局（BV）、日本海事协会（NK）、美国航运局（ABS）、中国船级社（CCS）。

（三）船舶吨位

船舶吨位是船舶大小的计量单位，可分为重量吨位和容积吨位两种。

1．船舶的重量吨位

船舶的重量吨位是表示船舶重量的一种计量单位，又可分为排水量吨位和载重吨位两种。通常军舰的大小以船舶排水吨位表示，货船的大小以船舶载重吨位表示。船舶载重吨位表示船舶在营运中能够使用的载重能力，载重吨位可分为总载重吨和净载重吨。

（1）总载重量（DW），指船舶在任意吃水状况下所能装载的最大重量，为货物或旅客，燃物料、淡水、船员和行李、供应品和备品等航次储备量及船舶常数的总和。其值等于该吃水下的船舶排水量与船舶空载排水量之差。其计算公式为

$$\mathrm{DW}=\varDelta_x-\varDelta_0$$

式中　DW——总载重量（t）；

$\varDelta_x$——船舶夏季满载排水量（t）；

$\varDelta_0$——船舶空船排水量（t）。

船舶常数是指船舶经过一段时间营运后的实际空船重量与船舶新出厂时的空船重量的差值。

总载重量是随船舶排水量的变化而变化的，与航行区域和航行季节有关。在实际应用和船舶资料中，总载重量一般指夏季船舶满载排水量与船舶空载排水量之差，其值为定值。

（2）净载重量（NDW），指船舶在具体航次中所能装载货物的最大重量，与航次总储备量和船舶常数有关。其值等于总载重量与航次总储备量和船舶常数之差。其计算公式为

$$\mathrm{NDW}=\mathrm{DW}-\Sigma G-G$$

式中　NDW——净载重量（t）；

ΣG——航次总储备量（t）；

G——船舶常数（t）。

总载重量表示船舶载重能力的大小，净载重量表示船舶载货能力的大小。它们都是水上运输管理中计算航次货运量的依据。

综上所述，船舶重量性能的相互间关系见表2-8。

表2-8 船舶重量性能间的相互关系

<table>
<tr><td rowspan="4">满载排水量</td><td colspan="2">空船排水量</td></tr>
<tr><td rowspan="3">总载重量</td><td>净载重量</td></tr>
<tr><td>航次总储备量</td></tr>
<tr><td>船舶常数</td></tr>
</table>

2. 船舶容积吨位

船舶的装载能力除受船舶的载重性能限制外，还受船舶容积性能的限制。船舶容积吨位是表示船舶装载多少体积货物的能力，又称注册吨，是各海运国家为船舶注册而规定的一种计算和丈量的单位，其计量单位为立方米（m^3）。容积吨又可分为容积总吨和容积净吨两种。

（1）总吨位（GT）：指按照《1969年国际船舶吨位丈量公约》或各国制定的丈量规范丈量确定的船舶总容积。其主要用途有：

1）表明船舶建造规模的大小及作为航运界统计船舶吨位之用。

2）作为计算船舶净吨位的基准。

3）作为计算海事赔偿及船舶某些港口使用费的基准。

4）作为船舶等级划分计算船舶建造、买卖、租赁的基准。

（2）净吨位（NT）：指按照《1969年国际船舶吨位丈量公约》或各国制定的丈量规范确定的船舶用作载货、载客的有效容积。其主要用途是：作为计算船舶各种港口使用费或税金的基准，如港务费、引航费、灯塔费、码头费、进坞费及船舶吨税等。船舶吨位证书中的总吨位和净吨位的数值应采用整数，不计小数点以下的数值，只填写数字，后面没有单位“吨”。

第四节 航空运输、管道运输设施与设备

一、航空运输的特点、地位与作用

航空输运是使用飞机及其他航空器运送人员、货物、邮件的一种运输方式。具有快速、机动的特点，是国际贸易中的贵重物品、鲜活货物和精密仪器等不可缺少的运输方式。

（一）航空运输的特点

航空运输之所以能在短短半个多世纪内得到快速的发展，是与其自身的特点分不开的。与其他运输方式相比，航空运输的主要优点是：

（1）速度快。这是航空运输的最大特点和优势。现代喷气式客机，巡航速度为800～900km/h，比汽车、火车快5～10倍，比轮船快20～30倍。距离越长，航空运输所能节约的时间越多，快速的特点也越显著。

（2）机动性大。飞机在空中飞行，受航线条件限制的程度比汽车、火车、轮船小得多。它可以将地面上任何距离的两个地方连接起来，可以定期或不定期飞行。尤其对灾区的救援、

供应，边远地区的急救等紧急任务，航空运输已成为必不可少的手段。

（3）舒适、安全。喷气式客机的巡航高度一般在10km左右，飞行不受低空气流的影响，平稳舒适。现代民航客机的客舱宽敞，噪声小，机内有供膳、视听等设施，旅客乘坐的舒适程度较高。

（4）基本建设周期短、投资少。要发展航空运输，从设备条件上讲，只需要添置飞机和修建机场。这与修建铁路和公路相比，一般来说建设周期短、占地少、投资省、收效快。

航空运输的主要缺点是飞机机舱容积和载重量都比较小，运载成本和运价比地面运输高。由于飞行受一定的气候条件限制，影响其准时性。此外，航空运输速度快的优点在短途运输中难以充分发挥。航空运输比较适宜500km以上的长途客运，以及时间性强的鲜活易腐和价值高的货物的中长途运输。

（二）航空运输的地位和作用

航空运输是随着社会、经济发展和技术进步发展起来的。它在现代社会的政治、经济生活中占据着重要的地位，发挥着不可低估的作用。它对经济所起的作用主要表现为：

（1）航空运输是交通运输体系的一个重要组成部分。航空是长距离旅行，特别是国际、洲际间旅行的主要工具。它和其他交通运输方式分工协作、相辅相成，共同满足社会对运输的各种要求。

（2）航空运输促进了全球经济、文化的交流和发展。航空运输本身是国家经济领域的一个重要行业，除了其自身的经济效益外，还带动了一批相关产业的发展，如旅游业等。它使国际经济、文化、科技的交流来往十分方便，有利于国家或地区间的相互协作、共同发展，有利于经济发达国家或地区到经济不发达国家或地区投资开发。在我国，航空运输发展已成为某地区经济是否发达、对外开放是否有利的重要标志。

（3）航空运输带动了飞机制造及相关行业和技术的发展。国际航空运输业的不断发展，使几个主要飞机制造商，如波音公司、空客公司，保持了长盛不衰的势头，也给相关设备的生产厂家提供了广阔的商机。航空技术属于高新技术领域，航空运输的发展，促使新的、更安全舒适的民航客机机型的不断出现，也使通信、导航、监视等设备与技术不断更新完善。

二、航空运输设施与设备

（一）航空港

航空港为航空运输的经停点，又称航空站或机场，是供飞机起飞、降落、停放及组织、保障飞机活动的场所。航空港由飞行区、客货运服务区和机务维修区三部分组成。其中，飞行区是航空港面积最大的区域，设有指挥台、跑道、滑行道、停机坪、无线电导航系统等设施。航空港的主要任务是完成客货运输服务，保养与维修飞机，保证旅客、货物和邮件正常运送以及飞机安全起降。

通常来讲，航空港内配有以下设施：

（1）跑道，飞机场内用来供航空飞行器起飞或降落的超长条形区域。跑道的性能及相应的设施决定了飞行区等级。

（2）滑行道，连接飞行区各个部分的飞机运行通路，它从停机坪开始连接跑道两端，在交通繁忙的跑道中段设有一个或几个跑道出口和滑行道相连，以便降落的飞机迅速离开跑道。

（3）停机坪，供飞机停留及进行各种业务活动的场所。

（4）机场地面交通，包括出入机场交通和机场内交通两部分。出入机场交通设施包括旅客和货物车辆进出通道、站台及航站楼等。机场内交通设施包括供旅客、接送者、访问者、机场工作人员使用的公用通道；供特准车辆出入的公用服务设施和非公用服务道路；供航空货运车辆出入的货运交通通道。

（5）指挥塔或管制塔，为航空器进出航空港的指挥中心。其位置应有利于指挥与航空管制，维护飞行安全。

（6）助航系统，是为辅助安全飞行的设施，包括通信、气象、雷达、电子及目视助航设备。

（7）输油系统，为航空器补充油料。

（8）维护修理基地，为航空器归航以后或起飞以前做例行检查、维护、保养和修理。

（9）货运设施，货运量大的机场应将处理货物运输的系统与旅客运输系统分开。机型大型化后导致客货混合作业时间的延长，规划机坪门位系统时应考虑货物处理问题。

航空货物包括空运货物和航空邮件。空运货物在飞机与航站楼之间由航空公司或货运商运送，需要提供运货货车专门道路；空运邮件通常是用车辆直接运送至机场邮件中心。

采用高效率的装卸设备，常见的是装卸—运输联合机，升降式装卸机适用于不同机舱高度的飞机。

（10）其他各种公共设施，包括给水、电、通信交通、消防系统等。

（二）飞机的分类、组成及主要设备

1. 飞机的分类

飞机依其分类标准的不同，可有以下划分方法：

（1）按飞机的用途划分，有国家航空飞机和民用航空飞机之分。国家航空飞机是指军队、警察和海关等使用的飞机，民用航空飞机主要是指民用飞机和直升机，民用飞机指民用的客机、货机和客货两用机。客机主要运送旅客，一般行李装在飞机的深舱。由于直到目前为止，航空运输仍以客运为主，客运航班密度高、收益大，所以大多数航空公司都采用客机运送货物。不足的是，由于舱位少，每次运送的货物数量十分有限。全货机运量大，可以弥补客机的不足，但经营成本高，只限在某些货源充足的航线使用。客货混合机可以同时在主甲板运送旅客和货物，并根据需要调整运输安排，是最具灵活性的一种机型。

（2）按飞机发动机的类型分，有螺旋桨飞机和喷气式飞机之分。螺旋桨式飞机利用螺旋桨的转动将空气向机后推动，借其反作用力推动飞机前进。所以螺旋桨转速越高，飞行速度越快。但当螺旋桨转速高到某一程度时，会出现“空气阻碍”的现象，即螺旋桨四周已成真空状态，再加速螺旋桨的转速，飞机的速度也无法提升。喷气式飞机最早由德国人在20世纪

40年代制成，是将空气多次压缩后喷入飞机燃烧室内，使空气与燃料混合燃烧后产生大量气体以推动涡轮，然后于机后以高速度将空气排出机外，借其反作用力使飞机前进。它的结构简单，制造、维修方便，速度快（一般时速可达800～900km/h），节约燃料费用，装载量大（一般可载客400～500人或100t货物），使用率高（每天可飞行16h），所以目前已经成为世界各国机群的主要机种。超音速飞机是指航行速度超过音速的喷气式飞机。如英法在20世纪70年代联合研制成功的协和式飞机。目前超音速飞机由于事故率高、耗油大、载客少、造价昂贵、使用率低，使许多航空公司望而却步。又由于它的噪声很大，被许多国家的机场以环境保护的理由拒之门外，或者被限制在一定的时间起降，这更限制了它的发展。

（3）按飞机的发动机数量分，有单发动机飞机、双发动机飞机、三发动机飞机、四发动机飞机之分。

（4）按飞机的航程远近分，有远程、中程、近程飞机之别。远程飞机的航程为11 000km左右，可以完成中途不着陆的洲际跨洋飞行。中程飞机的航程为3 000km左右，近程飞机的航程一般小于1 000km。近程飞机一般用于支线，因此又称支线飞机。中、远程飞机一般用于国内干线和国际航线，又称干线飞机。

我国民航局采用按飞机客座数划分小、中、大型飞机，飞机的客座数在100座以下的为小型，100～200座之间为中型，200座以上为大型。航程在2 400km以下的为短程，2 400～4 800km之间为中程，4 800km以上为远程，但分类标准是相对而言的。

2. 飞机的组成

飞机主要由机翼、机身、动力装置、起落装置、操纵系统等部件组成。

（1）机翼，为飞机飞行提供升力的部件。机翼受力构件包括内部骨架、外部蒙皮以及与机身连接的接头。

（2）机身，装载人员、货物、燃油、武器、各种装备和其他物资的部件。连接机翼、尾翼、起落架和其他有关构件。

（3）动力装置，飞机飞行速度提高到需要突破“音障”时，要用结构简单、重量轻、推力大的涡轮喷气式发动机。涡轮喷气式发动机包括进气道、压力机、燃烧室、涡轮和尾喷管五部分。

（4）起落装置。飞机起落装置使飞机能在地面或水面上平顺地起飞、着陆、滑行停放，由吸收着陆撞击的能量机构、减振器、机轮和收放机构组成。改善起落性能的装置包括增举装置、起飞加速器、机轮刹车和阻力伞或减速伞等。

（5）操纵系统。飞机操纵系统分为主操纵系统和辅助操纵系统。主操纵系统对升降舵、方向航和副翼三个主要操纵面进行操纵，辅助操纵系统对调整片、增举装置和水平安定面等进行操纵。

3. 飞机常用参数

（1）机长，指飞机机头最前端至飞机尾翼最后端之间的距离。

（2）机高，指飞机停放地面时，飞机尾翼最高点的离地距离。

（3）翼展，指飞机左右翼尖间的距离。

（4）最大起飞重量，指飞机试航证上所规定的该型飞机在起飞时所许可的最大重量。

（5）最大着陆重量，指飞机在着陆时允许的最大重量。它由飞机制造厂和民航当局所规定，要考虑着陆时的冲击对起落架和飞机结构的影响，大型飞机的最大着陆重量小于最大起飞重量，中小飞机两者差别不大。

（6）飞机基本重量，指除商务载重（旅客及行李、货物邮件）和燃油外，飞机做好执行飞行任务准备的飞机重量。

4. 飞机的飞行性能

飞机的飞行性能是评价飞机性能优劣的主要指标。它主要包括下列几项：

（1）最大平飞速度。飞机的最大平飞速度是在发动机最大功率或最大推力时飞机所获得的平飞速度。其单位是“km/h”。影响飞机最大平飞速度的主要因素是发动机的推力和飞机的阻力。由于发动机推力、飞机阻力与高度有关，所以在说明最大平飞速度时，要明确是在什么高度上达到的。通常飞机不用最大平飞速度长时间飞行，因为耗油太多，而且发动机容易损坏。

（2）巡航速度。巡航速度是指发动机每公里消耗燃油最少情况下的飞行速度，其单位是“km/h”。这时飞机的飞行最经济，航程也最远，发动机也不大“吃力”。

（3）爬升率。飞机的爬升率是指单位时间内飞机上升的高度，其单位是“m/s”。爬升率大，说明飞机爬升快，上升到预定高度所需的时间短。爬升率与飞行高度有关。随着飞行高度增加，空气密度减少，发动机推力降低，所以一般最大爬升率在海平面时，随着高度增加而减小。

（4）升限。飞机上升所能达到的最大高度，叫作升限。

（5）航程及续航时间。航程是指飞机一次加油所能飞越的最大距离，用巡航速度飞行可取得最大航程。增加航程的主要办法有：多带燃料、减小发动机的燃料消耗和增大升值比。

续航时间是指飞机一次加油，在空中所能持续飞行的时间。

（三）航线和航路

1. 航线

飞机飞行的路线称为航空交通线，简称航线。航线不仅确定了飞机飞行的具体方向、起讫和经停地点，而且根据空中交通管制的需要，规定了航线的宽度和飞行的高度，以维护空中交通秩序，保证飞行安全。

航线按照起讫地点的归属不同分为国内航线和国际航线。国内航线的起讫点、经停点均在国内；国际航线是指飞行的路线连接两个国家或两个以上国家的航线。在国际航线上进行的运输是国际运输，一个航班如果它的始发站、经停站、终点站有一点在外国领土上都叫作国际运输。

我国国际航线创建于20世纪50年代初。从20世纪90年代开始，我国民航进入高速发展时期，航线航班年均增长速度达到9%左右。《2014年民航行业发展统计公报》显示，截至2014年年底，我国共有定期航线3 142条，颁证运输机场202个。其中，国际航线达到490条，通航世界上的116个国家。

2．航路

民航运输服务是航空器跨越天空在两个或多个机场之间的飞行。为了保障飞行安全，必须在机场之间的空中为这种飞行提供相对固定的飞行线路，使之具有一定的方位、高度和宽度，并且在沿线的地面设有无线电导航设施。这种经政府有关当局批准的、飞机能够在地面通信导航设施指挥下沿具有一定高度、宽度和方向在空中作运载飞行的空域，就称为航路。

在欧美国家，航路空域高度层分为三种：一是低空航路空域，宽16km，平均海拔高度在4 423m以下；二是中空航路空域，宽26km，高度在平均海拔4 423m～7 320m之间；三是高空航路空域，宽度没有规定，高度在平均海拔7 320m以上，专供喷气飞机使用。我国民用航路的宽度规定为20km。

开辟新航线，必须考虑航路的地理条件和气象条件，有利于飞机运输飞行安全，也应考虑航线站点地区的经济水平，因其决定着客货运量和航空运输市场的发展潜力。同时，新航线的建立，还必须充分考虑与其他航线的衔接，地面交通的综合运输能力，以便航空运输的客货集散。

（四）航空集装设备

航空运输中的集装设备主要是指为提高运输效率而采用的托盘和集装箱等成组装载设备。为使用这些设施，飞机的甲板和货舱都设置了与之配套的固定系统。由于航空运输的特殊性，这些集装设备无论外形构造还是技术性能指标都具有自身的特点（见表2–9）。以集装箱为例，就有主甲板集装箱和底甲板集装箱之分。我们在海运中常见的40ft和20ft的标准箱只能装载在宽体飞机的主甲板。

表2–9 航空货运集装设备

类别	项目	参数	图例
航空集装箱 AIR CONTAINER	容积	4.3m^3	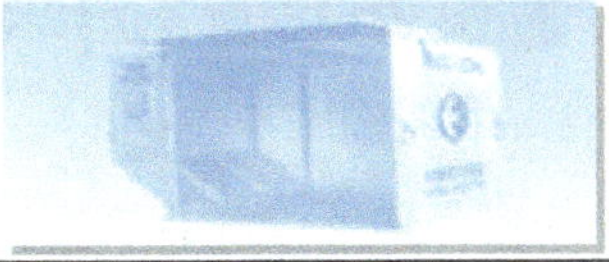
	最大载重	1 588kg	
	自重	90kg	
	型号	NAS3610—2K2C	
软门集装箱 DQF Soft Door CONTAINER	适用于飞机下货舱		
	最大载重	2 449kg/5 400Ib	
	外形尺寸	4 730mm×2 240mm×1 630mm	
	内部容积	7.2m^3/253ft^3	
系列集装板拖车 SERIES PALLET DOLLY	最大载重	7 000kg	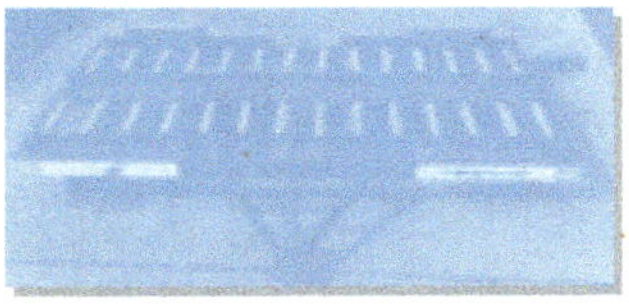
	外形尺寸	4 100mm×3 400mm×570mm	
	拖行速度	24km/h	
	有效高度	508mm	
	自重	1 450kg	
升降平台车 PALLET AND CONTAINER LOADER	升降高度	3 600mm	
	最大载重量	6 800kg	
	适用飞机B—747、B—767、DC—10、L—1011、A—300B、A—310（前舱）		

三、管道运输设施与设备

管道运输是用管道作为运输工具的一种长距离输送液体和气体物资的运输方式，是一种专门由生产地向市场输送石油、煤和化学产品的运输方式，是统一运输网中干线运输的特殊组成部分。管道运输石油产品比水运费用高，但仍然比铁路运输便宜。

（一）管道运输的特征

管道运输是国民经济综合运输的重要组成部分之一，也是衡量一个国家的能源与运输业是否发达的特征之一。目前，长距离、大管径的输油气管道均由独立的运营管理企业来负责经营和管理。

管道运输多用来输送流体货物，如原油、成品油、天然气及固体煤浆等。它与其他运输方式（铁路、公路、海运、河运）相比，主要区别在于驱动流体的输送工具是静止不动的泵机组、压缩机组和管道。泵机组和压缩机组给流体以压力能，使其沿管道连续不断地向前流动，直至输到指定地点。

（二）管道运输的优点

（1）运输量大，一条直径720mm的管道，可以年输原油2 000万t以上，几乎相当于一条单线铁路的单方向输送能力。

（2）能耗少、运费低，原油管道的单位能耗只相当于铁路的1/12～1/7。

（3）易于全面实现自动化管理。

（4）占地少，受地形、地貌限制小，宜选取短捷路径，缩短运输距离。

（5）安全密闭，基本上不受恶劣气候的影响，能够长期安全稳定运行。

（6）基本上不产生废渣废液，不会对环境造成污染。

（三）管道运输设施的组成

管道运输设施由管道线路设施、管道站库设施和管道附属设施三部分组成。

1. 线路设施

管道的线路设施是管道运输的主体，主要有石油管道和天然气管道。

（1）管道本体，由钢管及管阀件组焊接而成。

（2）管道防腐保护设施，包括阴极保护站、阴极保护测试桩、阳极地床和杂散电流排流站。

（3）管道水工防护构筑物、抗震设施、管堤、管桥及管道专用涵洞和隧道。

2. 管道站库设施

按照管道站、库位置的不同，分为首站（起点站）、中间站和末站（终点站）。按照所输介质的不同，又可分为输油站和输气站。输油站包括增压站（泵站）、加热站、热泵站、减压站和分输站；输气站包括压气站、调压计量站和分输站等。

3. 附属设施

管道附属工程主要包括管道沿线修建的通信线路工程、供电线路工程和道路工程。此外还有管理机构、维修机构及生活基地等设施。

（四）运输管道的分类

常用的运输管道按所输送的物品不同分为原油管道、成品油管道、天然气管道和固体料浆管道（前两类常统称为油品管道或输油管道），见表2–10。

表2–10　运输管理分类表

原油管道	原油一般具有比重大、黏稠和易于凝固等特性。用管道输送时，要针对所输原油的特性，采用不同的输送工艺。原油运输不外是自油田将原油输给炼油厂，或输给转运原油的港口或铁路车站。其运输特点是：输量大、运距长、收油点和交油点少，故特别适宜用管道输送。世界上的原油约有85%以上是用管道输送的
成品油管道	成品油管道输送汽油、煤油、柴油、航空煤油和燃料油，以及从油气中分离出来的液化石油气等成品油。每种成品油在商业上有多种牌号，常采用在同一条管道中按一定顺序输送多种油品的工艺，这种工艺能保证油品的质量和准确地分批运到交油点。成品油管道运输的特点是批量多、交油点多，因此，管道的起点段管径大，输油量大；经多处交油分输以后，输油量减少，管径亦随之变小，从而形成成品油管道多级变径的特点
天然气管道	输送天然气和油田伴生气的管道，包括集气管道、输气干线和供配气管道。就长距离运输而言，输气管道系指高压、大口径的输气干线。这种输气管道约占全世界管道总长的一半
固体料浆管道	能输送大量煤炭料浆的管道。其输送方法是将固体粉碎，掺水制成浆液，再用泵按液体管道输送工艺进行输送

（五）管道设备的维护

1. 管道防腐技术

尽管管道系统具有便于管理、运行安全的特点，但由于其输送管道大多深埋于地下，给日常维护带来一定困难，尤其是管道和储罐的腐蚀，不仅会造成因穿孔而引起的油、气、水跑漏损失与污染，给维修带来材料和人力的浪费，而且还可能引起火灾和爆炸。针对发生腐蚀的原因，通常可采取下列措施：

（1）选用耐蚀材料，如聚氯乙烯管，含钼和含钛的合金钢管等。

（2）在输送或储存介质中加入缓蚀剂抑制内壁腐蚀。

（3）采用内外壁防腐绝缘层，将钢管与腐蚀介质隔离。

（4）采用阴极保护法。

目前国内外普遍采用的经济可靠的方法是防腐绝缘层加阴极保护的综合措施。

2. 管道清洗技术

管道运输是原油、天然气最主要的运输方式。但因油、气中含有各种盐类、杂质、硫化物、细菌等，管线经长期运行会形成结垢、被腐蚀等影响生产的因素，因此，需对管道进行清洗、修复，输油（气）管道清洗技术也随之而产生。清洗是一门工程技术，是一个新兴的科学技术领域。

输油（气）管道清洗技术是该科学技术领域的一部分，是一项延长管道使用寿命，保证管道正常运行的实用技术。按其清洗目的可分为投产前的清管，运行中的除垢，改输前的清洗。

目前，对于管道清洗技术主要分为三大类：物理清洗法、化学清洗法、物理和化学结合清洗法。

（1）物理清洗法，包括高压水射流清洗、机械法清洗、PIG清洗、喷砂清洗、电子跟踪式清洗、爆炸清洗等方法。

（2）化学清洗法，多用于一般金属管道、不锈钢管道和管道脱脂。化学法清洗管道是向管道内投入含有化学试剂的清洗液，与污垢进行化学反应，然后用水或蒸气吹洗干净。为了防止在化学清洗过程中损坏金属管道的基底材料，可在酸洗液里加入缓蚀剂；为提高管道清洗后的防锈能力，可加入钝化剂或磷化剂使管道内壁金属表层生成致密晶体，提高防腐性能。

（3）物理和化学结合清洗法。物理清洗和化学清洗这两类方法，对工业管道及相关设备的清洗效果各有千秋，然而单独使用哪一种方法都不具备把两者结合起来使用时所具有的优势，从技术上说应取长补短，相辅相成；从经济上来说，也应合理选用、兼收并蓄。单独用化学试剂来清洗，会降低管道寿命，提高清洗成本，而且有些污垢难以用化学方法完全处理干净。同样，对长期输送沉积速度较快的输油管线，单纯用清管器清管也难以达到改输后理想的效果。物理清洗与化学清洗多种方法结合使用已成为当今清洗技术发展的一种趋势，现已开发出多种实用的复合清洗技术，可获得最佳的效果。

总之，对管道及设备进行更为有效的清洗，必须对管道现状，清洗要求及相关信息、资料进行综合分析评价，优化组合，这样才能有针对性地筛选出最好的制剂和方法，达到最佳清洗效果。

| 经典案例 |

德国公路货运电气化混合动力新技术

德国西门子（Siemens）公司基于已经成熟的有轨电车和无轨电车模式，近年开发出一款名为e-Highway（公路电气化）的混合动力厢式货车系统。该类重型试验货车通过改装，在车顶架设具备自动升降功能的受电弓，当车辆在燃油驱动状态下驶至供电线网区域，受电弓经扫描受感应，则升起连接输电线，将电能输送到特制的电力/柴油混合动力系统，转入电力驱动模式，带动万向轴工作。

【西门子公司开展的相关试验概况】

西门子公司在距柏林市区约80km的苏联空军驻扎基地内，将一段原军用机场跑道改造为试验路，配备了两辆专用重型货车、专职人员和相关设施设备，开展研究测试。道路外侧布设了线网和控制系统，相邻电杆间距约60m。在柴油模式下，试验货车会驱动发电机发电；而在e-Highway模式下，仅通过电动机驱动。采用电力驱动时，车行速度亦可轻松达到90km/h（55mph）。试验过程中，两辆专用重型货车均演示了在电力驱动模式下保持行驶状态，同时操作受电弓脱离输电线转入燃油驱动模式的场景。西门子公司称，在两种驱动模式之间转换时，驾驶员不会有明显感觉。行驶途中如遇到桥梁、隧道，受电弓可调整降低。车辆的电力驱动场景如图2-27所示。

图2-27　德国SCANIA（左）和VOLVO（右）货运电气化混合动力试验车

据西门子公司介绍，货车行驶过程中，刹车阶段所产生的能量也可以回收到驱动系统储备再利用；该方法已经在2014赛季F1级方程式赛车场采用。

【应用前景】

这项e-Highway电气化混合动力新技术，或可对未来公路货运产生积极的影响。

（1）符合绿色发展理念。采用电力驱动模式，将有效减少公路货运燃油消耗和碳排放量，有助于实现绿色发展。

（2）具有可行性。一是使用成本较低；二是摆脱了有（无）轨电车行驶过程不能离开电线的限制，即使变换驱动模式，也能够保障连续行驶；三是适用于繁忙且路程较短的港口、工厂和转运中心之间等货运路线。长远来看，由于巨额的货运量需求，在中国高速公路范畴可发掘其应用潜力。

【资料来源：德国《智能交通技术与发展模式》】

复习思考题

1．我国公路技术分级的标准是什么？可分为哪些等级？

2．货运汽车主要由哪些部分组成？各部分的作用如何？

3．在进行货运汽车选型时应考虑哪些主要使用性能？

4．高速公路有何特点？高速公路的主要设施和装备有哪些？

5．公路枢纽应具有哪些功能？

6．限制铁路线路运输能力的主要因素是什么？

7．我国铁路分哪些等级，其主要技术标准是什么？

8．铁路运输系统主要包括哪些设备与设施？

9．铁路信号设备中的联锁设备和闭塞设备的功能有何不同？

10．铁路枢纽的主要作业任务是什么？

11．何谓港口？现代港口的中心功能有哪些？

12．集装箱码头应具备哪些基本条件?

13．货运船舶有哪些主要类型？各有什么特点?

14．简述船舶的主要性能。

15．船舶载重能力和载货能力有何不同？两者的关系如何?

16．何谓船舶吨位？总吨位和净吨位的含义及作用有何不同?

17．提高船舶装载能力的基本途径有哪些?

18．航空运输的集装设备有何特点?

19．运输管道有哪些主要类型?

20．运输管道常用的防腐和清洗方法有哪些?

第三章 Chapter Three

物流装卸搬运设备

知识目标

了解物流装卸搬运设备的种类，了解常见堆垛设备，熟悉各类起重机械的基本组成及工作原理，熟悉常见起重设备和输送设备。

能力目标

掌握各类物流装卸搬运设备应用的场合，具备初步的设备选型能力，理解和把握装卸搬运合理化。

第一节　物流装卸与搬运设备概述

一、装卸搬运设备的概念

物流装卸搬运是指在一定的区域内（通常指某一个物流节点，如车站、码头、仓库等），以改变物品的存放状态和空间位置为主要内容的活动。在实际操作中，装卸与搬运是密不可分的，两者是伴随在一起发生的。在整个物流活动中，如果强调存放状态的改变时，一般用“装卸”一词表示；如果强调空间位置改变时，常用“搬运”一词表示。装卸搬运活动把运输、保管、包装、流通加工、配送等物流活动联结起来，成为连续的流动过程。

装卸搬运设备是指用来搬移、升降、装卸和短距离输送物料或货物的机械。装卸搬运设备是实现装卸搬运作业机械化的基础，是物流系统中使用频率最高、使用数量最多的一类物流设备。它广泛应用于港口、码头、货运站场、配送中心、物流中心等场所，完成货物的装卸、搬运、堆垛等作业。

二、装卸搬运设备的作用

装卸搬运设备是实现装卸搬运作业机械化和自动化的物质技术基础，也是实现装卸搬运合理化、效率化、省力化的重要技术手段。大力推广和应用装卸搬运设备，不断更新装卸搬运设备和实现现代化管理，对于加快现代化物流发展有着十分重要的作用。装卸搬运设备在物流系统中具有以下作用：

（1）提高装卸效率，节省劳动力，减轻装卸工人的劳动强度，改善劳动条件。

（2）缩短装卸搬运作业时间，加速运输工具周转，加快货物的送达速度。

（3）提高装卸搬运作业的质量，减少货损货差，保证货物的完好和运输安全。

（4）充分利用货位，加速货位周转，减少货物堆码的场地面积和堆存时间，提高堆场、仓库等利用率。

（5）降低装卸搬运作业成本，提高经济效益。装卸搬运设备的应用可以提高装卸搬运作业效率，而效率的提高会使每吨货物分摊到的作业费用相应减少，从而使装卸搬运作业成本降低，以降低物流成本。

三、装卸搬运设备的分类

装卸搬运设备的作用对象种类繁多、外形和特点各异，有散装货物、袋装货物、桶装货物、箱装货物、危险品货物等。为适应各类货物的装卸搬运作业要求，各种装卸搬运设备应运而生。目前装卸搬运设备的机型和种类多达数千种，而且各国仍在不断地研制新机型和新机种。为了运用和管理的方便，按机械的主要用途或结构特征可将装卸搬运设备分为起重机械、输送机械、装卸搬运车辆和专用机械，具体分类见表3-1。

表3-1 装卸搬运设备按结构特征分类表

类　别	设备名称	主要特点
起重机械	轻小型起重设备：千斤顶、手动葫芦 桥式类起重机：龙门式起重机、装卸桥 臂架类起重机：浮式起重机、门座式起重机	间歇动作 重复循环 短时载荷 升降活动
输送机械	具有挠性牵引构件的输送机械： 带式输送机 链式输送机 斗式提升机 自动扶梯 无挠性牵引构件的输送机械： 螺旋输送机 振动输送机 气力输送机	连续动作 循环运动 持续载荷 固定线路
装卸搬运车辆	单斗装载机 牵引车 挂车、底盘车 叉车	流动作业

（续）

类　别	设 备 名 称	主 要 特 点
专用机械	集装箱专用机械 托盘专用机械 分拣专用机械 车辆专用机械 船舶专用机械 翻车机 拆垛机、堆垛机	专用作业

第二节　起重机械设备

一、起重机械概述

起重机械是用于垂直升降及短距离水平运移货物的机械设备。它能有效提高生产率、降低作业成本、改善劳动强度、提高作业质量，是现代物流作业机械化、自动化不可少的重要机械设备，在港口、仓库、货运站场、建筑工地等各领域都得到广泛应用。

起重机械是用来从事起重和搬运的、做循环间歇运动的机械。一个典型的工作循环一般包括：取物装置从取物点用起升机构把货物提起、运行、旋转或变幅，将货物移位、在指定位置下降，接着进行反向运动，使取物装置回升原位，以便进行下一轮工作循环。在两个工作循环之间，一般有短暂的停歇，可见，起重机械在工作时，各机构需进行频繁的起动、制动和换向，是一种做周期性间歇运动的机械。

1. 起重机械的分类

起重机械按其起重量及运动方式可分为三大类。

（1）轻小型起重设备。轻小型起重设备一般只有一个升降机构，使货物做升降运动。在某些场合也可做水平运输（如卷扬机）。属于这一类型的起重设备有：千斤顶、滑车及滑车组、卷扬机、手动葫芦等。它们具有轻小简练、使用方便的特点，适用于流动性和临时性的作业，手动的轻小型起重设备尤其适合在无电源的场合使用。

（2）桥式类起重机。桥式类起重机配有起升机构、大车运行机构和小车运行机构。依靠这些机构的配合动作，可在整个长方形场地及其上空作业，适用于车间、仓库、露天堆场等场所。桥式类起重机包括：通用桥式起重机、堆垛起重机、龙门式起重机、装卸桥等。

（3）臂架类起重机。臂架类起重机配有起升机构、旋转机构、变幅机构和运行机构，液压起重机还配有伸缩臂机构。依靠这些机构的配合动作，可在圆柱形场地及上空作业。臂架式起重机可装在车辆上或其他运输（移动）工具上，构成运行臂架式起重机，这种起重机具有良好的机动性，可适用于码头、货场、矿场等场所。臂架类起重机包括自行动臂架式旋转起重机和固定臂架式起重机。其中自行动臂架式旋转起重机又可分为浮式起重机、塔式起重机、门座式起重机、汽车起重机、轮胎式起重机、履带式起重机、铁路起重机等。

物流装卸起重机的一般分类如图3-1所示。

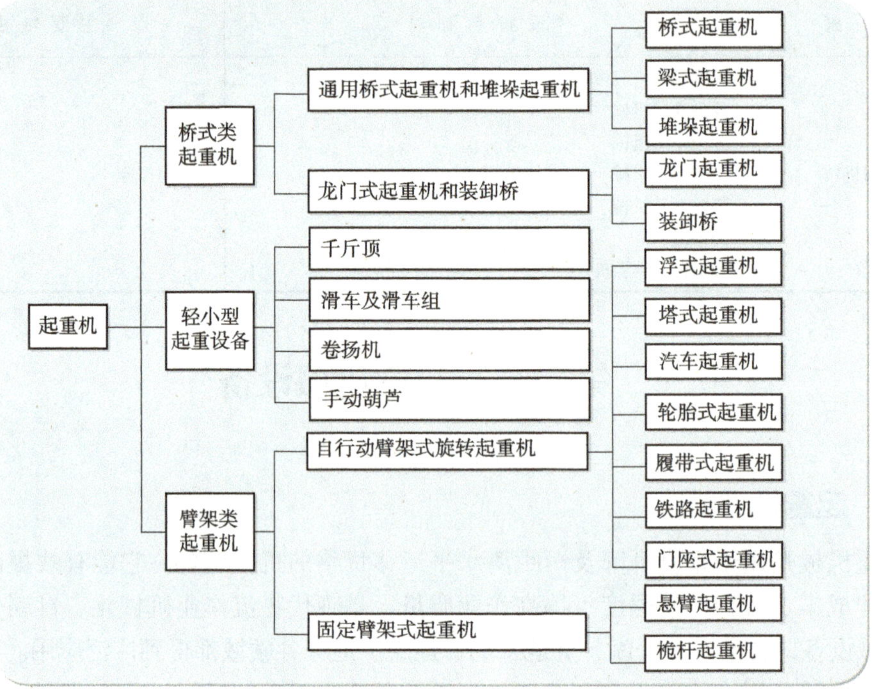

图3-1 起重机分类

2. 起重机械的基本组成

起重机械主要由驱动装置、工作机构、金属结构和安全保护装置组成。

（1）驱动装置。起重机械驱动装置是用来驱动各工作机构动作的动力设备。它是起重机械的重要组成部分，在很大程度上决定着起重机械的工作性能和构造特征。除了简单的起重设备，如手动葫芦、千斤顶、小型起重机的回转机构等采用人工驱动以外，现代起重机械主要采用电力驱动、内燃机驱动和内燃机—电力、内燃机—液压等复合驱动。

（2）工作机构。工作机构是实现升降及运移货物的机构，包括起升、运行、变幅和回转四大机构：

1）起升机构是用来升降货物的机构，是起重机最基本的机构。

2）运行机构是用来实现起重机械或起重小车沿固定轨道或路面行走的机构。

3）变幅机构是依靠臂架或小车的运行使吊具移动而改变幅度的机构。

4）回转机构是使起重机械回转部分在水平面内绕回转中心转动的机构。

（3）金属结构。金属结构是起重机械的基体和骨架。它主要用来布置和安装起重机械的驱动装置和工作机构，承受各种载荷，并将载荷传递给起重机构的支承基础。起重机械的主要金属结构有臂架、门架、桥架、人字架等。

（4）安全保护装置。起重机除了以上三大部分以外，还需要装设一些安全装置。安全装置包括为防止起重机械吊重过载而设置的起重限制器或重力矩限制器；为防止起重机械行至终点或两机相碰而设置的行程限位器或缓冲器；为防止露天工作的起重机械被风吹动滑行而设置的防风抗滑装置等。

3. 起重机的主要技术参数

起重机的基本参数是表明起重机工作特性的主要指标，也是正确选择和使用起重机的技术数据。它主要包括：起重量、幅度（或外伸距）、工作速度、轨距（或跨度、轮距）和基距（或轴距）、工作级别、外形尺寸、自重和轮压等。

（1）额定起重量。起重机在正常作业时，允许提升货物的最大重量与可从起重机上取下的取物装置重量之和称为起重机的额定起重量，一般用字母G表示，单位为t。

（2）起升高度。起升高度是指起重机运行轨道面或地面到取物装置上极限位置的高度（吊钩测量到吊钩中心，抓斗测量到最低点），当取物装置可以降到地面或轨道顶面以下时，从地面或轨道顶面下放至下极限位置的距离称为下放深度。起升高度与下放深度之和称为总起升高度，以字母H表示，单位为m。

（3）跨度或幅度。跨度是指桥式类起重机的大车运行机构两轨道中心线之间的距离，以字母L表示，单位为m。幅度是指臂架类起重机的旋转中心线至取物装置中心线之间的水平距离，以字母R表示，单位为m。幅度可以是固定不变的，也可以是变化的，因而，有相应的最大幅度R_{max}和最小幅度R_{min}及有效幅度R_{max}～R_{min}之称。

跨度和幅度都是表示起重机工作范围大小的参数，幅度主要根据起重机的工作范围确定，跨度多由工作需要或场地的大小来确定。

（4）工作速度。起重机工作速度主要有起升速度、变幅速度、旋转速度和运行速度四种。

1）起升速度，是指起重机械起升额定起重量时，货物匀速上升的速度（m/min），以字母v表示。

2）变幅速度，是指起重机吊具从最大幅度变到最小幅度时沿水平方向运动的平均线速度（m/min）。

3）旋转速度，是指回转式起重机的转动部分在匀速转动状态下每分钟回转的圈数（r/min），以字母n表示。

4）运行速度，一般是指起重机械或起重小车匀速运行时的速度（m/min），以字母U表示；对无轨运行的起重机，常称为行走速度（km/h）。

各类起重机根据安全、工艺、生产率等方面的综合要求，规定了上述工作速度的额定值，称为该机构的额定工作速度。例如，通用桥式吊钩起重机的各机构工作速度范围是：起升速度为1～20m/min；大车运行速度为30～120m/min；小车运行速度为10～50m/min。超速运行会影响安全生产，而速度太低又会降低生产率，因此速度的选择必须恰当。

（5）生产率。起重机的生产率是指起重机在规定的工作条件下连续工作单位时间装卸货物的总质量，通常用Q表示，单位为t/h。它是表征起重机装卸搬运能力的综合性指标，与起重机的起重量、机械工作速度、工作行程、货物的类型、工作条件、生产组织以及操作熟练程度等因素有关。

（6）工作级别。工作级别又称工作类型，它是表示起重机及其机构工作繁忙程度和载荷状态的参数。

起重机的载荷是指起重机工作时受到的各种力的作用。它包括起吊物品及吊具索具的重量、起重机的自重、起重和制动时的运动惯性力、缓冲器的碰撞力、风力等的合力作用。起重机受到的不是恒定不变的静载荷，而是变化着的动载荷。起重机是一种周期性间歇运动的机械，以重复短时的工作循环来升降和运移货物，每一工作循环中，有关机构要做一次正向和反向运动，并且频繁地起动和制动。

由于起重机具有以上载荷和运动特点，在交变载荷作用下使构件承受交变应力的作用，这样即使最大工作应力低于材料的强度极限也会发生疲劳破坏现象。因此，影响起重机使用寿命的因素不但与载荷大小（即实际载荷与额定载荷之比）有关，而且与工作忙闲程度（即工作时间的长短）及使用频繁程度（即工作循环次数多少）有关。

根据起重机国家标准规定，按起重机工作的利用等级和载荷状态将起重机分为A1、A2、A3、A4、A5、A6、A7、A8共八种工作级别；按起重机各机构的利用等级和载荷状态将起重机机构分为M1、M2、M3、M4、M5、M6、M7、M8共八种工作级别。（分级方法详见GB/T 3811—2008《起重机械设计规范》）。

二、桥式类起重机

桥式类起重机指由具有能运行的桥架结构和设置在桥架上的能运行的起升机构组成的起重机械。常用的桥式类起重机包括梁式起重机、通用桥式起重机、龙门起重机、装卸桥等。这类起重机多是固定式，完成固定空间的吊运作业，适用于所有工矿企业、仓库、露天堆场等，进行物料的装卸、搬运和吊装等。

1. 梁式起重机

梁式起重机由桥梁、起重小车两大部分组成，根据桥架结构不同可分为单梁桥式起重机和双梁桥式起重机两种类型。

单梁桥式起重机桥架的主梁多采用工字型钢或型钢与钢板的组合截面（如图3-2所示）。起重小车常为手拉葫芦、电动葫芦或用葫芦作为起升机构部件装配而成。梁式起重机各机构的工作速度较低，起重量也较小，属于轻型起重机，具有自重轻、成本低、制造容易的特点。

按桥架支承形式不同，分为支承式和悬挂式两种。前者桥架沿车梁上的起重机轨道运行；后者的桥架沿悬挂在厂房屋架下的起重机轨道运行。

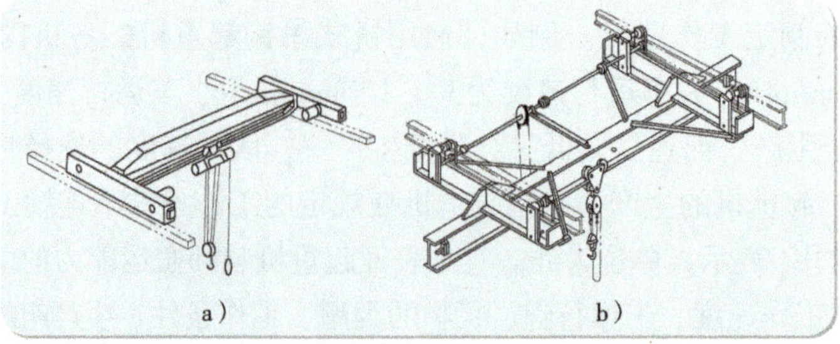

图3-2 单梁桥式起重机

a）电动支承式 b）手动悬挂式

单梁桥式起重机分手动、电动两种，手动单梁桥式起重机各机构的工作速度较低，起重量也较小（通常为0.5～10t），但自身重量小，便于组织生产，成本低，适合用于无电源或搬运量不大、对速度与生产率要求不高的场合。手动单梁桥式起重机采用手动单轨小车作为运行小车，用手拉葫芦作为起升机构，桥架由主梁和端梁组成，主梁一般采用单根工字钢，端梁则用型钢或压弯成型的钢板焊成。

电动单梁桥式起重机的工作速度、生产率较手动的高，起重量也较大。电动单梁桥式起重机由桥架、大车运行机构、电动葫芦（或由电动葫芦作为主要部件的电动起重小车）及电气设备等部分组成。

双梁起重机由直轨、起重机主梁、电动环链葫芦和小车、送配电系统和电器控制系统组成，特别适合于大悬挂跨度和大起重量的平面范围物料输送（如图3-3所示）。

图3-3　轻型双梁起重机

2. 门式起重机

门式起重机是桥式类起重机的另一种机型，在港口，主要用于室外货场的料场货、散货的装卸作业。它的金属结构像门型框架，承载主梁下安装两条支脚，可以直接在地面的轨道上行走，主梁两端可以具有外伸悬臂梁。门式起重机具有场地利用率高、作业范围大、适应面广、通用性强等特点，在港口货场得到广泛使用。

（1）门式起重机的类型。门式起重机一般根据门架结构形式、主梁形式、吊具形式不同进行分类。

1）按门框结构形式分类：

a. 全门式起重机（如图3-4a所示），主梁无悬臂，小车在主跨度内运行。

b. 半门式起重机（如图3-4b所示），支腿有高低差，可根据使用场地的土建要求而定。

c. 双悬臂门式起重机（如图3-4c所示）。这是最常见的一种门框结构形式，其结构的受力和场地面积的有效利用都是合理的。

d. 单悬臂门式起重机（如图3-4d所示）。这种结构形式往往是因场地的限制而被选用。

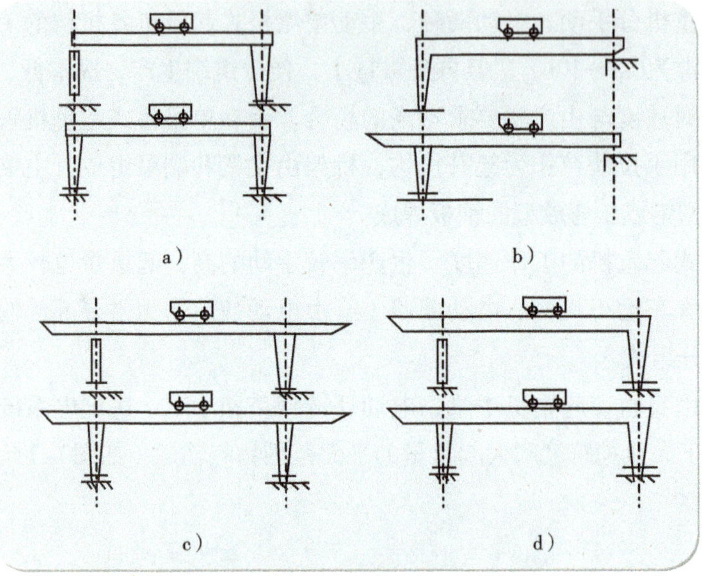

图3-4　门式起重机结构类型

a）全门式　b）半门式　c）双悬臂门式　d）单悬臂门式

2）按主梁结构形式分类：

a．单主梁门式起重机。单主梁门式起重机结构简单、制造安装方便、自身重量小，主梁多为偏轨箱形架结构。它与双主梁门式起重机相比，整体刚度要弱一些。因此，当起重量$Q \leqslant 50t$、跨度$S \leqslant 35m$时，可采用这种形式。单主梁门式起重机门腿有L形和C形两种形式。L形（如图3-5所示）的制造安装方便，受力情况好，自身重量较小，但是吊运货物通过支腿处的空间相对小一些。C形（如图3-6所示）的支脚做成倾斜或弯曲成C形，其目的在于得到较大的横向空间，以使货物顺利通过支脚。

图3-5　L形单主梁门式起重机

图3-6　C形单主梁门式起重机

b．双梁门式起重机（如图3-7所示）。双梁门式起重机承载能力强、跨度大、整体稳定性好、品种多，但自身重量与相同起重量的单主梁门式起重机相比要大些，造价也较高。根据主梁结构不同，又可分为箱形梁和桁架两种形式，目前一般多采用箱形梁结构。

图3-7　双梁门式起重机

（2）门式起重机表示方法。用代号、额定起重量、跨度、工作级别四个主要要素特征表示门式起重机的型号。

1）代号含义。M：表示门式类型。M后加一个符号为双梁门式起重机，其符号有MG、ME、MZ、MC、MN、MP、MS；加两个符号为单主梁门式起重机，其符号有MDG、MDE、MDZ、MDC、MDN、MDP、MDS等。

例：MG——双梁单小车吊钩门式起重机；

ME——双梁双小车吊钩门式起重机；

MDN——单主梁单小车抓斗吊钩门式起重机；

MDS——单主梁单小车三用门式起重机。

2）标记方法。门式起重机的标记内容包括起重机类型、额定起重量、跨度、工作幅度、工作级别等内容。其标记方法如图3-8所示。

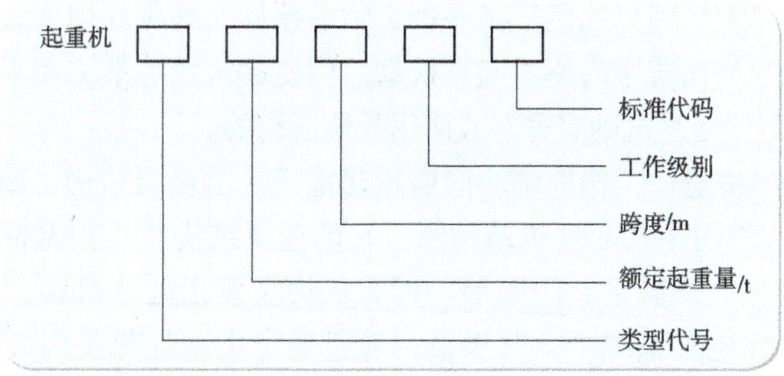

图3-8　门式起重机的标记方法

例如，起重机MDG 20/5—22A4 GB/T 14406—2011：表示具有主、副钩的起重量为20/5t、跨度为22m、工作级别为A4的单主梁吊钩门式起重机。

起重机ME50/10+50/10—35A4 GB/T 14406—2011：表示起重量为50/10t+50/10t、跨度为35m、工作级别为A4的双梁双小车吊钩门式起重机。

（3）门式起重机的选用

1）单主梁和双梁门式起重机的选用。一般情况下，起重量在50t以下，跨度在35m以内，无特殊使用要求，宜选用单主梁式。如果要求门腿宽度大，工作速度较高，或经常吊运重件、长大件，则宜选双梁门式起重机。

2）跨度的选择。门式起重机的跨度是影响起重机自身重量的重要因素，选择时，在满足设备使用条件和符合跨度系列标准的前提下，应尽量减少跨度。

3）轮距的确定原则。能满足门架沿起重机轨道方向运行的稳定性要求；

货物的外形尺寸要能顺利通过支腿平面刚架；

注意与跨度S成一定比例关系，一般取轮距$B=(1/4\sim1/6)S$。

4）门式起重机间距尺寸确定。在工作中，门式起重机外部尺寸与堆场的货物及运输车辆通道之间应留有一定的空间尺寸，以利于装卸作业。一般运输车辆在跨度内装卸时，应保持与门腿有0.7m以上的间距。吊具在不工作时应与运输车辆有0.5m以上的间距，货物过门腿时，应有0.5m以上的间距。

5）电气设备。门式起重机电气设备的选用应符合通用门式起重机GB/T 14406—2011的有关规定。

三、臂架类起重机

臂架类起重机由行走、起升、变幅、旋转机构组成，通过臂架的俯仰、绕垂直轴线回转配合升降运行可在一个圆柱形空间范围内起重和搬运。臂架类起重机种类繁多，本节只简单介绍物流系统中常用的门座式、地面动臂式起重机两种。

1. 门座式起重机

门座式起重机是装在沿地面轨道行走的门形底座上的全回转臂架起重机。港口和货场使用的门座式起重机一般分为通用式和专用式两种。通用门座式起重机用吊钩或抓斗装卸货物；专用门座式起重机则只能用于某一种货物的装卸，如带斗门座式起重机专用于煤炭装卸，通常它的生产率比通用门座式起重机高。门座起重机一般采用平行四边形式和四连杆式，而中、小型门座起重机则有臂架式使用补偿滑轮的。

门座式起重机的构造和工作原理。门座式起重机是由金属结构、四大机构和电气系统组成的整体。图3-9为门座式起重机结构图。它的金属结构有：起重臂系统、平衡系统、转盘、人字架机器房、操纵室、门架等。四大机构主要指起升机构、变幅机构、旋转机构、行走机构等。在电气系统中，其供电一般是通过电缆卷筒将电源输送到中心受电器上。通常港口门座式起重机多为低压供电上机，但在大起重量的机型上也有使用高压供电上机的，此时机上需设有变电装置和高压控制柜。港口门座式起重机均采用电力驱动，电气控制部分集中在操纵室和电气房内，电阻箱布置在机房内，安全保护装置设置在适当的位置上。

1）起升机构。为了便于使用双绳抓斗装卸散货，门座式起重机一般采用双卷筒的起升机构，即由两台电动机分别带动各自的减速器，经过三级减速后输出，并带动各自的钢丝绳卷筒。起升钢丝绳一端固定在卷筒上，另一端通过人字架上的补偿滑轮及象鼻梁两端部的滑轮，然后固定于吊钩或抓斗上（如图3-10所示）。

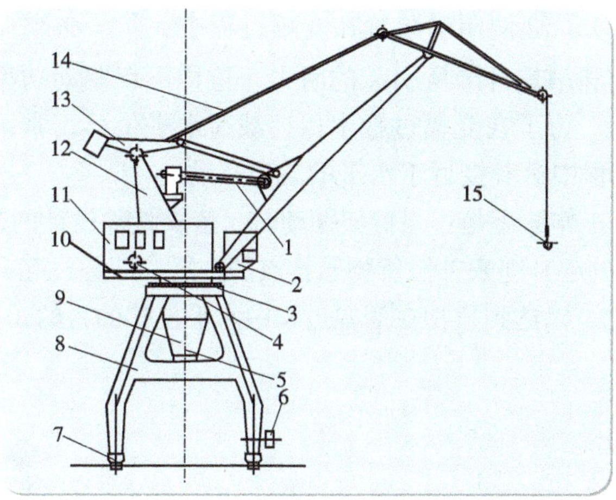

图3-9　门座式起重机结构

1—变幅机构　2—驾驶室　3—旋转机构　4—起升机构　5—电气系统　6—电缆卷筒　7—行走机构
8—门架　9—转柱　10—转盘　11—机房　12—人字架　13—平衡系统　14—起重臂系统　15—吊钩

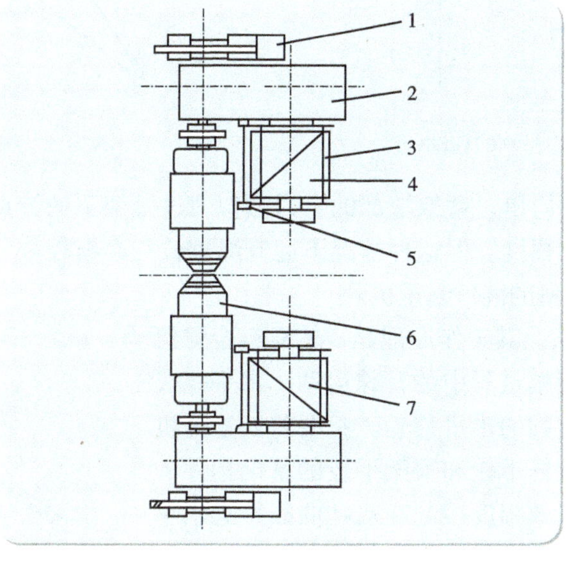

图3-10　门座式起重机起升机构

1—制动器　2—减速器　3—压绳器　4—右旋卷筒　5—限位开关　6—电动机　7—左旋卷筒

2）变幅机构。根据工作性质不同，变幅机构分为非工作性（调整性）的和工作性的两种，一般情况下均为工作性变幅，非工作性变幅只在小型机上使用。为了提高起重机的工作效率和更好地满足作业要求，门座式起重机采用了工作性变幅机构，即带载变幅。这种变幅机构的特点是工作次数频繁，变幅阻力较大和变幅速度较高。如果起重机仅采用简单摆动臂架的方式变幅，则会引起臂架重心G、取物装置及吊重物在水平移动的同时产生升降运动。当臂架变动一个角度时，所吊物移动了一定的距离（R_1–R_2），同时吊物也提高了一定的高度H（如图3-11所示）。这使驱动装置在变幅过程中，除了必须克服一定的阻力外，还必须克服由于臂架自重和吊重升降所引起的阻力，这样不仅驱动功率要增大，而且增加了驾驶员操作定位的困难。为了在变幅过程中保持载荷水平位移，常采用绳索补偿法和组合臂架法使重物在变幅过程中沿着接近于水平的轨道移动。

①绳索补偿法。其工作原理是：当臂架摆动时，依靠特殊设计的起升绳卷绕系统，适当地放出或收进一定长度的起升绳来补偿货物悬挂点的升降，即通过起升绳长度l的变化来补偿货物悬挂点高度h的变化，以达到货物在变幅过程中水平位移的目的（如图3-12所示）。

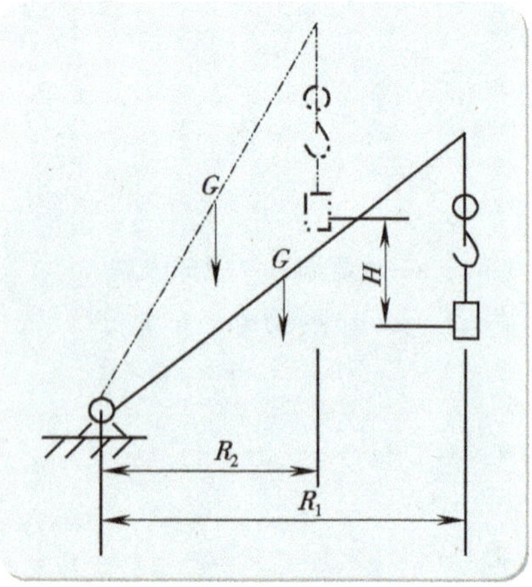

图3-11 变幅过程中吊物的移动

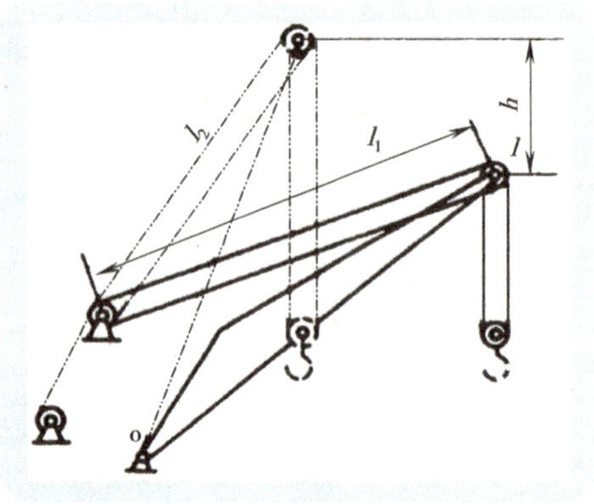

图3-12 绳索补偿法

这种补偿方法构造简单，臂架端部的合力近似通过骨架下的铰点，臂架承受较小的弯矩，可获得较小的工作幅度。但这种情况下起升绳较长且磨损较快，工作幅度小时货物颠簸大，适用于中小起重量的港口起重机。

② 组合臂架补偿法。其工作原理是：依靠组合臂架的象鼻架端部滑轮在变幅过程中的特殊运动（水平线或近似水平线）来保证货物的水平移动。只要将四连杆机构各构件（包括连接拉杆下铰和臂架下铰的基础构件）的尺寸选择适当，使有效幅度控制在双叶曲线接近水平的区段上，变幅过程中吊钩就能做近似的水平移动（如图3-13所示）。

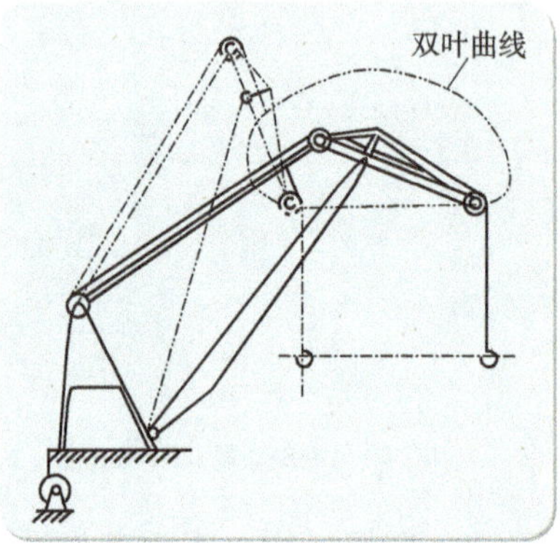

图3-13 四连杆补偿机构

这种补偿方式比较简单，在港口起重机中应用得非常普遍，拉杆常制成刚性结构，以承受工作过程中可能产生的轴向压力。

目前我国生产的门座式起重机大多采取组合臂架法的四连杆补偿机构。

3）回转机构。由一个或两个旋转电动机输出的转矩经蜗杆减速器或行星齿轮减速器减速后，带动旋转小齿轮，小齿轮再带动固定于转柱上的旋转大齿轮，从而使门座式起重机的上部旋转，以完成作业任务。

4）行走机构。由两台或四台行走电动机输出转矩经各自的减速器减速后，传递到开式齿轮组，再驱动门座式起重机行走轮沿轨道运动，从而使其改变工作位置。

门座式起重机的起升、旋转、变幅三个机构可单独作业，亦可联合作业，以完成所需的作业内容。

2. 地面动臂式起重机

地面动臂式起重机的特征是机体贴近地面，采用动臂结构。它主要依靠吊臂的长短或仰角的大小及旋转运动，使货物做垂直和水平运动。它具有机动灵活、转移快、作业范围大等特点，被广泛用于码头、车站、货场及工地等场所物料的装卸、搬运和设备、结构的安装。

（1）典型地面动臂式起重机。地面动臂式起重机种类很多，这里只介绍其中几种。

1）履带起重机。它是装在履带运行底盘上的全旋转动臂式起重机，大多数配有单斗万能挖掘机，因此能进行正铲、反铲、拉铲或抓斗等作业（如图3-14所示）。履带起重机一般采用集中驱动，其形式有内燃机及电动机两种，传动机构有机械式和液压式。履带起重机具有接地面积大，有较大的爬坡能力和通过性能好，且转弯半径小的优点。但行走速度慢，对地面有破坏作用，因此多用于野外作业和工地上。

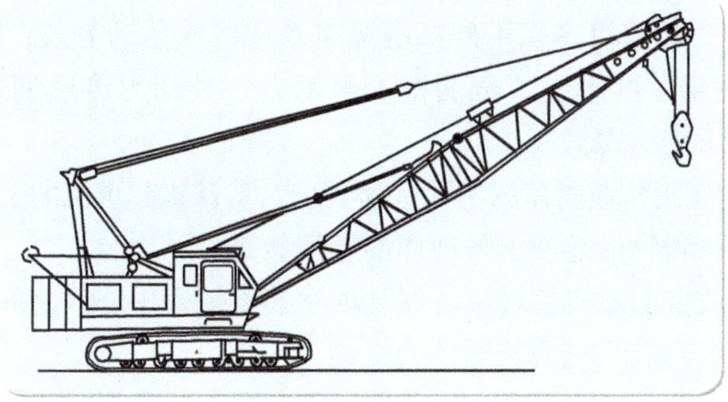

图3-14 履带起重机

2）汽车起重机。它是装在标准的或专用的载重汽车底盘上的全旋转动臂式起重机（如图3-15所示）。其车轮采用弹性悬架，行驶性能接近汽车，转台上多设有起重驾驶室，作业时一般需打支腿。汽车起重机采用内燃机作为动力，传动有机械式、电动式及液压式三种，为减小外形尺寸，吊臂有伸缩式或折叠式两种。由于它的行驶速度高，通过性能好，因此适用于流动性的作业场所。

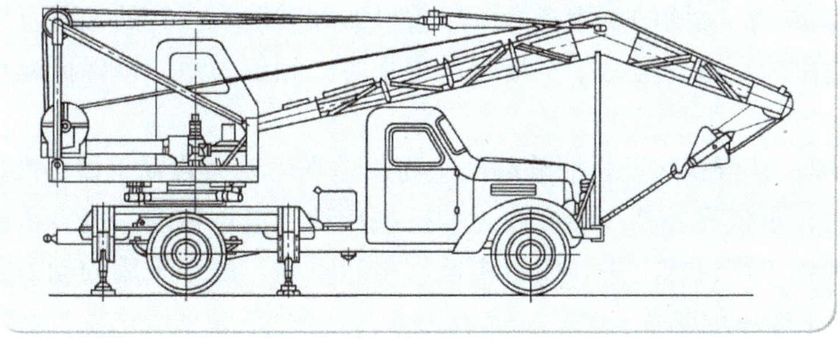

图3-15 汽车起重机

3）轮胎起重机。它是装在专用的轮胎底盘上的全旋转动臂式起重机，一般采用内燃机驱动，但也有少量简易型轮胎起重机采用外接电源驱动。轮胎起重机多采用刚性悬挂，因而在一定条件下可以带载行走，转移作业地点或不工作时，不打支腿，作业时支腿外伸撑地，可将整个起重机抬起离地（如图3–16所示）。

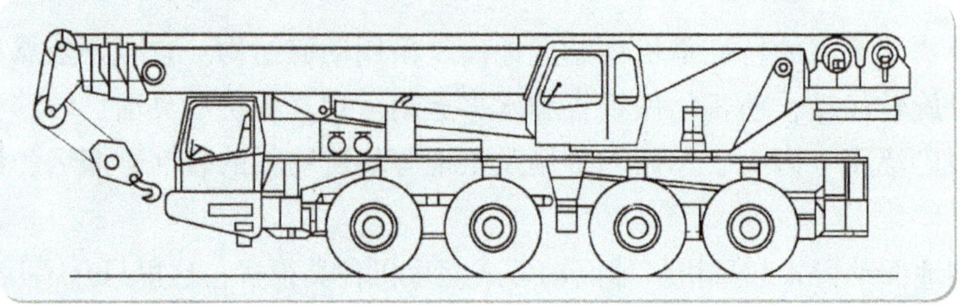

图3–16 轮胎起重机

（2）动臂式起重机主要结构和工作原理

1）主要结构。虽然地面动臂式起重机种类很多，结构各异，但通常都是由动力装置、工作机构、金属结构和控制系统等组成。

a. 动力装置及传动型式：动力源主要有内燃机（多为柴油机）、电力和蒸汽机三种。固定式或中小型移动式起重机多采用外接电源驱动和机械传动方式；轮胎式起重机特别是自行式轮胎起重机主要以内燃机（柴油机）为动力，其动力传递型式有三种：机械传动式、电力传动式、液压传动式。

b. 工作机构：为实现作业所需的不同运动要求，动臂式起重机的工作机构有以下几种。

起升机构：完成将货物吊起或下降动作的卷扬装置。

变幅机构：用于改变起重机旋转中心线与取物装置铅垂中心线之间距离的机构。

回转机构：用于实现起重机回转运动的机构。

行驶机构：使起重机在地面上从一个位置转移到另一个位置的机构。

c. 金属结构：起重机有吊臂、回转平台、人字架、立柱以及底盘车架、支腿梁等金属构件，它们直接影响起重机的性能与安全。

d. 控制系统：它包括操纵装置和安全装置，其中，操纵装置是用以操纵和控制各工作机构，使各机构能按要求进行起动、调速、换向和停止，从而实现起重作业各种动作的装置。而安全装置则是对起重机实现保护与监控，防止发生事故的装置。

e. 支腿和平衡重：除固定式、轨道式、履带式起重机外，其余移动式起重机均设有支腿和平衡重（配重）。支腿的使用提高了起重机的起重能力，它的工况直接影响起重机的作业安全。平衡重（配重）是为了平衡起吊重物时的倾覆力矩，以保证起重机起吊重物时的稳定性。

2）工作原理。动臂式起重机能够起吊重物，是利用动力装置（如蒸汽机、柴油机、电动机）为驱动力，再依靠各种传动方式（如机械传动、液压传动、电力传动），将动力分别、依次传递到各工作机构上去，使机构运动吊起重物。由于采用的动力装置和传动方式不同，起重机的工作原理亦有差异。

a. 电力驱动。它是指起重机以外接（交流）电源为动力，通过电缆、集电环、配电盘和开关控制等元件，输入电流，直接驱动各电动机做正、反转运动。由于电动机转速较高，因此，需配有减速器进行减速（如齿轮减速、蜗轮减速、传动带减速等），再通过连接器连接卷筒或传动齿轮，使各机构的转速降到工作要求的速度。

b．蒸汽机驱动。蒸汽机驱动的动臂式起重机，其传动方式为机械式驱动。它靠起重机上的锅炉产生蒸汽推动蒸汽机运转，并通过传动轴、分动箱、离合器、拉杆等机械部件将曲轴的转动传递到各工作机构上。蒸汽机的开、关和快、慢是由汽阀直接控制的，调速较方便，它的转速不高，无须一系列减速装置，但它是集中驱动，然后分动各机构，故操作手柄特别多。而且，因它要以锅炉产生蒸汽，故驾驶员工作条件较差，但又因燃料成本低，技术要求不高，所以在铁路沿线站场还少量应用。

c．内燃机驱动。内燃机驱动的动臂式起重机，其传动方式多为机械集中驱动，只有内燃—电动装置的起重机才可以分别驱动。内燃机驱动的最大特点是灵活性好，适应性强，能做远距离运动，并可在一定范围内吊运货物，因此，它是自行式动臂起重机的主要驱动形式。

四、起重机的主要属具

起重机的属具包括索具和取物装置两大类，常用的索具有钢丝绳、麻绳、化学纤维绳等；常用的取物装置有吊钩、抓斗、电磁盘等。这里主要介绍物流起重设备中常用的钢丝绳、吊钩、抓斗等属具的基本构造及性能规格。

1. 钢丝绳

钢丝绳在起重作业中被广泛用作起重绳、变幅绳、小车牵引绳，在装卸过程中还可用于捆扎货物。钢丝绳具有承载能力大、过载能力强、挠性好、自重轻和传动平稳无噪声等优点，适用于高速运动。由于绳股中钢丝断裂是逐渐产生的，一般不会发生整根钢丝绳突然断裂的现象，所以工作较可靠。

起重机的钢丝绳通常采用重绕绳，由19根或37根（也有用61根的）钢丝拧成股，再由股绕绳芯拧成绳，钢丝绳有6股绳和8股绳，比较常用的是6股钢丝绳。

绳芯材料与钢丝绳的挠性、强度、使用寿命有关，主要有纤维绳芯和金属绳芯两种。金属绳芯强度好，耐高温，但起重机常用麻芯钢丝绳，因为它具有较好的挠性和弹性，能储存润滑脂，便于从钢丝绳内部润滑钢丝。

（1）钢丝绳的捻向。根据钢丝绳由丝捻成股的方向与由股捻成绳的方向是否一致可分为：

1）交互捻钢丝绳（也称交绕绳）。其丝捻成股与股捻成绳的方向相反。由于股与绳的捻向相反（如图3-17a所示），交绕绳挠性比顺绕绳差，易磨损，使用寿命较短，但使用中不易扭转和松散，在起重机上广泛使用。

2）同向捻钢丝绳（也称顺绕绳）。其丝捻成股与股捻成绳的方向相同（如图3-17b所示），挠性和寿命都较交互捻绳要好，与滑轮槽接触时为线接触，接触应力小，摩擦系数较大，不易打滑，使用寿命较长。但因其易扭转、松散，一般只用来做牵引绳。

3）不扭转钢丝绳。这种钢丝绳在设计时，使股与绳的扭转力矩相等，方向相反，克服了在使用中的扭转现象，常在起升高度较大的起重机上使用，并越来越受到重视。

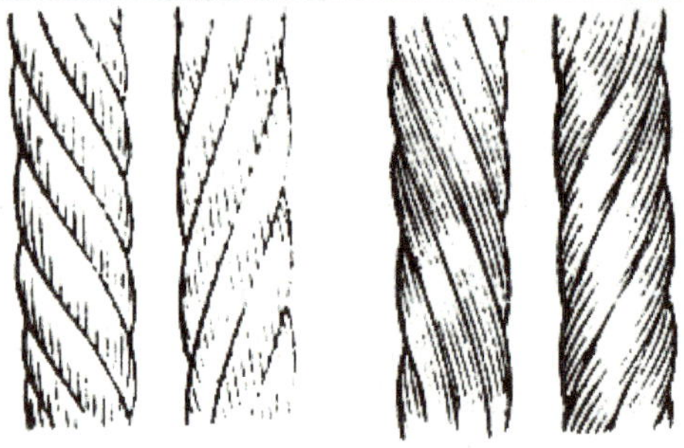

图3-17 钢丝绳的捻向

a）交绕绳 b）顺绕绳

（2）钢丝绳的型号。钢丝绳的结构、类型和性能的标记可用下面的方框示意说明：

钢丝绳□ □ □—□—□—□—□—□—□

①②③ ④ ⑤ ⑥ ⑦ ⑧ ⑨

其中：

① 股数。

② 结构型式，“×”表示普通型，“W”表示复合型粗细式，“X”表示复合型外粗式，如图3-18所示。

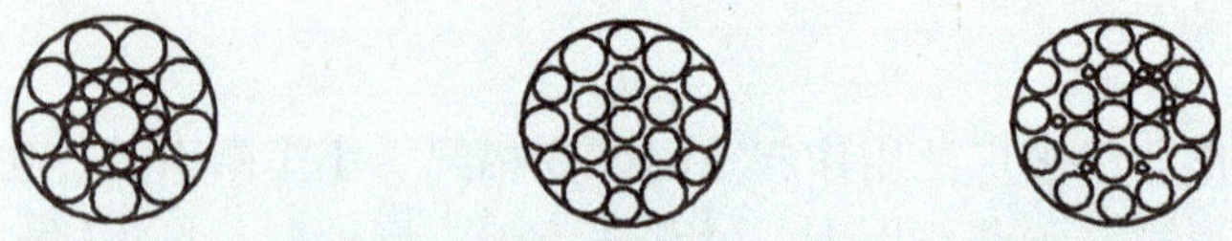

图3-18 钢丝绳的断面结构

a）普通型 b）复合型粗细式 c）复合型外粗式

③ 每股钢丝根数。

④ 钢丝绳直径（mm）。它是指钢丝绳的最大外径。

⑤ 钢丝的公称抗拉强度（×0.1MPa）。

⑥ 钢丝的韧性号，包括“特”号、“Ⅰ”号、“Ⅱ”号。

⑦ 钢丝表面情况，包括“光”（光面钢丝）、“镀”（镀锌钢丝）、“甲”（用于严重腐蚀条件）、“乙”（用于一般腐蚀条件）、“丙”（用于较轻腐蚀条件）。

⑧ 捻向及捻线方式，包括“右”（右向捻）、“左”（左向捻）、“交”（交绕）；“同”（顺绕）。

⑨ 产品依据的标准号。

例如：由六股组成，普通型，每股又由37根钢丝组成，钢丝绳的直径为15mm，钢丝的公称抗拉强度为17MPa，钢丝韧性较好，钢丝表面镀锌可用于严重腐蚀条件，右向顺绕，按国家标准GB/T 8918—2006制造，则此钢丝绳标记为：

钢丝绳6×37—15—170—Ⅰ—甲镀—右同—GB/T 8918—2006。

2. 吊钩

吊钩是起重机械中使用最广泛的取物装置，它与动滑轮组合成吊钩组，通过起升机构的卷绕系统将被吊物料与起重机联系起来。吊钩工作过程中受力状况复杂，除承受重物重力作用外，还要承受起升和制动时的冲击载荷的反复作用，长时间使用的吊钩难免产生裂纹。吊钩在使用时一旦产生裂纹，其有效承载能力将大大降低，极易造成人身和财产损伤事故。因此，要求吊钩有足够的承载力，同时要求有一定韧性，避免发生突然断裂的危险，以保证作业人员的安全和被吊运物料不受损害。

吊钩组是起重机上应用最普遍的取物装置，它由吊钩、吊钩螺母、推力轴承、吊钩横梁、滑轮、滑轮轴以及拉板等零件组成。

（1）吊钩的种类

目前常用的吊钩按形状分为单钩和双钩，吊钩一般用整块钢材锻造，也可用几块钢板叠在一起铆接制成。锻造的吊钩必须进行正火处理，以消除制造过程中产生的内应力，处理后再按要求进行机械加工。

单钩是最常用的一种吊钩，它的构造简单，使用方便。单钩的尾部有直柄和圆圈两种形式，带有螺纹的直柄与吊钩螺母和横梁连接，而环圈用于与起重机绳索连接。

叠板式吊钩是由切割成形的多片钢板叠在一起，用铆接方法制成的，并在吊钩口上装有护垫，这样可以减少钢丝绳的磨损，而且能将载荷均匀地分布在每一片钢板上。叠板式吊钩具有制造方便的优点，由于叠成的钢板不会同时断裂，所以工作可靠性比整体锻造的吊钩好。它的缺点是断面形状只能做成矩形，钩体材料不能充分利用，自重较大，尺寸也较大。

（2）吊钩的安全检查

1）安装使用前检查。吊钩应有制造厂的检验合格证明，否则应对吊钩进行材料化学成分检验和必要的力学性能试验（如拉力试验、冲击试验）。另外，还应测量吊钩的原始开口度尺寸。

2）表面检查。通过目测、触摸检查吊钩的表面状况。在用吊钩的表面应该光滑无毛刺，无锐角，不得有裂纹、折叠、过烧等缺陷，吊钩缺陷不得补焊。

3）内部缺陷检查。必要时，应进行内部探伤检查，这主要是通过无损探伤装置检查吊钩的内部状况。吊钩不得有内部裂纹、白点和影响使用安全的任何夹杂物等缺陷。

4）安全装置。有条件的应该安装防止吊物意外脱钩的安全装置。

（3）吊钩的报废标准

吊钩出现下列情况之一时应予报废：①裂纹；②危险断面磨损量达原尺寸的10%；③开口度比原尺寸增加15%；④钩身扭转变形超过10°；⑤吊钩危险断面或吊钩颈部产生塑性变形；⑥吊钩螺纹被腐蚀；⑦片钩衬套磨损达原尺寸的50%时，应更换衬套；⑧片钩心轴磨损达原尺寸的5%时，应更换心轴。

3. 抓斗

抓斗是一种由机械或电动控制的能自动装卸货物的取物装置，主要用于装卸散装货物，有时还用于抓取长材。抓斗的抓取和卸料动作完全由起重机驾驶员操纵，不需要辅助人员，避免了繁重的体力劳动，节省了作业时间，能大大提高劳动生产率。因而，抓斗在散货装卸量大的港口装卸作业中得到了广泛应用。

抓斗的种类很多，根据抓取的货物不同可分为散粮抓斗、煤炭抓斗、矿石抓斗、木材抓斗等。

根据所抓取货物的堆积密度不同，抓斗可分为五种类型，见表3-2。

表3-2　按货物的堆积密度划分抓斗

货物堆积密度/（t/m^3）	<0.8	0.8～1.2	1.2～2.0	2.0～2.8	>2.8
抓斗类型	特轻型	轻型	中型	重型	特重型
主要货种	散粮	焦炭、煤	磷矿、石灰石	小块铁矿	大矿石、废钢

根据操纵抓斗的原理不同，可分为单绳、双绳和电动抓斗三种，双绳抓斗使用广泛。

第三节　输送机械设备

由于货物性质的不同，与之相对应的输送机械大致可分为两类：间歇性输送机械和连续性输送机械，前者主要用于集装单元的装卸搬运，后者则主要用于散货的输送装卸，本节主要介绍后者。

一、输送机械概述

连续输送机械是以连续的方式沿着一定的线路从装货点到卸货点均匀输送散装货物的机械。

由于连续输送机械具有在一个区间内能连续输送大量货物，搬运成本低，搬运时间比较准确，货流稳定等特点，因而被广泛用于现代物流系统中。从国内外大量自动化立体仓库、物流配送中心、大型货场来看，其设备除起重机外，大部分都是连续输送机组成的搬运系统，如进出库输送系统、自动分拣输送系统、自动装卸输送机系统等。发展到目前为止，输送机械不仅是生产加工过程中组成机械化、自动化、连续化的流水线作业运输线中不可缺少的组成部分，也是自动化仓库、配送中心、大型货场的生命线。

1. 连续输送机械的特点

由于连续输送机械是运送散货的，所以对应散货的特性，连续输送机械具有下列特点。

（1）高效性。连续输送机械的输送路线固定，加上散货具有的连续性，所以装货、输送、卸货可以连续进行，而且输送过程中极少紧急制动和起动，因此可以采用较高的工作速度，所以效率很高，而且不受距离远近的影响。

（2）自动控制性好。由于输送路线固定、动作单一、载荷均匀、速度稳定，所以较容易实现自动控制。

（3）通用性差。一般来说，一种机械仅适用于几种固定类型的货物，对于单件重量很大的货物来说，通常的输送机械都是不适用的。

2. 连续输送机械的类型

连续运输机械按安装方式不同分为固定式和移动式两大类。固定式输送机是指整个设备固定安装在一个地方，不能再移动。它主要用于专用码头、仓库中的货物移动，工厂的生产车间等。它具有输送量大，单位能耗低，效率高等特点。移动式输送设备是指整个设备安装在可移动的车轮上，它具有机动性强，利用率高，能及时布置输送作业线路的特点，这类设备输送量不太高，输送距离不长，适用于中小型仓库。

按照连续输送机械的结构特点可分为具有挠性牵引构件的输送机械和无挠性牵引构件的输送机械。具有挠性构件的输送机械的工作特点是物料或货物在牵引构件的作用下，利用牵引构件的连续运动使货物向一定方向输送。牵引构件是往复循环的一个封闭系统，通常是一部分输送货物，另一部分牵引构件返回。常见的有带式输送机、链式输送机、斗式提升机等。无挠性构件的输送机的工作特点是利用工作构件的旋转运动或振动，使货物向一定方向运送，它的输送构件不具有往复循环形式。常见的有气力输送机、螺旋输送机、振动输送机等。

二、带式输送机

1. 带式输送机的工作过程和特点

带式输送机是以电动机作为动力，胶带作为输送带，利用摩擦力连续输送货物的机械。带式输送机可分为固定式（如图3-19所示）和移动式（如图3-20所示）两种。

（1）工作过程。输送带环绕在前后滚筒之间，下面装有上、下支承装置，以承受物料重量。电动机经减速后驱动滚筒，牵引输送带运动，物料由进料斗导入输送带，由输送带送到目的地后再由卸料装置卸出，输送带由下托辊送回进料处。

（2）应用范围及特点。固定式胶带输送机应用较为广泛，主要用于散货的输送。它既可做水平方向运动，又可以做小倾角的倾斜输送。在各种输送机械中，它的效率最高，输送距离最长。固定式胶带输送机适应性强，在港口、车站、货栈、库场应用较广泛，尤其适用于煤炭、矿石等散货的输送。

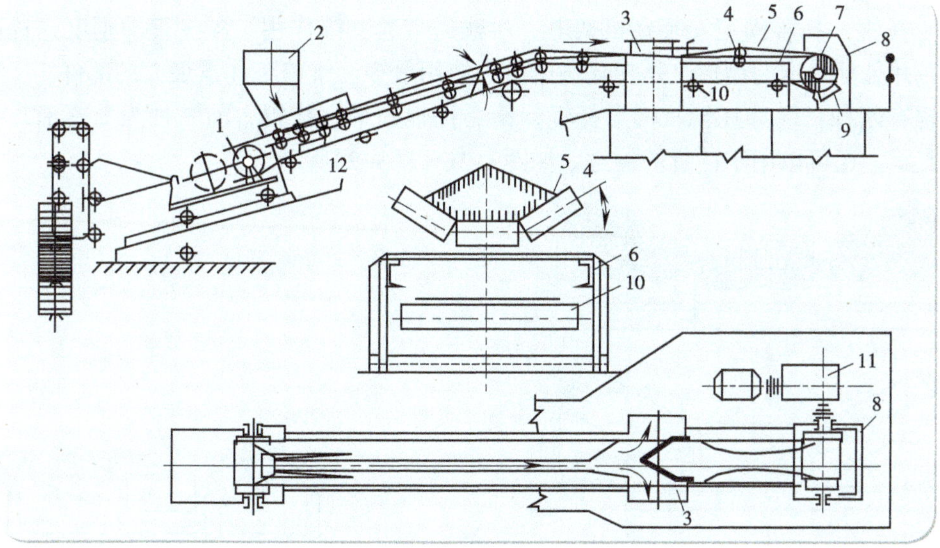

图3-19　固定式胶带输送机一般结构

1—张紧滚筒　2—装载装置　3—犁形卸载挡板　4—槽形托带　5—输送带　6—机架　7—驱动滚筒　8—卸载罩壳　9—清扫装置　10—平托盘　11—减速箱　12—空段清扫器

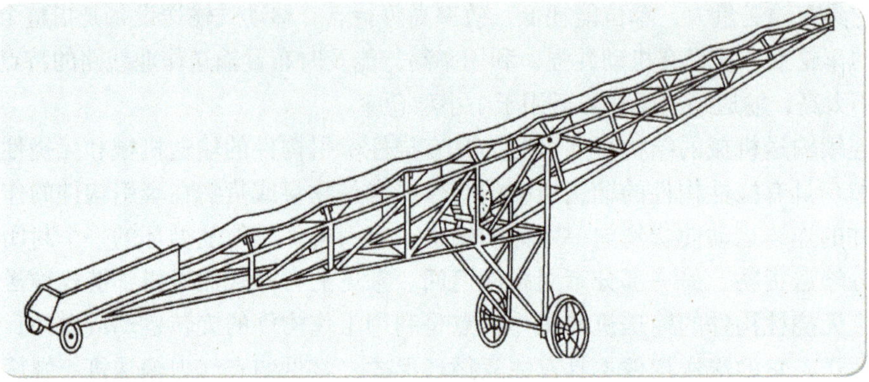

图3-20 移动式胶带输送机

移动式胶带输送机主要用作装卸输送，机动性强，使用效率高，输送方向和输送长度均可改变，能及时改变输送作业线以达到作业要求。

2. 带式输送机的一般结构

通用带式输送机由输送带、托辊、驱动装置、张紧装置、进料斗五个基本部件组成。其他辅助装置还有卸料口、改向装置、制动装置和清扫装置等。

（1）输送带。输送带用来传递牵引力和承放被输送的货物，所以对它的要求是强度高，耐磨性好，伸缩率小，传统使用的有橡胶带和塑料带两种。

橡胶带使用最广泛，它以棉织物或化纤织物（通常为帆布层）作为带芯，用橡胶覆盖，芯层的层数直接影响输送带的强度，橡胶覆盖层对芯层起保护作用。对于大倾角输送，可使用花纹橡胶带。塑料带与橡胶带相比，芯层类似，但它用聚氯乙烯代替橡胶作为覆盖层，其特点是成本低且质量好，具有耐油、酸、碱等优点，但对气候适应性差，易打滑和老化。带宽是带式输送机的主要技术参数。

（2）托辊。托辊固定安装在机架上，对输送带起支撑作用，减少带的垂度，提高运行稳定性，并且呈一定的槽形，是带式输送机中使用最多、维修工作量最大的部件。

托辊有四种：缓冲托辊、槽形托辊、调心托辊和平行托辊，前三种为上支承，平形托辊为下支承，还可以用于件货的输送。如图3-21～图3-24所示。

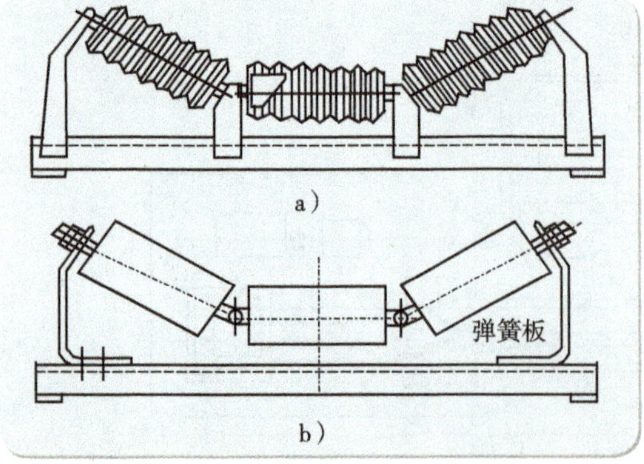

图3-21 缓冲托辊

a）橡胶托辊 b）弹簧托辊图

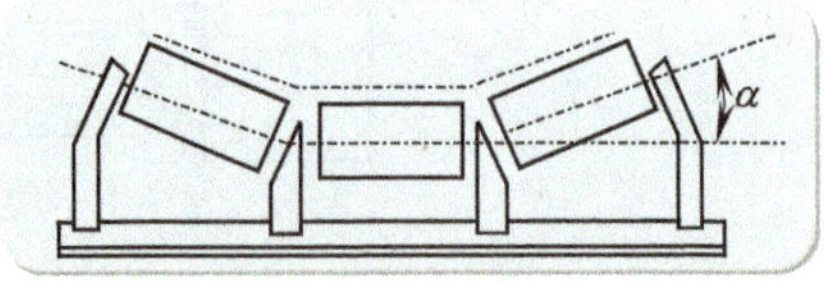

图3-22 三链槽形托辊

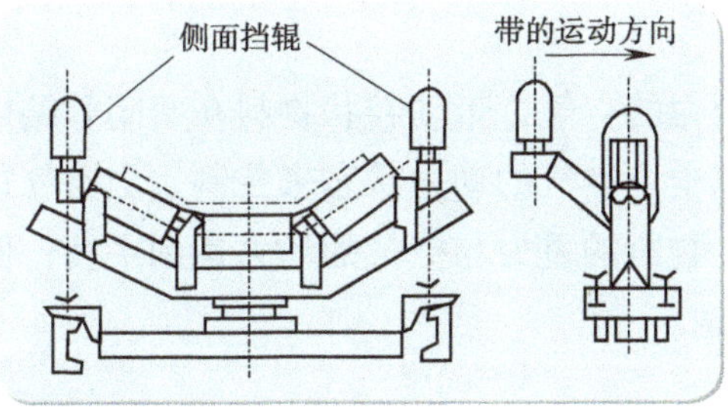

图3-23　挡辊式调心托辊

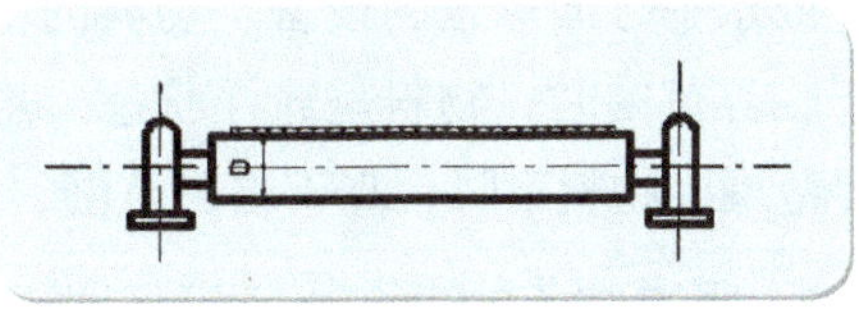

图3-24　平行托辊

（3）驱动装置。固定带式输送机大都采用滚筒驱动，即借助滚筒表面和输送带之间的摩擦力使输送带运转。通常以电动机作为原动力，经减速器和联轴节带动滚筒，再驱动输送带。短距离和小功率输送机均采用单滚筒驱动，长距离输送机则采用多滚筒。

滚筒表面分光面和胶面两种，后者表面摩擦因数较大。如环境湿度小且功率不大，可采用光面滚筒；反之则采用胶面滚筒，以防打滑。

（4）张紧装置。张紧装置的主要作用是使输送带保持一定的张力，以免在驱动滚筒上打滑失效，同时避免输送带下垂度过大。图3-19中使用的为重锤式张紧装置。另外还有一种螺旋式张紧装置结构如图3-25所示。其工作过程如下：如输送带过松，旋动螺杆1，使滚动轴承沿机架向右移动，从而拉紧输送带；如过紧，则相反。螺旋式张紧装置结构简单，操作方便，多用在小功率输送机上。

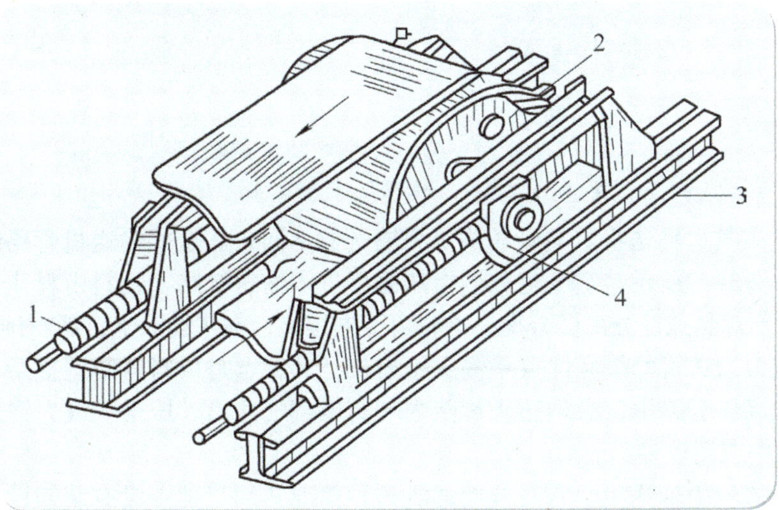

图3-25　螺旋式张紧装置

1—螺杆　2—滚筒　3—机架　4—可移动的滚动轴承座

（5）进料斗。对于进料斗的要求是装载均匀，防止撒漏，冲击尽量小。根据这样的要求，进料斗的槽宽一般为带宽的2/3，槽壁倾斜度尽量小，使物料离开槽壁时的速度方向与输送带运动方向尽量接近，当然这个倾斜角要比物料对槽壁的摩擦角稍大些。

三、气力输送机

所谓气力输送机，是利用具有一定速度和压力的空气，带动粒状物料在密闭管路内沿垂直或水平方向输送的设备。物料的输送过程完全由空气的动力状态来控制，当空气速度处于临界范围时，物料呈悬浮状态。也就是说，物料的重力与空气的动力达到平衡；低于临界范围，物料下降；高于临界范围，物料被输送。

1. 气力输送机的分类

根据气力输送机管路内的空气压力大小，可以将输送机分为三种：吸送式、压送式和混合式。

（1）吸送式气力输送机。吸送式气力输送机的主要特点是通过鼓风机从整个管路系统中抽气，使管路内的空气压力低于大气压力，形成一定的真空度。如图3-26所示，物料在吸嘴处与空气混合，由于管路内的真空度而被吸入输送管路并沿管路输送，到达卸料点后，经分离器将空气与物料分离，空气经除尘、消声处理后排入大气。

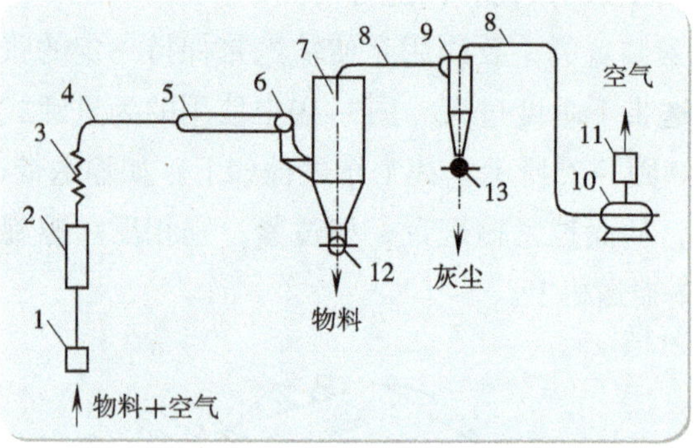

图3-26 吸送式气力输送机示意图

1—吸嘴 2—垂直伸缩管 3—软管 4—弯管 5—水平伸缩管 6—铰接弯管
7—分离器 8—风管 9—除尘器 10—鼓风机 11—消声器 12—卸料器 13—卸灰器

（2）压送式气力输送机。与吸送式气力输送机不同，压送式输送机管路内的气压高于大气压力，如图3-27所示，空气经鼓风机压缩后进入输送管路，物料由料斗进入，混合后沿管路输送，至卸料点经分离器分离，物料由下方排出，空气经除尘、消声排入大气。

压送式气力输送机的最大优点是输送距离长，其缺点是供料器结构复杂，因为供料器要将物料送入高压管路中，必须防止管路内的高压空气冲出。压送式气力输送机在散装水泥的装卸作业中应用较多。

（3）混合式气力输送机。有时候会遇到这种情况：卸货地点没有装卸设备，而输送距离又较长，单独使用吸送式或压送式的气力输送机都不能奏效，而必须结合两者的优点，即吸送式气力输送机进料方便，压送式气力输送机可长距离输送，于是混合式气力输送机应运而生，如图3-28所示。

物料从吸嘴1至分离器3是吸送部分，从分离器3的底部卸料器5进入输送管路，都是压送部分。混合式气力输送机具有吸送式和压送式的优点，但结构复杂，进入压送部分的鼓风机的空气大部分是从吸送部分分离出来，所以含尘量较高。

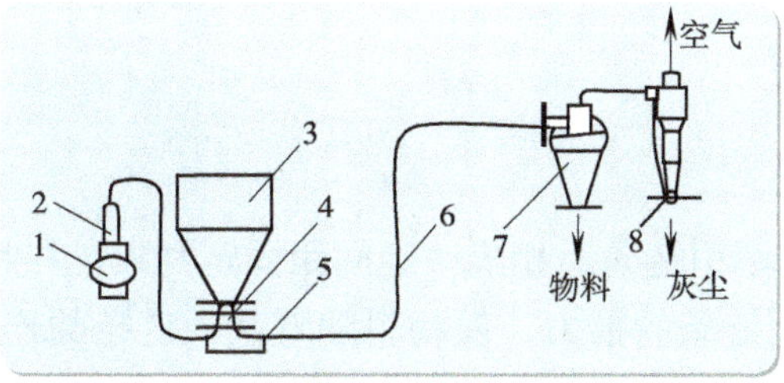

图3-27　压送式气力输送机示意图

1—鼓风机　2—消声器　3—料斗　4—旋转式供料器　5—喷嘴　6—输料管　7—分离器　8—除尘器

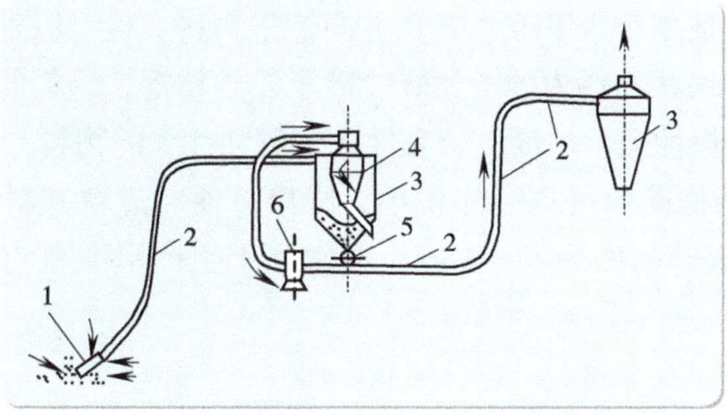

图3-28　混合式气力输送机示意图

1—吸嘴　2—输料管　3—分离器　4—消声器　5—卸料器　6—鼓风机

2. 气力卸船机

气力输送机由于其明显的优点，如高效、自动化、货损少、成本低等，在港口得到广泛的应用，气力卸船机即其中的一种，其工作原理如图3-29所示，当抽气机5工作时，整个输送管路内形成一定的真空度，外界的空气流穿过吸嘴，与物料相混合，携带物料进入管路，到达卸料器后，物料与空气分离，物料由于重力作用，沉至卸料器底部，经翼轮开关3将物料卸于输送带上，或直接卸于仓库或车、船上；空气流继续流至滤尘器4，滤出的灰尘由滤尘器底部排出，空气经消声器进入大气。气力卸船机的主要部件包括吸嘴、卸料器、翼轮开关、滤尘器、抽气机、消声器等。

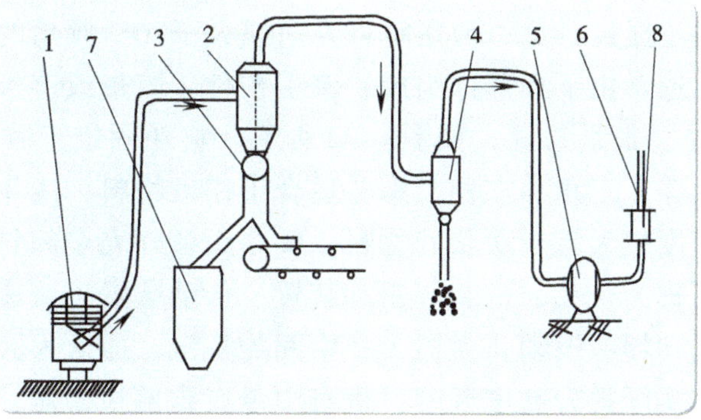

图3-29　气力卸船机工作原理

1—吸嘴　2—卸料器　3—翼轮开关　4—滤尘器　5—抽气机　6—排气管　7—漏斗　8—消声器

四、其他输送机械

1. 埋刮板式输送机

埋刮板式输送机是在牵引链条上相隔一定间距固定刮板，在封闭光滑的矩形或“U”形槽内，借助于运动的刮板链条的推力，使物料随着刮板链条的连续运动而被输送。由于输送过程中，刮板始终被埋在物料之中，故而被称为“埋刮板式输送机”。

埋刮板式输送机主要由机槽、机架、刮板链条、驱动链轮、张紧链轮等组成，如图3-30所示。

埋刮板式输送机既适用于水平或小倾角方向输送物料，也可以垂直方向输送。所运送的物料以粉状、粒状或小块状物料为佳，如煤、砂子、谷物等，物料的湿度以用手捏团后仍能松散为度；不宜输送磨损性强、块度大、黏性大、腐蚀性大的物料，以避免损伤设备。

埋刮板式输送机结构简单可靠、体积小、维修方便、进料卸料简单。水平输送距离最大为80～120m，垂直提升高度为20～30m，通常用于生产率不高的短距离输送，如散货堆场、装车作业等。

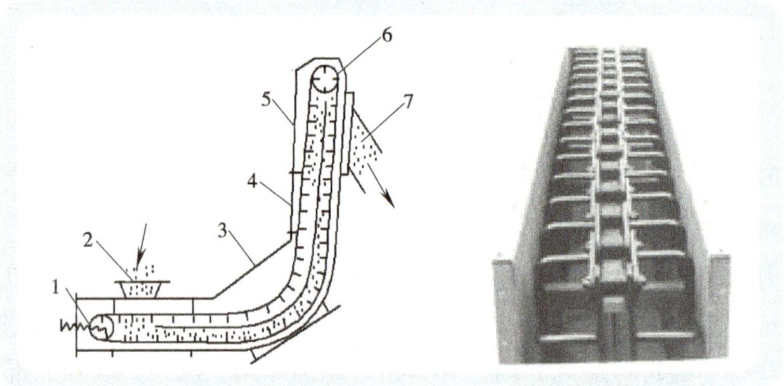

图3-30　埋刮板输送机

1—张紧装置　2—加料斗　3—弯道　4—机壳　5—刮板链条　6—驱动链轮　7—卸料口

2. 斗式提升机

斗式提升机简称斗提机，是一种在垂直方向或大于70°倾角的倾斜方向上输送粉粒状物料的输送设备，通常由下列部件组成：牵引构件（胶带或链条）、料斗、机头、机身、机座、驱动装置、张紧装置，如图3-31所示。料斗固定于胶带（或链轮）上，其形式通常有深斗、浅斗、三角斗三种，深斗适合于松散物料；浅斗适合于黏性较大的物料；三角斗适合于密度较大且成块状的物料。整个设备外壳全部封闭，以免输送过程中灰尘飞扬。外壳上部称为机头，内装有驱动装置、传动装置（减速器或齿轮、传动带或链条）和止逆器（制动器或滚动止逆器）；中间为机身，通常为薄钢板焊接而成的方形罩壳，其长度可根据实际提升高度调节，机身中装有跑偏报警器，一旦胶带或链条跑偏即会报警，机头端设有防爆孔；下部为机座，装有张紧装置（或链轮）；机座上设有进料口，机头上设有出料口。

斗提机的特点是：结构简单、横向尺寸小、占地面积少；提升高度大、输送能力好；在全封闭的机身内工作，以减少对环境的污染；耗用动力小，约0.000 59～0.000 6kW·h/（t·m）；过载时容易堵塞，料斗易磨损；只适用于输送粉粒状和中小块状的散货，如粮食、煤、砂等，不能在水平方向上输送货物。

斗提机有固定式和移动式两种，前者安装于车间、仓库等处，生产能力较大；后者使用方便灵活，多作为粮仓的装卸设备。斗提机按牵引构件的不同，可分为带式和链式两种，若物料温度低于60℃，适用前者，反之则用后者。

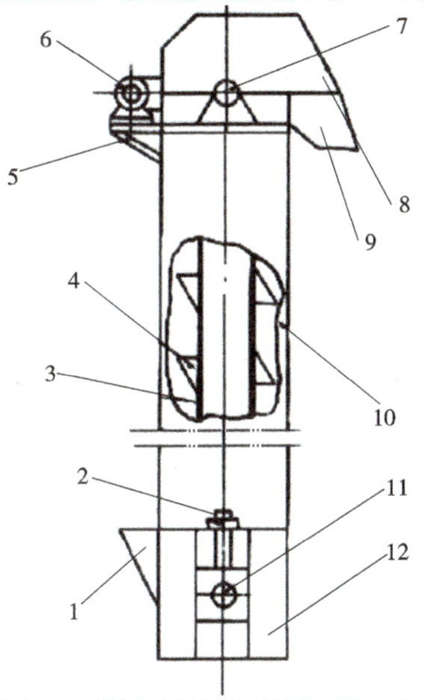

图3-31　斗式提升机的一般结构

1—进料口　2—拉紧装置　3—牵引机构　4—料斗　5—驱动平台
6—驱动装置　7—传动轮　8—头部罩壳　9—卸料口　10—中间罩壳　11—拉紧轮　12—底座

3. 螺旋式输送机

螺旋式输送机（如图3-32所示）又称为绞龙，是利用螺旋叶片的旋转运动推动物料沿着料槽运动的，主要适用于粉粒状散货，如谷物、化肥、矿砂、水泥等。螺旋输送机可以水平或小倾角输送散料，也可以垂直输送；既可以固定安装，也可以制成移动式。螺旋叶片（如图3-33所示）是输送机的主要部件，物料是依靠叶片的旋转而被推进的，在推进过程中，物料被不断地搅拌，同时叶片也受到摩擦，所以功率消耗较大。螺旋输送机的输送量通常为20～40m^3/h，最大可达100m^3/h，常用的输送长度为水平50m、垂直10m的范围。

螺旋输送机的主要优点是结构简单、紧凑，占地少，无空返，维修方便；其缺点是功率消耗较大，叶片和料槽易磨损，物料易被磨碎，对超载敏感，易堵塞。

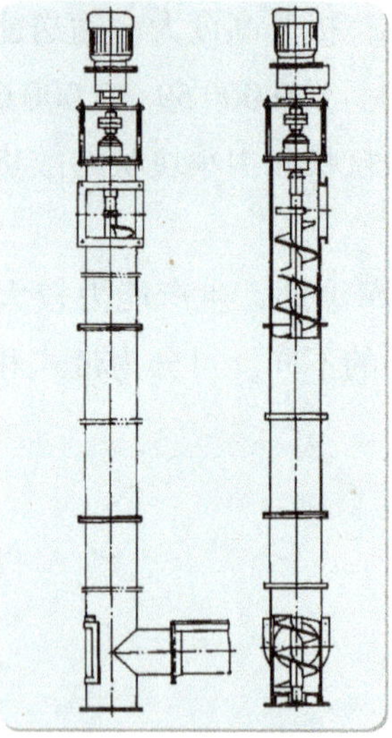

图3-32　立式螺旋输送机

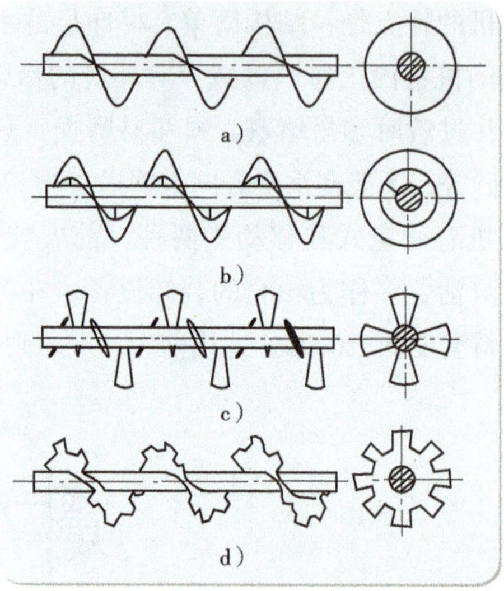

图3-33　螺旋叶片的形状

a）实体式　b）带式　c）叶片式　d）齿形式

4. 空间输送机械

在现代化物流中心中，为了节省占地面积，缩短输送距离，提高储存空间和扩大使用面积，其建筑物往往采用多层式建筑。发达国家的物流中心有的高达四层，为了在各层之间高效自动地输送物品，大多使用立体输送机。

（1）空中移载台车。图3-34所示为空中移载台车，这种输送工具是悬挂在空中导轨上，按照指令在导轨上运动或停止。在运动过程中货台装置是通过卷扬机和升降带被提到最高位置，并与车体成为一体。当运动到指定位置时，升降带伸长，货台下落，进行卸货或装货。

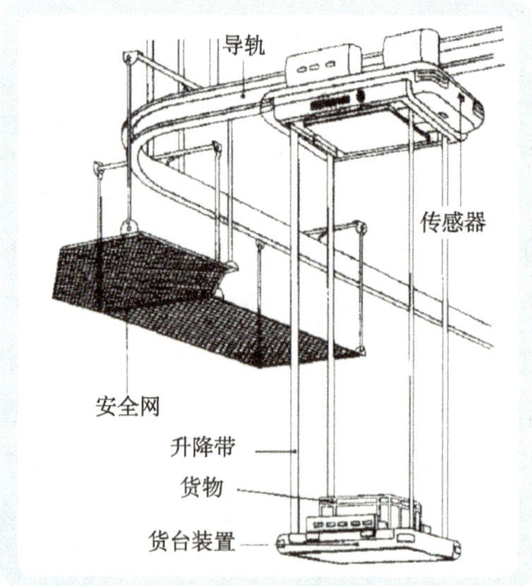

图3-34　空中移载平台

这种空中移载台车的优点是快速、准确、安全，所占空间较小。

（2）螺旋滑槽式垂直输送机。螺旋滑槽式垂直输送机是利用重力及螺旋倾斜滑槽，使物品自上而下平稳滑下。因为没有驱动装置，只能向下而不能向上，如图3-35所示。

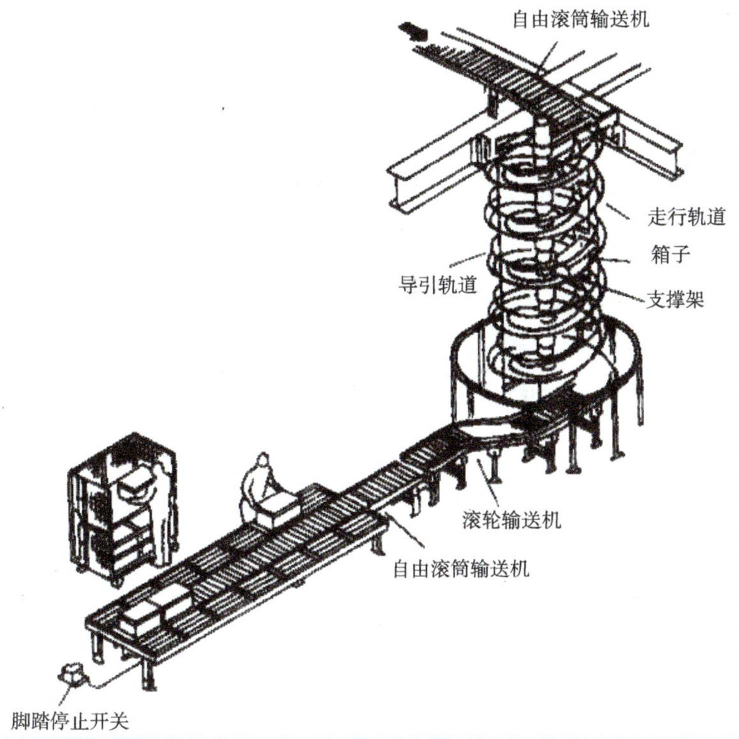

图3-35 螺旋滑槽式垂直输送机

螺旋滑槽式垂直输送机的特点是：

1）滑槽轨道用聚四氟乙烯原料制成，倾斜度在12° 以内，速度缓和，不损伤物品。

2）可连续输送料箱，当料箱很多时，可暂存于槽内。

3）由于没用驱动装置，基本没有噪声。

4）结构简单，成本低，维修费用小。

这种输送机主要用于塑料箱的连续垂直运输，要求货箱尺寸为560mm×360mm×263mm和货物重量为2～24kg/箱，输送能力为20～100箱/min。

（3）垂直升降输送机。物流中心各楼层之间的物品搬运是十分常见的。除了一般电梯之外，还必须有专门的垂直运输设备，以充分利用空间。垂直运输机运动平稳，不会使物品因振动而损坏。图5-36所示为垂直往复式升降机，其原理与电梯相同。垂直升降输送机升降平台的上下移动是由卷扬机或液压装置来驱动的。图5-36a为输送线用垂直输送机，图5-36b为手推车用垂直输送机，图5-36c为叉车用输送机。这三种输送机只是物品进出口的衔接方式不同而已。输送线用型为轻负荷，可配合自动输送线，高速上下输送纸箱或塑料箱。手推车用型是中等载荷，可直接把货箱装入手推车，连车带货一起推入升降平台。叉车用型为重负载，叉车把载重托盘放入升降平台，进行上下输送物品。

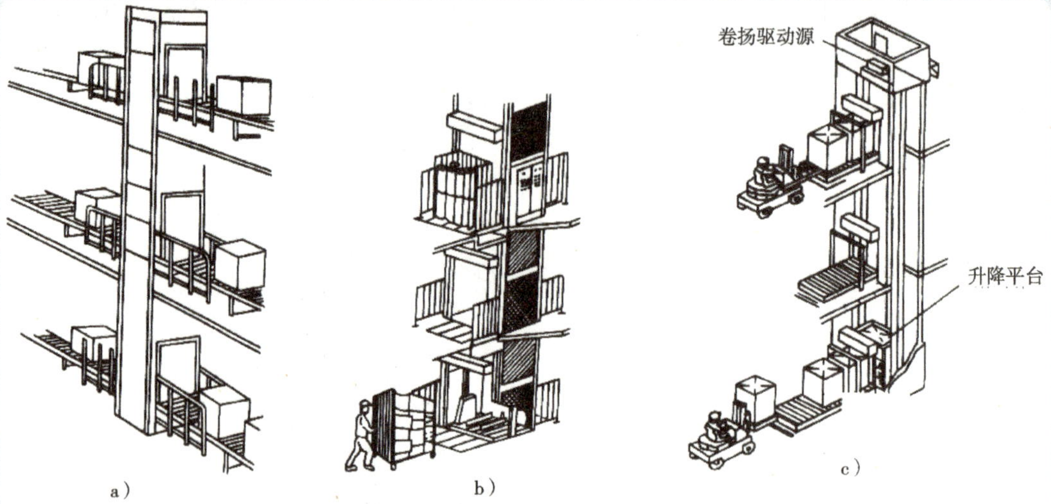

图3-36 垂直往复式升降机

a）输送线用 b）手推车用 c）叉车用

（4）盘式垂直输送机。图3-37所示为托盘式垂直输送机，因为能连续输送，所以效率较高，达500个/h。这种输送机节省空间和人力，运费少，承载能力大，承载范围为50～2 000kg。

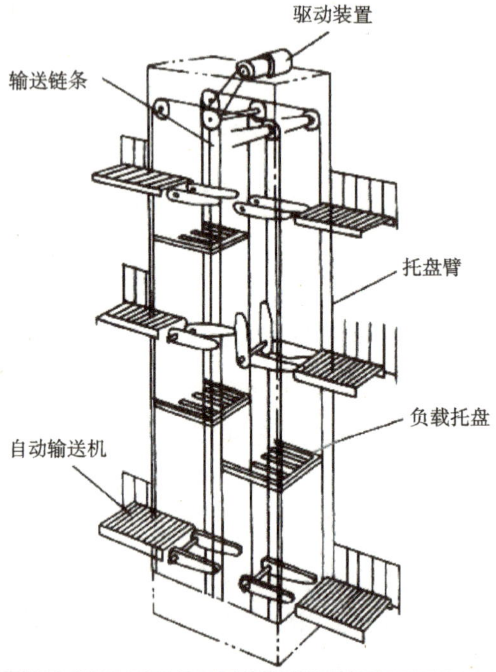

图3-37 垂直托盘式升降输送机

第四节　装卸搬运车辆

一、叉车

叉车是指对成件托盘货物进行装卸、堆垛和短距离运输、重物搬运作业的各种轮式搬运车辆，广泛应用于车站、港口、机场、工厂、仓库、物流中心和配送中心等，并可进入船舱、车厢以及集装箱内进行托盘货物的装卸、搬运作业，是托盘运输、集装箱运输中必不可少的设备。

（一）叉车的基本结构

叉车的基本结构如图3-38所示。

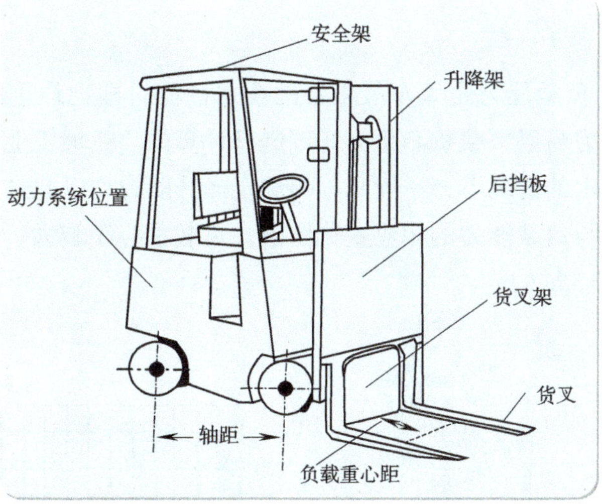

图3-38　叉车基本结构

（1）安全架。安全架的作用是保护操作员免于被掉落的物品击中，它被美国职业安全健康行政机关列为在大部分作业情况下的基本需求。只要举升的物品会超过操作员头部以上的高度，就必须配备安全架。

（2）升降架。它是由一直立的槽型钢组合而成的升降装置，大部分由液压缸来动作，只有少部分是利用电动的举升装置。升降架多段式的设计可使堆高机升降架缩回时，整体高度较低。而复杂的多段式升降架，在举升作业时则较一般的升降架需要更多的能量及更复杂的设计。一般升降架可分一段式、二段式、三段式及四段式。一段式的升降架，其滑动及移动的组件最少，因此负载的举升最平稳。但是对于相同扬程而言，升降架收回后的整体高度最高。四段式升降架收回后整体高度最低，较适合于天花板高度较低的场合。

（3）货叉架。它由固定货叉和有关附件组成。货叉架组合通常会使用后挡板，以防止负载物品倾倒。

（4）货叉，是搬运负载必用的配件，一般是100～150mm宽，1 000～1 200mm长，40mm厚。最常使用货叉的配备是货叉侧移装置，利用手动或液压驱动，可调整货叉的间距，以搬运不同规格的托盘负载。

（5）轴距。轴距即前后轮的距离，决定操作及作业的特性。这些特性包括负载能力、旋转半径、直角堆放通道宽度，以及离地高度。配重式的设计，轴距最长。

（6）负载重心距。负载重心距是指负载重心（Load Central，LC）到货叉架的距离，是决定负载能力的因素之一。当负载在4 500kg以下时，标准负载重心距为0.6m，如果超过0.6m，则堆高机的安全举升能力将大大降低。特别是对配重式的堆高机而言，负载重心距是决定负载安全的重要因素。

（7）轮胎。轮胎可分为硬胎及气胎。硬胎多用于室内；气胎多用于室外，行走速度较快。

（8）动力系统。窄道式叉车用电动式，用于室内工作；室外多用内燃式叉车。

（二）叉车的主要技术性能

（1）负载能力。负载能力是叉车最重要的技术性能，即把最重的额定负载举到特定高度的能力。负载能力是以负载重心距为基础进行计算的。一般工业标准的负载重心距为0.6m。在没有特别要求的情况下，一般叉车的额定提升能力均以此来计算。图3-39所示为负载重心的位置变化与负载能力的相应变化图谱。负载重心距越大，负载能力越小。负载重心距标准也有采用0.55m的。

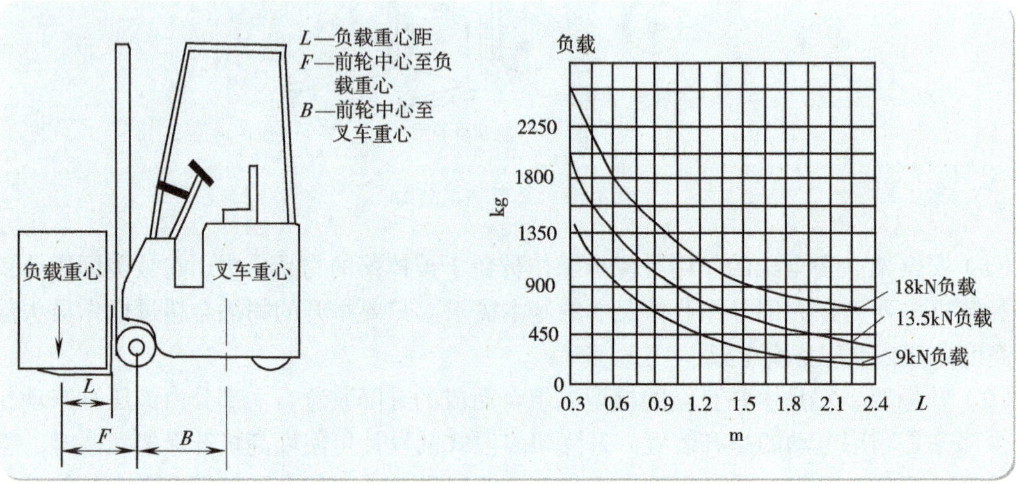

图3-39 负载能力与负载重心距

（2）最大提升高度，即在额定负载下叉车的最大提升高度。

（3）最大提升车体高度，在最大提升高度时的升降架顶端可达到的最高位置。在这个高度上储存可以决定叉车在最大高度时建筑物与升降架所需要的最小间隙。一般建筑物的可用高度与最大提升车体高度之间距离为300mm。建筑物的可用高度是以吊灯、梁和管路等障碍物下端算起的。

（4）升降架高度。升降架高度表示地面至第一段升降架顶端的高度，有的叉车（特别是站立式叉车）其安全架高度比升降架高。为此，安全架高度决定了作业时所需的最小间隙。总之，在安全架和升降架之间选择最高者来决定叉车的最小作业高度。

（5）自由升程。自由升程表示第二段升降架移动之前货叉可上升的高度。自由升程与升降架的设计有关。一般低自由升程为600mm，高自由升程可达1.5m左右。高自由升程的叉车可用于较低空间条件下的托盘的堆放。

（6）行走及提升速度。行走和提升的速度直接影响叉车的作业效率。动力系统的能力直接影响行走和提升速度的能力。随着蓄电池、电动机和控制技术的不断提高，行走和提升速度也相应提高。一般在室内，满载时的最大行走速度可达18km/h，空载时最大行走速度可达21km/h。提升速度一般在0.3～3m/s范围内。

（7）机动性。机动性表示叉车在通道内的作业能力。通道宽度决定于叉车负载长度、负载空间、叉车规格尺寸、旋转半径等因素。叉车尺寸包括长度、宽度和轴距。一般以叉车在直角堆垛时的通道宽度来衡量其机动性。

（8）控制方式。叉车作业效率、机动性和安全性受到控制方式的影响。一般控制方式有两部分，即驱动控制和引导控制。

1）驱动控制。电动叉车的驱动控制有两种形式：一种是机械式，由步进阻抗进行控制；另一种是电子式，由晶闸管（SCR）来控制。所谓步进阻抗控制是通过加速踏板和连杆来控制电阻，这种机械控制式叉车虽然价格便宜，但效率不如电子式叉车。

利用SCR来控制行走和提升运动已完全取代了机械式的行走和提升控制。因为SCR的控制非常平稳，且具有低转速大转矩的特性和耗能小的优点，所以应用较广。

2）引导控制。这里指自动引导的控制。它可使操作者在存取货物的通道中，前进后退时不必注意叉车方向是否偏斜。一般的引导控制有机械式和电子式自动引导系统。机械式控制系统是在货架通道两边的地板上设有导轨。在叉车两侧装有引导滚轮，叉车在通道内行走时滚轮与导轨直接接触，从而引导车轮前进。一般通道长度较短时，选用机械控制方式比较经济，且易安装和维护。如果通道长度较长或叉车数量较多时，使用导线式电子引导系统就比较经济。这种系统是在通道内挖一浅沟，埋入导线并覆盖树脂黏合剂，以保持地板平整。通过导线驱动单元发出低频信号，安装在叉车上的传感器接收到此信号后进行解码，从而控制叉车的行走方向。大部分系统使用两个传感器接收单元，分别安装在叉车的前后两端，以便控制前进与后退，动作可靠。

导线式引导系统最大的优点是操作员可集中精力从事存取和拣选作业。并且联锁功能多，安全可靠，可随时停止叉车。

（9）叉车通道宽度。为使叉车在平稳而在无干涉的条件下进行存取或搬运作业，对不同类型的叉车要求相应宽度的通道。图3-40所示为各种叉车所需通道宽度。

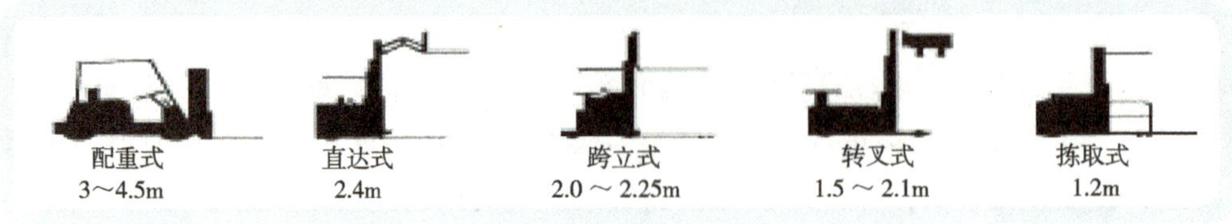

图3-40 叉车所需通道宽度

（三）叉车的主要类型

叉车主要以较安全的方式来举升及搬运负载。以举升高度区分，叉车主要可分为：低举升的叉车，举升高度在100～150mm；高举升的堆高机，最高可举升达12m。还可再由负载能力及不同的应用加以细分。按操作员的操作方式分，叉车则可分为步行式及坐立式两大类，如图3-41所示。

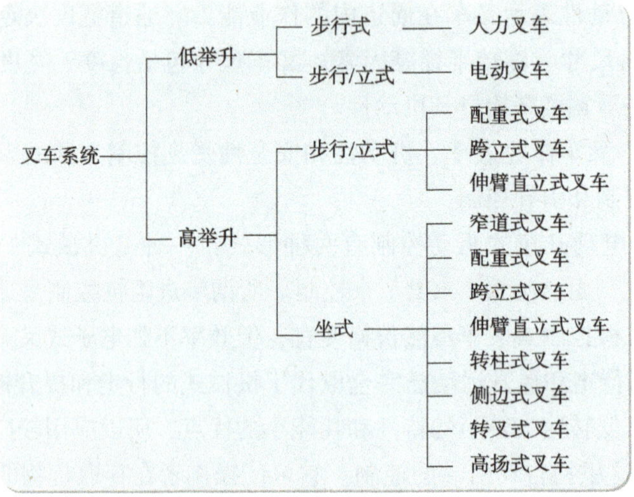

图3-41 叉车系列

1. 步行式叉车

步行式搬运车辆的操作速度通常限制在5km/h以下。单向搬运距离在100m以内。如果搬运距离太长，次数频繁，作业人员容易疲劳，降低作业效率。在储存密度高和堆垛高度较低的情况下，步行式车辆能发挥较好的作业性能。

步行式叉车堆垛高度一般是在5m以下，为确保安全起见，在作业区都应装设安全架。步行式叉车的负载提升速度在0.1～0.2m/s之间，提升速度和蓄电池电压大小、升降架形式、负载重量和液压泵的大小有关系。

（1）控制方式。步行式车辆的作业效率直接受到控制方式的影响。控制方式包括速度、提升、制动和后退等。水平搬运控制通过端部的手柄来实现速度和方向的控制。一般速度控制有前进两档式、三档式和退后控制。提升和放下的液压控制是通过电子开关或手动杠杆来实现的。制动控制是当转向手柄在垂直及水平位置时实现自动制动。当手柄在其他任意位置时可操作车辆前进。为了运转安全和提高车辆效率，叉车还具有后退功能。

（2）低提升叉车。低提升叉车是常用的步行式叉车。图3-42为叉车的习惯用语及控制系统图。货叉上的轮子是连杆机构的一部分，轮子收回，可使货叉伸入托盘上下面板的间隙中或托盘与地板之间的间隙。搬运时，轮子放下可举起托盘。最大搬运速度可达5km/h。速度大小与蓄电池电压大小成正比。

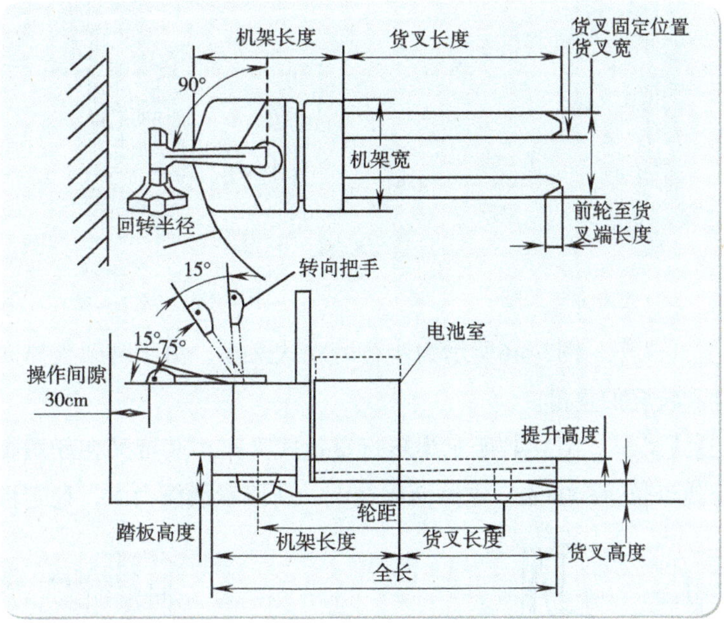

图3-42　无动力叉车控制系统图

1）无动力叉车。无动力叉车一般用于1 500～3 000kg的搬运工作，货叉宽度适用于750～1 500mm的托盘。因为货叉宽度不可调整，所以要求货叉宽度必须适合标准的托盘尺寸。当使用双面托盘时货叉长度应大于托盘长度，并确定货叉伸入托盘时，轮子已超出托盘，方可撑起托盘。要求地板表面平整度较好，否则影响安全提升高度、搬运效率和操作性。

2）电动叉车。电动叉车适用于中等重量的短距离运输，结构上和无动力叉车类似，只是动力为蓄电池，可达到省力的目的。具有加长型货叉的电动叉车可同时搬运两个或四个托盘。操作员是站在叉车上来操作的，最大速度可达8km/h。用于拣选货品的电动叉车操作员是站在其中间位置的，如图3-43所示。

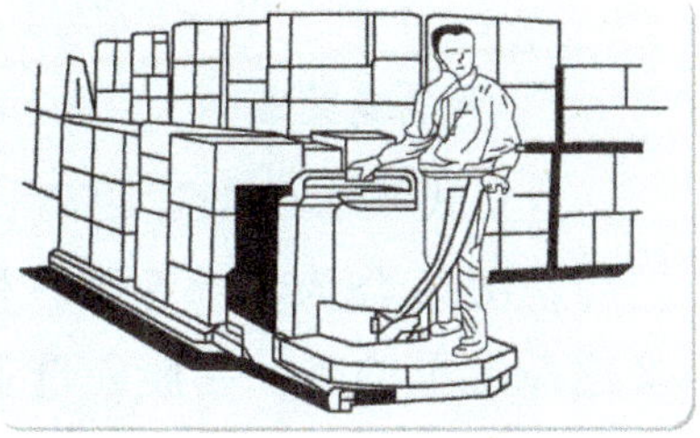

图3-43　立式电动叉车

（3）高提升步行式叉车。高提升步行式叉车具有升降架，提升高度较高，常用的有：无动力式、配重式、步行跨立式和步行直达式四种形式。

1）步行无动力式叉车。步行无动力式叉车主要用于非重复性工作，如搬运模具或其他较重的负载。为了安全和省力起见，搬运距离不大，堆垛高度一般在2m以下为宜，如图3-44所示。

2）步行配重式叉车。步行配重式叉车是利用底盘来配重的，其提升能力为2.7～4m，可用单面和双面的托盘，图3-45所示为步行配重式叉车。

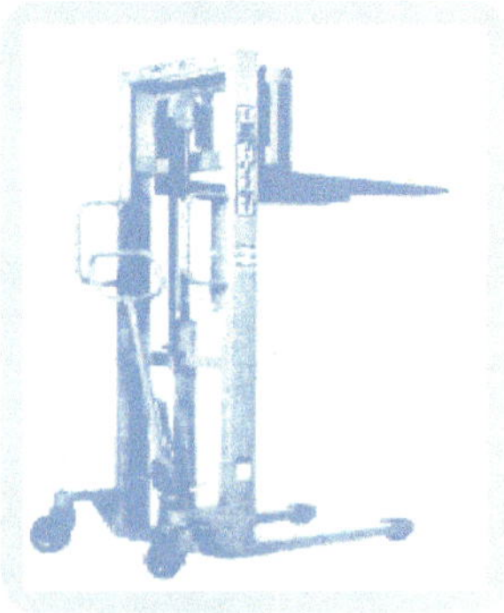
图3-44　步行无动力式叉车

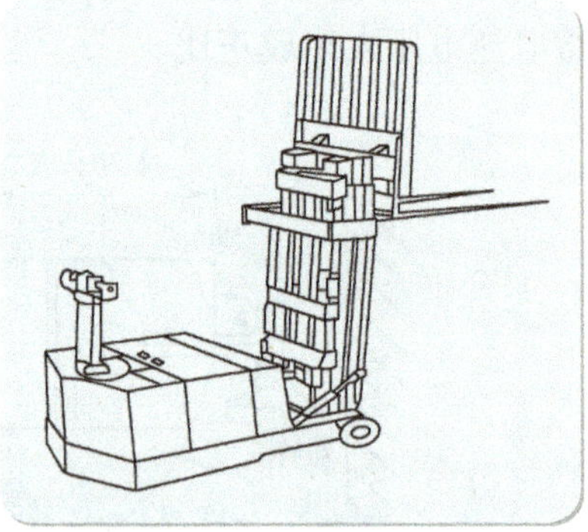
图3-45　步行配重式叉车

3）步行跨立式叉车。图3-46所示为步行跨立式叉车，由于跨架支撑面积较大，所以具有较高的稳定性和较轻的重量。

4）步行直达式叉车。图3-47所示为步行直达式叉车，其货叉在任意高度上前后伸缩存取托盘。由于跨架可长达600mm，支撑面积较大，所以承载能力大，稳定性好。

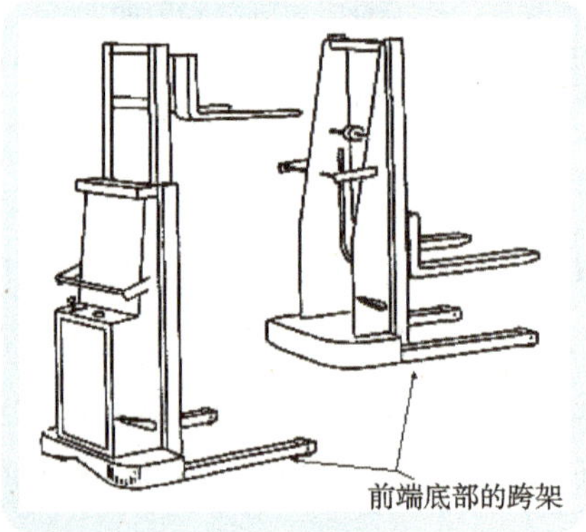

图3-46　步行跨立式叉车

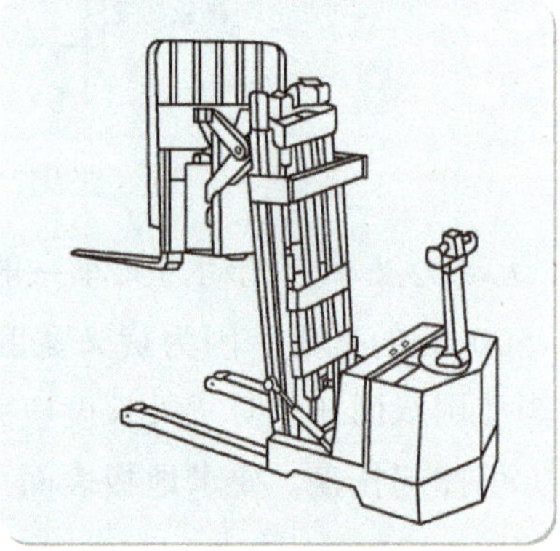
图3-47　步行直达式叉车

2. 坐立式叉车

坐立式叉车的搬运距离长，负载较重，提升高度较高，图3-48为其示意图，根据负载能力和通道宽度来选择叉车型号。一般底盘负载能力分为以下几个等级：1 000～2 000kg；2 000～5 000kg；5 000～8 000kg；8 000～10 000kg；10 000kg以上。

它要求用户根据实际负载选择叉车型号，做到既要节约设备投资，又满足工作需要。

图3-48　坐立式叉车示意图

一般叉车的作业通道可分为宽道、窄道和超窄道三类。宽通道的宽度为3.1～4.5m，适合于配重式叉车。窄通道宽度为2.1～3.0m，适合于直达式、跨立式和转柱式的叉车。超窄式的宽度在2.0m以下，适合于转柱式叉车。

3. 配重式叉车

配重式叉车也有立式和坐式两种形式。坐式叉车用于长距离搬运，且经常离开叉车的情况。坐式的轴距较立式的大，因此负载能力也大。立式的轴距小，在窄道中作业比较灵活方便。图3-49所示为立式配重式叉车。这是利用配重底盘来平衡悬挂在动轴上方的负载。立式配重叉车的负载能力一般为1 000～2 000kg，坐式的一般为1 000～5 000kg。

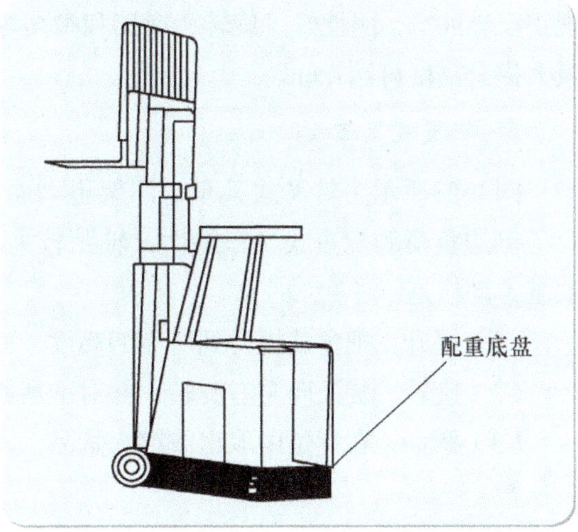

图3-49　立式配重式叉车

4. 伸臂直达式叉车

图3-50所示为伸臂直达式叉车，其货叉可以前后伸缩，伸出时可超过底部跨架约600mm。因此，这种叉车也叫跨架式叉车。其特点是在存取货物时，货叉伸出长度超过底部跨架长度，动力系统和操作者起到配重作用，行走平稳。当货叉缩回时，与跨立式叉车相同，稳定性好，负载能力大。

5. 倍深直达式叉车

这种叉车的货叉具有两节伸缩臂装置，用于倍伸式货架的存取。图3-51所示为倍伸直达式叉车。其要求货叉有足够的伸出长度来存取第二个托盘位置的货物。若伸出长度不够时必须用两次动作来完成存取工作，这给操作者带来不便。

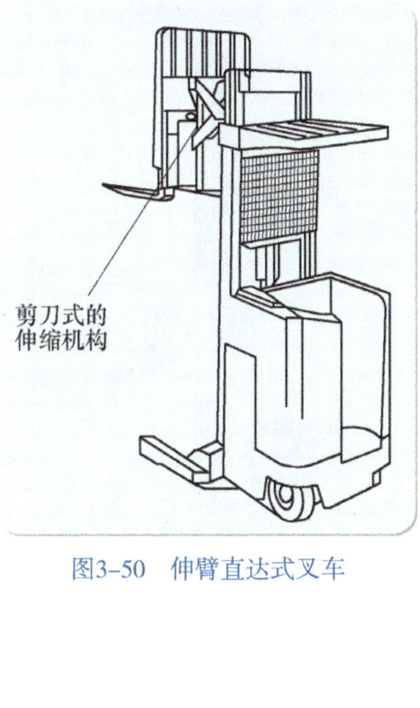

图3-50　伸臂直达式叉车

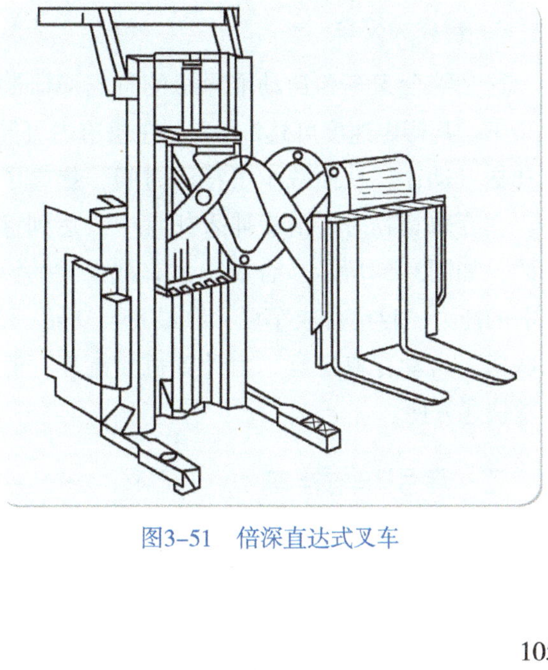

图3-51　倍深直达式叉车

6. 转柱式叉车

高位转柱式叉车是一种无轨巷道作业设备，用于物流中心的机械立体仓库的托盘的存取作业，如图3-52所示。这种叉车特点是机动灵活，转弯半径小，作业巷道窄，门架可实现正反转90°，刚性好。旋转、横移和举高等运动为液压传动，蓄电池做动力，动作平稳，最大提升高度可达7.5m。

7. 转叉式叉车

图3-53所示为转叉式叉车，门架不动而货叉做旋转和侧移的动作。这种叉车的设计结合了侧边负荷和配重式叉车特性，轴距较大，稳定性好。门架宽度较大，刚性好，作业时的基本动作是：

（1）提升，把负载提升到所需的高度。

（2）旋转，货叉向左右旋转，并对准所需的货位。

（3）侧移，在货位中取出或存入货品。

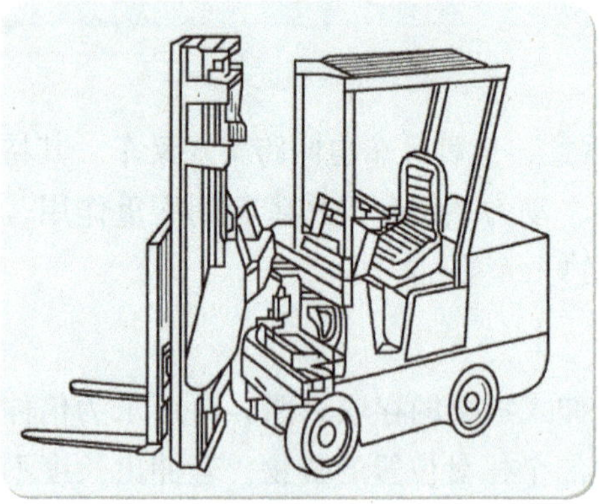

图3-52　转柱式叉车

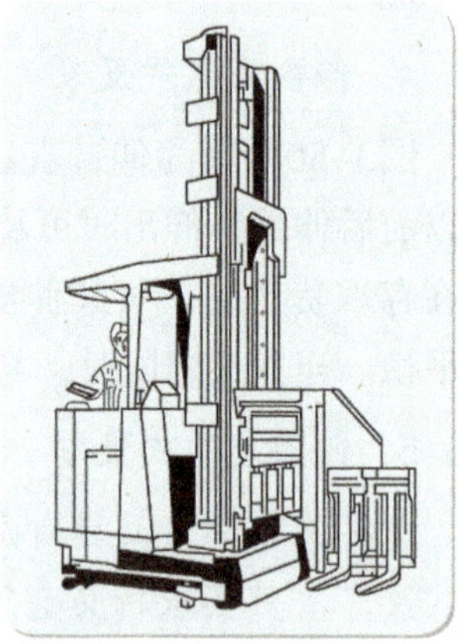

图3-53　转叉式叉车

8. 合成式叉车

这是综合叉车和自动堆垛机的特点而研制的新型高架叉车。其行走速度可达2.1m/s。在通道内可同时完成行走和提升动作，从而减少了存取时间，提高了出入库能力。在存取货物时，滑板伸入托盘中，达到存取货物的目的，如图3-54所示。合成车也有载人式的设计，提供拣取的能力。目前合成车可存取最高至18m，并可与计算机联机，自动存取托盘，由计算机控制库存管理，作业非常快速方便。

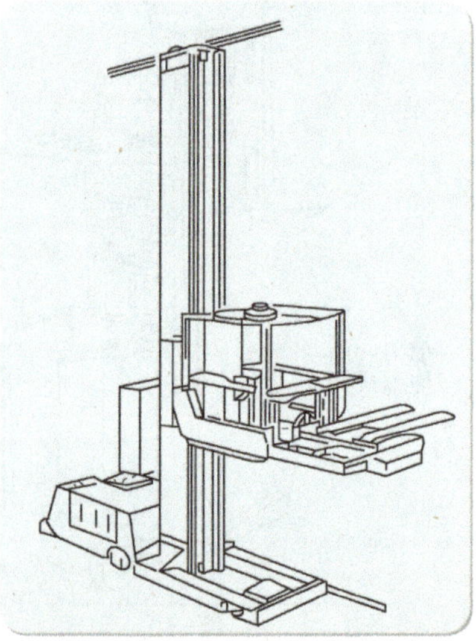

图3-54　合成式叉车

二、牵引车与挂车

牵引车和挂车是配合使用的两种车辆。牵引车（如

图3-55所示）具有牵引装置、行驶装置，但自身不能载运货物，专门用来牵引载货的挂车做水平搬运。牵引车以内燃机为动力，为适应顶推与牵引挂车的需要，普通牵引车装有坚固的护板，尾部装有挂钩装置，可拖带数辆挂车，对成批货物进行较远距离的水平运输；集装箱牵引车前后车轮均装有行走制动器，车架后部装有连接挂车的牵引鞍座。挂车（如图3-56所示）是无动力车辆，有载货平台。当挂车被拖至指定地点装卸货物时，牵引车脱开这列挂车，可继续与其他挂车结合进行拖运。

图3-55 牵引车

图3-56 挂车

经典案例

三一重工助力中国迈入大吨位吊装一流强国

三一重工“大吨位系列履带起重机关键技术与应用”获得国家科学技术进步二等奖，凭借该项技术，三一实现了大吨位履带起重机系列产品产业化，实现了我国大吨位履带起重机从“中国制造”到“中国创造”的跨越式发展。

【让“中国制造”挺直腰杆】

自2003年三一进入履带吊装行业以来，公司对研发与创新的高度重视取得了立竿见影的效果。2006年5月，三一装备SCC4 000履带起重机成功下线。消息传来，业内为之惊叹。

因为在当时，虽然经过了50年的发展，中国只能生产150吨级以下的履带起重机，国内150吨～300吨级中型履带起重机市场90%以上被日本企业垄断；400吨级以上大型履带起重机市场，则被德国利勃海尔等企业所垄断。

三一装备400t履带起重机下线，打破了国外对中国大吨位履带起重机市场的垄断，并带动了国内企业对大吨位履带起重机雨后春笋般的突破。随后，多家中国企业宣布其大吨位履带起重机研制成功。

2011年6月，被誉为“全球第一吊”的三一3 600t履带起重机下线，刷新世界纪录。

【17次吊装核电穹顶100%安全】

作为国内唯一一家进入核岛穹顶吊装领域的企业，三一履带起重机不仅得到国家认可，更是得到客户欢迎。

核岛穹顶是核电设施中最为核心、关键的部件之一，对起吊设备的要求近乎苛刻。“SCC9000的各项性能指标完全满足穹顶吊装要求。”在首次吊装完成后，广东力特宁德核电项目经理赞叹道，“三一履带起重机表现非常完美！”

此后，福清核电站、阳江核电站、秦山核电站、广东台山核电站等国内著名的核电站相继采用三一SCC9000、SCC10000、SCC16000等履带起重机吊装核岛穹顶。

截至2014年，三一SCC9000、SCC10000、SCC16000履带起重机共完成17次核岛穹顶吊装作业，在国内外引起强烈反响。

行业专家分析道，这证明三一履带起重机的高安全性已经通过了吊装领域最高级别的技术鉴定，也见证了三一履带起重机的行业领导者地位和引领中国履带起重机突破重围走向世界的坚实实力。

【大步迈向国际力争全球第一】

2013年，在国内工程机械市场深度调整的大背景下，国际市场的持续健康增长无疑是三一在行业寒冬下最温暖的一抹阳光。2013年，三一装备主营的履带起重机国际业务占比已经超过了国内业务，成了三一重工众多产品中国际化程度最高的业务单元。

有数据显示，目前，三一共有1 000多台履带式起重机在全球各地作业，三一履带起重机的高稳定性、高安全性、低故障率在国际市场上赢得了客户的普遍认可。如欧洲排名第二的吊装公司sarens，澳大利亚最大的吊装公司tuttBryant，美国最大的吊装公司帝国起重机，印度最大的吊装公司桑微公司等都成为三一履带起重机的忠实客户。

此外，2013年4月15日，在第30届德国宝马展上，三一“8”系列履带起重机格外引人注目。目前，该系列履带起重机在美国获得了较高的市场占有率，最先完成销售的SCC8300履带起重机已经在美国加州某风电场进行施工。

【资料来源：中国起重机械设备网】

复习思考题

1．起重机械由哪几部分组成？各部分的作用是什么？

2．起重机的主要技术参数有哪些？各表示什么含义？

3．影响起重机械工作寿命的主要因素有哪些？

4．简述通用桥式起重机的基本组成及工作原理。

5．何谓装卸桥？装卸桥在性能上有何特点？

6．门座式起重机采用简单臂架在带载变幅时会出现什么问题？如何解决？

7．简述动臂式起重机的基本组成及工作原理。

8．根据捻绕方式不同，钢丝绳有哪些类型？各有何特点？起重机械起升机构应采用哪种类型的钢丝绳？为什么？

9. 起重机械中常用的取物装置有哪些？各适于装卸哪些物品？

10. 选择起重机械的类型、结构型式和技术性能参数的主要依据有哪些？

11. 起重机械的主要安全装置有哪些？各起什么作用？

12. 与起重机械相比，连续运输机械有哪些特点？

13. 托辊带式输送机由哪些装置组成？各装置的作用是什么？

14. 托辊带式输送机的支承托辊有哪几种？它们的作用有何不同？

15. 三种气力输送机的工作原理有何不同？

16. 气力卸船机由哪些部件组成？各部件的作用是什么？

17. 与其他输送机械相比，斗提机有哪些优缺点？

18. 如果要将远洋轮上的1万t粮食卸下并运到3km远的仓库中暂时储存，请你根据所学知识，选择合适的运输机械完成这一输送任务，并说明理由。

19. 试列举各式空间运输机的主要特点。

20. 叉车有哪些类型？叉车的技术性能主要有哪些？

第四章 Chapter Four

集装箱及其专用装卸机械

知识目标

掌握集装箱的基本结构、种类及用途；了解集装箱装卸机械的类型，熟悉各类集装箱吊具及其装卸机械的结构特征、动作原理。

能力目标

初步具备根据货物特性选用合适集装箱的基本能力，掌握各类集装箱装卸机械的运用场合与选用要求。

第一节 集装箱基本知识

一、集装箱的概念及规格

1. 集装箱的概念

集装箱英文为Container，直译为容器，意译为集装箱。集装箱在运输有包装的箱、罐、坛、袋等有一定强度和一定形态的货物时，是一种刚性或半刚性容器；在运输粉状或颗粒状的无包装散货时，是一种柔性容器。通常所说的集装箱一般是指具有一定容积，适合于在不同运输方式中转运，具有一定强度和刚度，能反复使用的金属箱。

关于集装箱的定义在各国的国家标准、各种国际公约和文件中，都有具体的规定，其内容不尽一致。不同的定义在处理业务问题时，就可能有不同的解释。关于集装箱应具备的基本条件，国际标准化组织在ISO 830—1981《集装箱术语》中做了规定：

集装箱是这样一种运输设备：

（1）具有足够的强度，能反复长期使用。

（2）适合一种或多种方式运输，途中转运时，箱内货物不必换装。

（3）可进行快速搬运和装卸，特别便于从一种运输方式转换到另一种运输方式。

（4）便于货物装满或卸空。

（5）具有$1m^3$及$1m^3$以上的容积。

集装箱这一术语不包括车辆和一般包装。

2. 集装箱的规格

为了有效地开展国际集装箱多式联运，必须强化集装箱标准化，进一步做好集装箱标准化工作。集装箱标准按使用范围分，有国际标准、国家标准、地区标准和公司标准四种。

（1）国际标准集装箱。这是指根据国际标准化组织（ISO）第104技术委员会制定的国际标准来建造和使用的国际通用的标准集装箱。

国际标准化组织ISO／TC104技术委员会自1961年成立以来，对集装箱国际标准做过多次补充、增减和修改，现行的国际标准为第1系列共13种，其宽度均一样（2 438mm）、长度有四种（12 192mm、9 125mm、6 058mm、2 991mm）、高度有四种（2 896mm、2 591mm、2 438mm、小于2 438mm）。详见表4-1。

表4-1　国际标准集装箱尺寸

规格/ft	箱型	长度/mm	宽度/mm	高度/mm	最大总重量	
					kg	lb
40	1AAA	12 192	2 438	2 896	30 480	67 200
	1AA			2 591		
	1A			2 438		
	1AX			<2 438		
30	1BBB	9 125		2 896	25 400	56 000
	1BB			2 591		
	1B			2 438		
	1BX			<2 438		
20	1CC	6 058		2 591	24 000	52 900
	1C			2 438		
	1CX			<2 438		
10	1D	2 991		2 438	10 160	22 400
	1DX			<2 438		

1A型40ft（12 192mm），1B型30ft（9 125mm），1C型20ft（6 058mm），1D型10ft（2 991mm）。不同箱型长度的换算关系为：

1A=1B+i+1D=9 125+76+2 991=12 192（mm）

1B=1D+i+1D+i+1D=3×2 991+2×76=9 125（mm）

1C=1D+i+1D=2×2 991+76=6 058（mm）

间距i为3in（76mm）。

（2）国家标准集装箱。各国政府参照国际标准并考虑本国的具体情况，而制定本国的集装箱标准。

我国现行国家标准《集装箱外部尺寸和额定重量》（GB1413—85）规定了集装箱各种型号的外部尺寸、极限偏差及额定重量。

5D、10D主要用于国内运输，1AA、1A、1AX、1CC、1C、1CX主要用于国际运输。

（3）地区标准集装箱。此类集装箱标准，是由地区组织根据该地区的特殊情况制定的，此类集装箱仅适用于该地区。如根据欧洲国际铁路联盟（VIC）所制定的集装箱标准而建造的集装箱。

（4）公司标准集装箱。某些大型集装箱船公司，根据本公司的具体情况和条件而制定集装箱船公司标准，这类箱主要在该公司运输范围内使用。如美国海陆公司的35ft集装箱。

此外，目前世界还有不少非标准集装箱。如非标准长度集装箱有美国海陆公司的35ft集装箱、总统轮船公司的45ft及48ft集装箱；非标准高度集装箱，主要有9ft和9.5ft两种高度集装箱；非标准宽度集装箱有8.2ft宽度集装箱等。

二、集装箱的基本结构

集装箱的结构根据其箱子种类不同而有差异，但就一般普通集装箱而言，主要由以下一些部件构成，如图4-1所示。

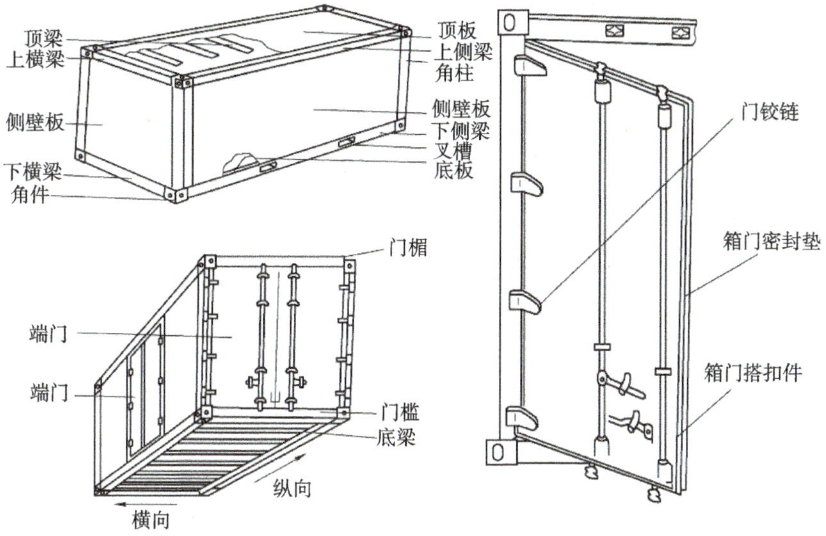

图4-1 集装箱结构图

（1）角配件，位于集装箱八个角端部，用于支承、堆码、装卸和栓固集装箱。角配件在三个面上各有一个长孔，孔的尺寸与集装箱装卸设备上的旋锁相匹配。其形状如图4-2所示。

（2）角柱，位于集装箱四条垂直边，起连接顶部角配件和底部角配件的支柱作用。

（3）上（下）横梁，位于箱体端部连接顶部（或底部）角配件的横梁。

（4）上（下）侧梁，位于箱体侧壁连接顶部（或底部）角配件的纵梁。

（5）顶（底）板，箱体顶部（底部）的板。

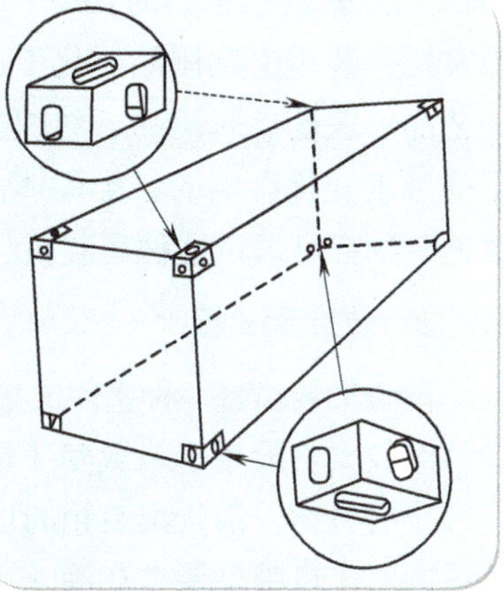

图4-2 集装箱角配件

（6）顶（底）梁，支撑顶板（底板）的横向构件。

（7）叉槽，贯穿箱底结构，供叉举集装箱用的槽。

（8）侧（端）壁板，与上下侧（端）梁和角结构相连，形成封闭的板壁。

（9）侧（端）柱，垂直支撑和加强侧（端）壁板的构件。

（10）门楣（槛），箱门上（下）方的梁。

（11）端（侧）门，设在箱端（侧）的门。

（12）门铰链，连接箱门与角柱以支承箱门，使箱门能开闭的零件。

（13）门把手，开闭箱门用的零件，其一端焊接在锁杆上，抓住门把手使锁杆凸轮与锁杆凸轮柱啮合，把箱门锁住。

（14）锁杆凸轮，是门锁装置的零件之一，与门楣上的锁杆凸轮座相啮合，用以锁住箱门。

（15）把手锁件，是门锁装置的零件之一，锁杆中央带有门把手，两端部带有凸轮，依靠门把手旋转锁件。

（16）门锁杆托架，是门锁装置的零件之一，焊接在门上用以托住锁杆的装置。

（17）箱门搭扣件，保持箱门呈开启状态的零件，它分两个部分：一部分设在箱门下侧端；另一部分设在侧壁下方相应的位置上。

三、集装箱的类型

运输货物用的集装箱种类繁多，可按尺寸、材料、结构和用途进行不同的分类。其中使用较多的是按用途分类，可分为：

1. 干货集装箱

干货集装箱又称为杂货集装箱（如图4-3所示），是一种通用集装箱。它适用于装载除流体货和需要调节温度的货物外，以一般杂货为主的集装运输。其结构特点是常为封闭式，一般在一端或侧面设有箱门。这类集装箱使用范围极广，约占全部集装箱总数的70%～80%。干货集装箱通常用来装运文化用品、化工用品、电子机械、工艺品、医药、日用品、纺织品及仪器零件等，不受温度变化影响的各类固体散货、颗粒或粉末状的货物都可以由这种集装箱装运。

图4-3 杂货集装箱

2. 散货集装箱

散货集装箱是一种密闭式集装箱（如图4-4所示），有玻璃钢制和钢制两种。前者由于侧壁强度较大一般用于装载麦芽和化学品等相对密度较大的散货。后者原则上用于装载相对密度较小的谷物。散货集装箱的顶部的装货口应设置水密性良好的盖，以防雨水浸入箱内。有些国家对进口粮食要求在港外锚地进行熏蒸杀虫，故有的集装箱上设有投放熏蒸药品用的开口以及排除熏蒸气体的排出口，熏蒸时要求箱子能保持完全气密。散货集装箱也可用来载运杂货，为了防止装载杂货时箱内货物移动和倒塌，在箱底和侧壁上也设有系环，以便能系紧货物。散货集装箱是适用于装载豆类、谷物、硼砂、树脂等各种散堆颗粒状、粉末状物料的集装箱，可节约包装且提高装卸效率。

图4-4　散货集装箱

3. 冷藏集装箱

冷藏集装箱是专为运输途中要求保持一定温度的冷冻货或低温货，如鱼、肉、新鲜水果、蔬菜等食品进行特殊设计的集装箱（如图4-5所示）。目前国际上采用的冷藏集装箱基本上分两种：一种是集装箱内带有冷冻机的，称为机械式冷藏集装箱，它能使经预冷装箱后的冷冻货或低温货通过冷冻机的供冷，保持在一定的温度上进行运输，箱内温度可在-25～+25℃之间调整；另一种是箱内没有冷冻机而只有隔热结构，即在集装箱端壁上设有进气孔，箱子装在舱内，由船舶的冷冻装置供应冷气，称为离合式冷藏集装箱。

图4-5　冷藏集装箱

近年来，世界冷藏货运量中，使用冷藏集装箱方式的比重不断上升，已超过使用冷藏船的运输方式，这从一个侧面反映了集装箱运输方式取代常规货船运输方式的趋势。

4. 开顶集装箱

开顶集装箱是一种顶部可开启的集装箱（如图4-6所示），箱顶又分为软顶和硬顶两种。软顶是指用可拆式扩伸弓支撑的帆布、塑料布或涂塑布制成的顶篷；硬顶是用一整块钢板制成的顶篷，适用于装载大型货物、重型货物，如钢材、木材，特别是玻璃板等易碎的重货。这种集装箱的特点是吊机可从箱子上面进行货物装卸，不易损坏货物，而且便于在箱内将货物固定。

5. 框架集装箱

框架集装箱没有顶和左右侧壁，箱端（包括门端和盲端）也可拆卸（如图4–7所示），货物可从箱子侧面进行装卸，适用于装载长大笨重件，如钢材、重型机械等。这种集装箱的主要特点是密封性差，自重大，因普通集装箱采用整体结构，箱子所受应力可通过箱板扩散，而框架集装箱以箱底承受货物的重量，其强度要求很高，故集装箱底部较厚，可供使用的高度较小。

图4–6　开顶集装箱

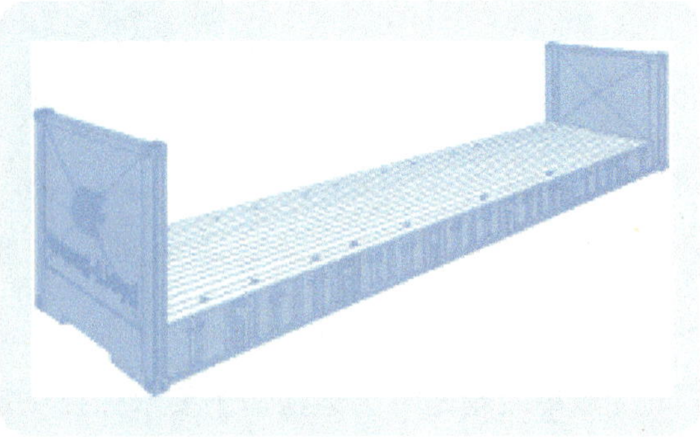

图4–7　框架集装箱

6. 罐状集装箱

罐状集装箱适用于装运食品、酒品、药品、化工品等流体货物。它主要由罐体和箱体框架两部分组成（如图4–8所示）。框架一般用高强度钢制成，其强度和尺寸应符合国际标准，角柱上装有国际标准角配件。罐体材料有钢和不锈钢两种，罐体外采用保温材料形成双层结构，使罐内液体与外界充分隔热。对装载随外界温度下降而增加黏度的货物，装卸时需加热，故在罐体的下部设有加热器，罐上设有反映罐内温度变化的温度计。罐上还设有水密的装货口，货物由液罐顶部的装货口进入，卸货时，货物由排出口靠重力作用自行流出，或者由顶部装货口吸出。

图4–8　罐状集装箱

7. 牲畜集装箱

它是适用于装载活的动物而具有特殊结构的集装箱（如图4–9所示）。

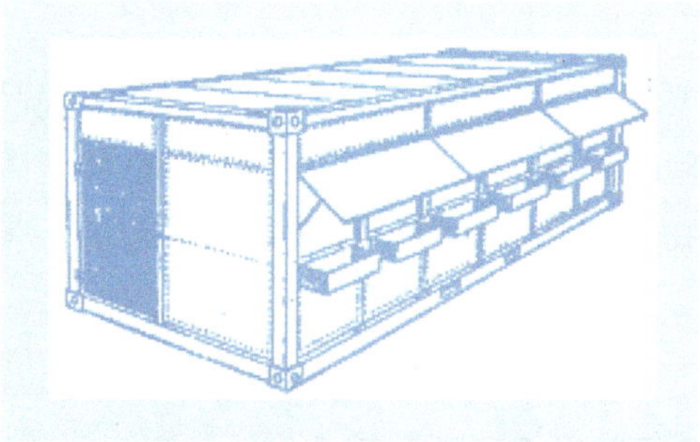

图4-9　牲畜集装箱

此外，还有动植物集装箱、平台集装箱、汽车集装箱等专用集装箱。

随着国际贸易的发展，商品结构不断变化，今后还会出现各种不同类型的专用或多用集装箱。

四、集装箱的标记

国际标准化组织规定的标记有必备标记和自选标记两类。

1．必备标记

（1）箱主代号。国际标准化组织规定，箱主代号由四个大写的拉丁文字母表示，前三位由箱主自己规定，第四个字母一律用U表示。

（2）顺序号，又称箱号，由6位阿拉伯字母组成。如有效数字不是6位时，则在有效数字前用“0”补足6位，如“053842”。

（3）核对数字。核对数字是用来核对箱主代号和顺序号记录是否准确的依据。它位于箱号后，以一位阿拉伯数字加一方框表示。

（4）额定重量和自定重量标记。额定重量即集装箱总重，自重即集装箱空箱质量（或空箱重量），ISO688规定应以公斤（kg）和磅（lb）同时表示。

（5）空陆水联运集装箱标记。由于该集装箱的强度仅能堆码两层。因而国际标准化组织对该集装箱规定了特殊的标志，该标记为黑色，位于侧壁和端壁的左上角，并规定标记的最小尺寸为：高127mm，长355mm，字母标记的字体高度至少为76mm。

（6）登箱顶触电警告标记。该标记为黄色底各色三角形，一般设在罐式集装箱和位于登顶箱顶的扶梯处，以警告登顶者有触电危险。

2．自选标记

（1）国家和地区代号。以两个或三个英文字母表示。比如：以CN或PRC表示中国，US或USA表示美国，GB或GBX表示英国等。

（2）尺寸代号。由两位阿拉伯数字组成，以表示集装箱尺寸大小。

（3）类型代码。以一个英文字母加一个阿拉伯数字组成，说明集装箱类型。

五、集装箱类型的选择

在选用集装箱时，必须了解以下几个方面问题。

1. 货物种类和特性

货物特性决定了运输要求，如危险品、易碎品、鲜活易腐品等货物特性不一，对箱型选择也不相同。对一些危险货物来说，还要进一步了解它属于哪一类危险货物，是易爆炸品、易燃品还是腐蚀性货物。此外，还要知道货物有无包装、是什么包装；货物是清洁的还是脏的，有没有气味等。

2. 货物包装尺寸

由于我国货物运输包装目前尚无通用的标准尺寸系列，包装规格繁多，要选择相应的集装箱型号，必须了解货物包装尺寸，以便选择合适的配置方法，充分利用集装箱的箱容。

3. 货物重量

任何集装箱可装货物的重量都不得超过集装箱的载重量，有时货物重量虽小于载重量，但由于该货物是集中负荷而可能造成箱底强度不足，这时就必须采取措施，利用货垫使集中负荷分散。

4. 集装箱运输过程

集装箱运输过程指在整个物流过程中由哪几种运输工具运送，是否需要转运和换装作业，采用何种作业方式，运输过程中的外界条件如何，是否高温、高湿等。物流过程不同，箱型也应不同。因此，箱型选择还应遵守如下原则：一是货物外形尺寸与集装箱内部尺寸相适应，以成公约倍数为最佳；二是按货物比容选择最有利比容（或地面）的集装箱；三是优先选择自重系数小的集装箱；四是集装箱外部尺寸与运输工具尺寸相适应，亦以成公约倍数为最佳。

第二节　集装箱吊具

为了安全迅速地吊运集装箱，大多数集装箱装卸机械均采用集装箱吊具作为专用的取物装置。集装箱专用吊具的尺寸应与集装箱的规格尺寸相配套。

一、集装箱吊具的种类

集装箱吊具可分为固定式、组合式和伸缩式三大类。

1. 固定式吊具

固定式吊具可分为直接吊装式和吊梁式两种类型。

（1）直接吊装式吊具（如图4-10所示）。它是起吊20ft或40ft集装箱的专用吊具，直接挂在起升钢丝绳上，在吊具上装设的液压装置通过旋锁机构转动旋锁，与集装箱的角配件连接或松脱。这种吊具结构简单，重量最轻，但只适用于起吊一定尺寸的集装箱。为了起吊不同尺寸的集装箱，须更换吊具，不仅要花费较长的时间，而且使用起来也不方便。

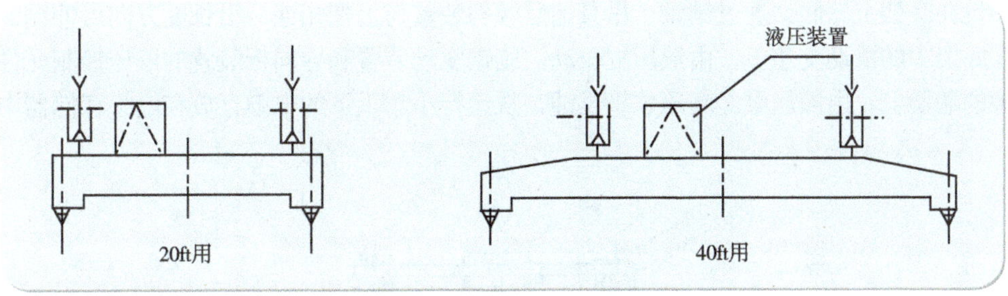

图4-10 直接吊装式吊具

（2）吊梁式吊具（如图4-11所示）。它是将专门制作的吊梁悬挂在起升钢丝绳上，根据起吊集装箱的需要来更换与吊梁连接的20ft或40ft集装箱专用吊具，液压装置分别装设在专用吊具上。这种专用吊具比直接吊装式方便，但增加了重量。

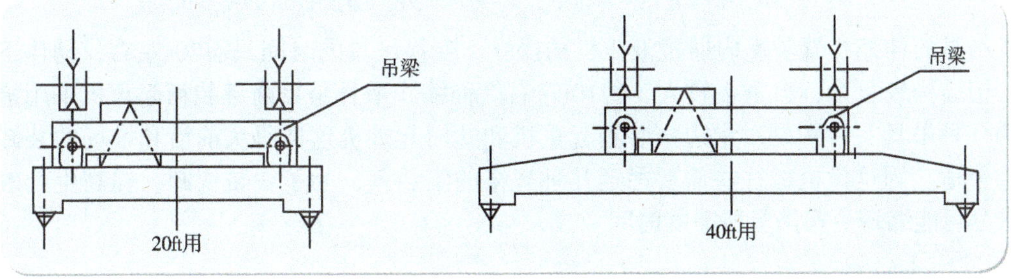

图4-11 吊梁式吊具

2. 组合式吊具

它是一种由两种或两种以上不同规格的吊具组合在一起，各吊具间可快速装拆的组合式吊具，如图4-12所示。其主吊具用于20ft集装箱，装有液压装置，通过旋锁机构转动旋锁。当需要起吊40ft集装箱时，则通过旋锁机构悬挂在主吊具下面，其旋锁由主吊具的液压装置驱动。这种吊具构造较简单，自重小，故障少，拆装和维修保养较方便。

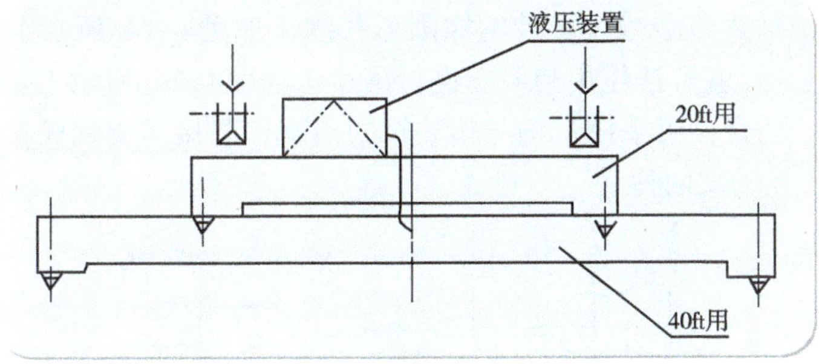

图4-12 组合式吊具

3. 伸缩式吊具

伸缩式吊具如图4-13所示。它由上架、底架、伸缩架、吊具伸缩装置、旋锁驱动装置、导向装置和吊具前后倾斜装置等组成。吊具通过上架的滑轮组与起升卷绕系统连接。旋锁装置、导向板驱动装置、吊具前后倾斜装置和吊具伸缩装置均采用液压传动。其共用的液压泵驱动装置和油箱装设在底架上。底架通过销轴、吊具前后倾斜装置与上架相连。沿长度方向可伸缩的伸缩架支承在底架中的滑动支座上，由液压缸驱动。旋锁驱动装置和导向板装置的液压控制元件装设在伸缩架的端梁上，由液压泵经高压软管供油，从运行小车垂下的电缆存放在电缆存储器中。

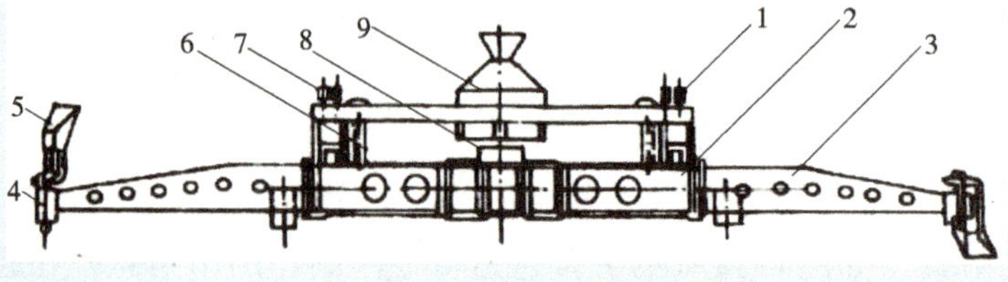

图4-13 伸缩式吊具结构

1—上架 2—底架 3—伸缩架 4—旋锁驱动装置 5—导向装置
6—吊具前后倾斜装置 7—吊具滑轮 8—液压泵驱动装置及油箱 9—电缆储存器

吊具的伸缩在驾驶室内通过液压机构操纵。变换吊具的时间只需20s左右，动作迅速平稳，但结构较复杂，自重也较大，约10t左右。伸缩式吊具是目前集装箱起重机采用最为广泛的一种吊具，特别是对岸边集装箱起重机和龙门起重机这类码头前沿和堆场的装卸机械更为合适。因这类机械往往需要吊运几种规格的集装箱，为了快装快卸，提高生产效率，要求尽可能缩短更换吊具所需的时间。

二、集装箱吊具的主要部件

集装箱吊具除了具有金属构架之外，还有导向、联接、吊具前后倾斜及操纵控制装置等部件。

（一）联接装置

联接装置是使吊具与集装箱在吊运时连成一个整体的机构。对于国际标准集装箱，采用旋锁联接装置，即在吊具框架的四角相应于集装箱角配件的孔位置处，装设一个可以转动的旋锁。联接装置的工作原理如图4-14所示。当吊具通过导向装置降落到箱体上面时，吊具旋锁即准确地插入集装箱角配件的椭圆形孔内（如图4-14a所示），将旋锁转动90°（如图4-14b所示），就可挂住集装箱而进行吊运（如图4-14c所示）。对于少数非标准集装箱或用手挂钩的场合，可采用吊钩与集装箱的角配件联接。旋锁联接装置按其结构原理不同，有定轴式和浮动式两种。

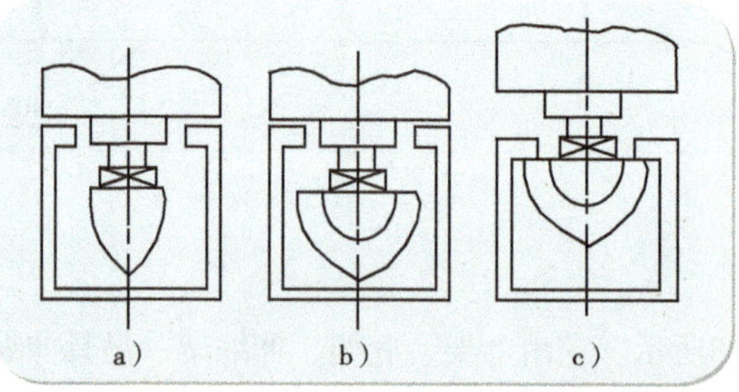

图4-14 旋锁联接装置工作原理

a）插入 b）转动 c）挂住

1. 定轴式旋锁装置

定轴式旋锁相对于吊具旋转箱不能摆动，只能在定轴套内转动，其结构如图4–15所示。旋锁装置上有一个顶杆4，顶杆在弹簧作用下，突出于旋锁体底部。当旋锁5进入集装箱角配件孔后，旋锁装置底部与集装箱角配件顶面接触，突出的顶杆被压回。顶杆4上端接触开关1，吊具四角的指示灯和驾驶室操作台上的指示红灯同时发亮，即可转动旋锁，通过液压装置使旋锁转动90°，触及限位开关，指示灯绿灯亮，表示旋锁已锁闭，即可开始起吊集装箱。

2. 浮动式旋锁装置

浮动式旋锁既能在吊具旋转箱内转动，又能做相对于旋转箱的摆动，以适应集装箱的制造误差和工作变形，这种形式的旋锁已被广泛采用，其结构如图4–16所示。

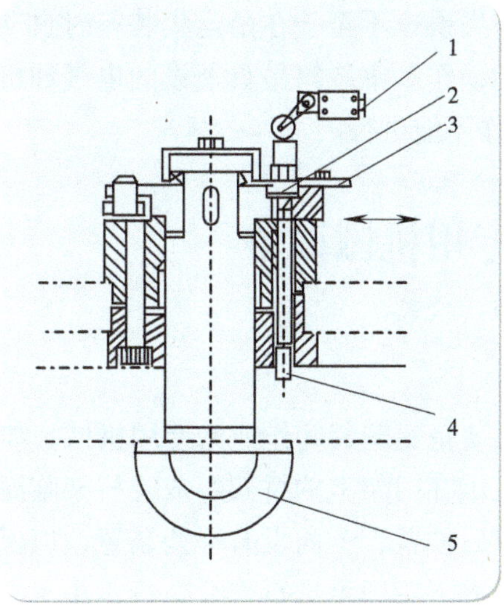

图4–15 定轴式旋锁装置

1—接触开关 2—调整螺栓 3—固定板 4—顶杆 5—旋锁

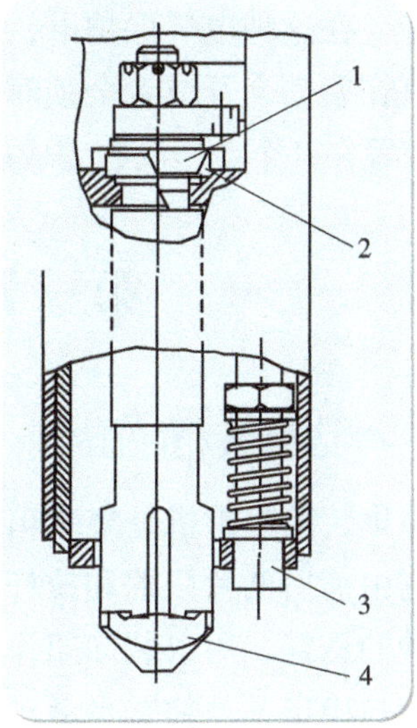

图4–16 浮动式旋锁装置

1—球凸座 2—球凹座 3—顶杆 4—旋锁

（二）导向装置

导向装置在吊具接近集装箱时起定位作用。当吊具中心线和集装箱中心线偏离不大于200mm时，驾驶员不必重新启动行走小车，可放下吊具导向板，吊具即能迅速对准集装箱，使旋锁插入集装箱的角配件孔中。导向装置由导向板、摆动液压马达和液压系统组成。导向板的末端是用钢板做成的角锥形包角，通常是按集装箱长度方向成对动作，或两对导向板同时动作。在使用时可转180° 而向下，正好套在集装箱的四个角上，不工作时可翻转为向上。

（三）悬挂及倾斜装置

吊具通过金属构架上的滑轮组和起升钢丝绳相连，实现吊具的升降。由于在装卸过程中，集装箱船出现横倾或纵倾时，要求吊具在前后左右方向有一定角度的倾斜，所以常设有允许±5° 倾斜的吊具倾斜装置。它是通过液压缸伸缩或卷筒钢丝绳的收放来实现吊具倾斜的。图4–13所示的伸缩式吊具的前后倾斜装置是由前后斜缸和液压系统组成的。正常状态时，吊具的上架平面与底架平面平行，当倾斜缸伸缩时，吊具可前后倾斜±5°。

（四）安全连锁装置

旋锁装置上的顶杆产生的信号有一定的连锁作用。当顶杆被压回，顶端触及开关，指示红灯亮时，起升机构下降回路即被切断。而当吊具四个角的旋锁顶杆均被压回时，四个角的旋锁全部进入相应的集装箱角配件孔后，旋锁驱动装置的动作回路方被接通。驾驶员掀动“闭锁”按钮，即将旋锁与集装箱角配件锁紧，旋锁液压装置的液压缸推动连杆，触及终点行程开关，指示绿灯亮，同时接通起升机构回路。起升机构上升动作瞬间，旋锁装置底部即脱离集装箱角配件顶面，顶杆在弹簧张力的作用下回复原位，与旋锁装置底部平齐，此时吊具四角的指示灯和驾驶室操作台上的指示灯同时熄灭，旋锁驱动装置动作回路即被切断。在这种电气保护下，即使驾驶员操作失误也不至于在吊运集装箱时自动开锁。同时只有在旋锁全开或者全锁时，起升机构才能动作。集装箱吊具上设的电气和机械的连锁安全装置在一个动作没有完成以前，后一个动作不能进行。

第三节 集装箱专用机械设备

一、岸边集装箱起重机

岸边集装箱起重机是集装箱码头前沿进行集装箱船舶装卸作业的专用机械，如图4–17所示。它由前后两片门框和拉杆构成的门架及支承在门架上的桥架组成。桥架临海（水）侧有外伸的悬臂，用以装卸船作业。在陆侧装有后伸臂，上面设有平衡装置，以保持装卸桥的平衡与稳定。外伸臂是活动的，平时吊起，放下后即可进行作业。行走小车沿着桥架上的轨道用专用吊具吊运集装箱，进行装卸船作业。门架可沿着与岸线平行的轨道行走，以便调整作业位置和对准箱位。为了便于船舶靠离码头，桥架伸出码头外面的部分可以俯仰。对于高速型岸边集装箱起重机，还装有吊具减摇装置。

图4–17 岸边集装箱起重机

（一）主要工作机构

1. 起升机构

起升机构设置在起重机中部或尾部的机器房内，目前均采用晶闸管直流恒功率调压调速系统。起升机构主要由直流或交流电动机、盘式或块式制动器、齿形联轴器、减速器和起升卷筒及其支撑座组成。

因集装箱吊具均采取四点悬挂，起升机构用两个双联卷筒卷绕起升绳，并采取双电动机驱动以选用较小功率和较小外形尺寸的电动机。为实现四根钢丝绳同步运行，起升机构一般采用刚性同步，其布置形式如图4–18所示。

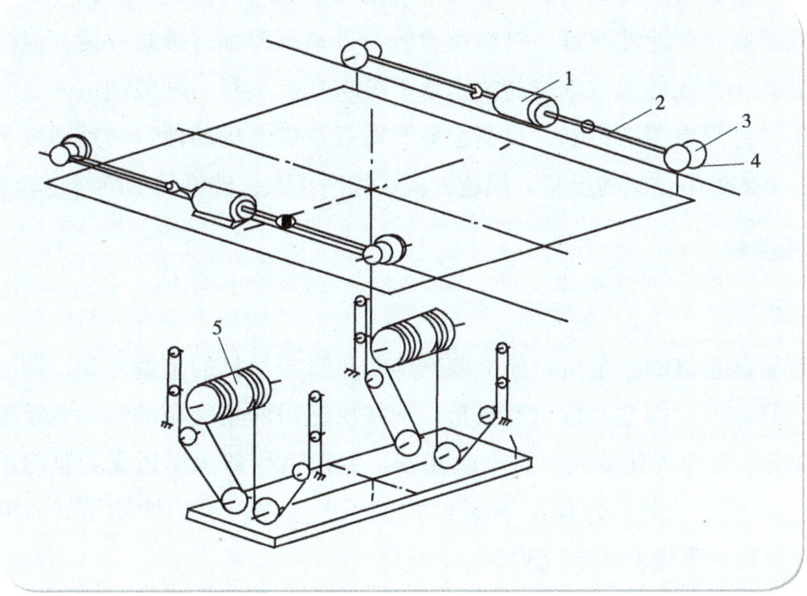

图4–18　起升机构驱动形式

1—电动机　2—传动轴　3—减速器　4—车轮　5—起升卷筒

由于目前集装箱的载货量一般只有额定载货量的50%～60%，如起重机的额定起重量按30.5t设计，起吊20ft集装箱时，即使按最大总重量也只达到起重机额定起重量的67%。为了提高装卸效率，要求起升速度随载荷的大小而变化，如起吊额定载荷的速度一定，则要求起吊的载荷小于额定载荷时，起升速度应呈反比例增加，一般空载速度为重载速度的2～2.5倍。

2. 小车运行和减摇机构

集装箱起重机小车运行距离较长，运行速度也较高，当小车起动和制动时，货物会在小车运行方向上摇摆。小车运行速度越高，摇摆越严重，从而影响装卸效率和作业安全。因此，必须装设减摇装置。常见的减摇方法是通过调整小车架上的起升滑轮与吊具上的滑轮之间的距离，形成并加大起升绳的夹角，当吊具与集装箱摆动造成起升绳张力变化时，对高张力一端提供一定的阻尼来吸收摆动能量实现减摇。

3. 大车运行机构

在装卸集装箱船时，由于需要经常移动大车对正船上的箱位，并且不能碰撞相邻的集装箱或船舶的上层建筑，因而要求大车运行机构具有较好的调速、微动和制动性能，所以通常采用直流电动机驱动。

4. 驱动和供电方式

为满足岸边集装箱起重机的工作要求，获得良好的调速性能，一般采用直流无级调速系统，各机构采用直流电动机驱动。直流电源的供电方式有三种：第一种是交流电动机—直流发电机供电方式，用得较多，它工作比较可靠，供电电压基本上不受电网电压波动的影响，比较稳定，其缺点是机组自重大、价格高、噪声也较大；第二种是晶闸管整流方式，它的电效率高，调速性能好，机组重量轻，占地面积小，维修方便，但要求电网容量较大，电压波动小，此外，对维修的技术水平要求高。还有一种柴油机—直流发电机的供电方式，它不受外界电源的影响，提高了集装箱起重机的机动性，特别适用于供电不方便的码头，并可节省供电设施的投资，但这种机组噪声很大，柴油机的维修也较复杂。

（二）主要参数

1. 起重量

岸边集装箱起重机的起重量习惯上取额定起重量与吊具的重量之和，即额定起重量不包括集装箱吊具在内。因此，额定起重量一般按所起吊的集装箱的最大总重量来决定，对于国际标准40ft集装箱按其最大总重量取30.5t。目前世界各国岸边集装箱起重机普遍采用伸缩式吊具，其重量一般约为10t。随着结构的不断改进，有的伸缩吊具的重量已减轻到8～8.5t，故大多数起重量取40.5t或37.5t。

2. 尺寸参数

它包括起升高度、外伸距、内伸距、轨距、基距、门架净空高度等。

（1）起升高度。起升高度应根据船舶型深、吃水、潮差和船上集装箱的装载情况来定，要求在轻载高水位时，能装卸三层集装箱并能堆高到四层；在满载低水位时，能吊到舱底最下一层集装箱，同时还应注意到船舶有±1m的纵倾或3° 的横倾时可能增加的高度。按3万吨级船型和码头前沿水位差为2m的条件，根据上述要求，计算所得的起升高度约为37m，故目前世界各国设计制造的岸边集装箱起重机的起升高度大都取轨面以上25m，轨面以下12m。

（2）外伸距。外伸距是指岸边集装箱起重机海侧轨道中心线向外至吊具铅垂中心线之间的最大水平距离。其确定是根据船宽并考虑在甲板上堆放四层集装箱、在船舶横倾向外倾斜3° 时，仍能吊走甲板上外舷侧最上层的集装箱。通常外伸距为35～38m。

（3）内伸距。内伸距是指岸边集装箱起重机陆侧轨道中心线向内至吊具铅垂中心线之间的最大水平距离。为了保证船舶装卸效率，在码头前沿水平搬运机械来不及搬运的情况下，内伸距就可起到某些缓冲作用。此外，考虑到起重机要把舱盖板吊放到内伸距离范围下和起重机陆侧不同的供电方式对内伸距的要求，内伸距取8～16m。

（4）轨距。轨距是指岸边集装箱起重机两行走轨道中心线之间的水平距离。轨距的确定应使起重机具有足够的稳定性和考虑到由于轨距的变化给起重机轮压带来的影响。同时，要考虑码头前沿的装卸工艺方式。通常，要求起重机轨距范围内能临时堆放三列集装箱，并允许跨运车能自由进出搬运这些集装箱。集装箱装卸一般不进行车船直接换装，故可不考虑铺设铁路线的尺寸要求。综上所述，轨距可取16m，宽轨型取26m。

（5）门架净空高度。门架净空高度取决于门架下通过的流动搬运机械的外形高度，主要考虑能通过跨运车，并留出0.8～1m的安全间隙。堆码三层集装箱的跨运车的外形高度约为9m，故门架净空高度可取为10m。

（6）基距。基距是指同一轨道上两个主支承轴的中心线之间的距离。门框内的空间应能通过40ft集装箱、大型舱盖板（14m×14m），并考虑到集装箱在装卸过程中可能产生的摆动，两边须留有一定的间隙，故门框内的有效宽度应约为16m。

（7）工作速度。工作速度的选定应满足装卸生产率的要求并对各机构的工作速度进行合理的分配。提高升降和小车运行速度对缩短装卸工作循环时间意义较大，但在速度分配时还要尽量使之与电动机的容量规格相配合，并尽可能使机电设备配件通用化，以便维修更换。此外，起重机工作速度的提高会增加吊具的摇摆。因此，应同时考虑减摇等相应的技术措施，否则效果不佳。

随着集装箱运输船舶的大型化、特别是超巴拿马船型的发展，对岸边集装箱起重机提出了更新更高的要求：一是提高起重机的技术参数，起重机速度参数高速化，外伸距、起升高度增大，吊具下额定起重量提高；二是开发设计高效率的岸边集装箱装卸系统，以满足船舶大型化对起重机生产率的要求。如上海振华重工（集团）股份有限公司（ZPMC）自主设计、开发世界首创的可吊双40ft集装箱起重机，以装卸40ft箱为例，理论计算其平均生产率每小时可达90～100自然箱。

二、集装箱龙门起重机

集装箱龙门起重机专门用于集装箱货场进行堆码和装卸作业，按其行走部分不同可分为轮胎式和轨道式两种。

（一）轮胎式集装箱龙门起重机

轮胎式集装箱龙门起重机如图4–19所示。它由前后两片门框和底梁组成门架，支承在橡胶充气轮胎上，以便在货场上行走。装有集装箱吊具的行走小车沿着门框横梁上的轨道行走，用以装卸底盘车和进行堆码作业。轮胎式集装箱龙门起重机的驱动方式有两种：内燃机—电力驱动和内燃机—液压驱动。目前采用内燃机—电力驱动较为普遍，这种驱动方式是以柴油机带动直流发电机发电，发出的电再供给各工作机构直流电动机，驱动各机构工作，此方式的操作性能好，但装置重量较大。

图4-19 轮胎式集装箱龙门起重机

1. 结构

轮胎式集装箱龙门起重机主要有起升、小车行走、大车运行机构，并设有吊具回转装置和减摇装置。主要特点是机动灵活、通用性强。它不仅能前进、后退，还能左右转向90° ，可从一个堆场转向另一个堆场作业。

2. 主要参数

（1）起重量。轮胎式集装箱龙门起重机的起重量也是根据额定起重量和吊具的重量来决定的。

（2）主要尺寸参数：

1）起升高度是指吊具底部至地面的垂直距离，它取决于起重机下所堆放的集装箱的层数和高度，一般按堆放四层、通过三层考虑。因此，目前世界许多国家大都取起升高度为11～12m。轮胎式集装箱龙门起重机的工作速度应与码头前沿岸边集装箱起重机的生产率相适应，为此，各厂家将轮胎式集装箱龙门起重机分别设计成普通型和高速型。普通型的工作速度为满载起升9m/min，空载起升18m/min，小车满载运行35m/min，大车空载运行90m/min。高速型的工作速度为满载起升13.5m/min，空载起升27m/min，小车满载运行70m/min，大车空载运行130m/min。

2）跨距。跨距的大小取决于起重机下面所需跨越的集装箱的列数和底盘车的通道宽度。通常按跨6列集装箱和1条底盘车通道或3列集装箱和1条底盘车通道考虑。目前世界许多国家大都按6列集装箱和1条底盘车通道考虑，取跨距为23.5m。常见堆存方式如图4-20所示。

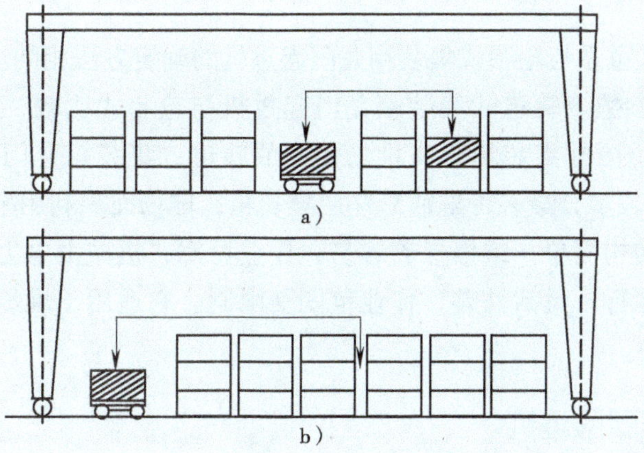

图4-20 轮胎式集装箱龙门起重机的两种堆存方式

(二)轨道式集装箱龙门起重机

轨道式集装箱龙门起重机是集装箱货场进行装卸、堆码集装箱的专用机械，如图4-21所示。它一般比轮胎式集装箱龙门起重机的跨度大、堆垛层数多。

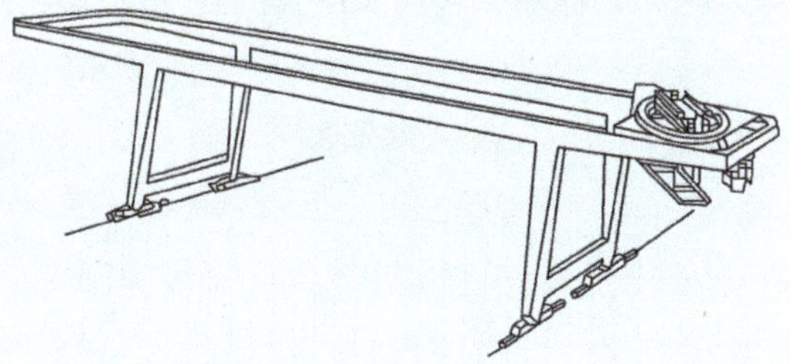

图4-21 轨道式集装箱龙门起重机

1. 结构

它由两片双悬臂的门架组成，两侧门腿用下横梁连接，两侧悬臂用上横梁连接，门架通过大车运行机构在地面铺设的轨道上行走。在港口多采用双梁箱形焊接结构的轨道式集装箱龙门起重机，个别采用L形单梁箱形焊接结构。在集装箱专用码头上，岸边集装箱起重机将集装箱从船上卸到码头前沿的挂车上，拖到现场，用轨道式集装箱龙门起重机进行装卸堆码作业。集装箱专用码头货场上，轨道式集装箱龙门起重机的工作速度应与码头前沿岸边集装箱起重机的生产率相适应，以保证码头前沿不停顿地进行船舶装卸作业。对标准集装箱码头，在一个泊位准备两台岸边集装箱起重机的情况下，货场一般配备三台跨度为30～60m的轨道式集装箱龙门起重机，其中两台供前方船舶装卸作业，一台供后方进箱和提箱用。

为了便于装卸集装箱半挂车和汽车，在轨道式集装箱龙门起重机的载重小车上还装有回转机构。转盘下面有四个滚轮，其中两个为主动滚轮，由两台对称布置的驱动装置驱动，在固定的小车环形轨道上行走。另一种形式的回转小车采用大直径滚柱轴承，结构紧凑，回转平稳，只需一套回转驱动装置。

2. 主要参数

（1）起重量。起重量与轮胎式集装箱龙门起重机的确定方法相同。

（2）主要尺寸参数。轨道式集装箱龙门起重机与轮胎式比较，其跨度较大，可跨14列或更多列集装箱，国际集装箱码头堆场使用的轨道式集装箱龙门起重机的跨度一般在30～50m。堆码层数较多，最多可堆放5～6层集装箱；堆场面积利用率高，这样可提高堆场的堆储能力，机械结构简单，维修保养容易，作业可靠；机械由电力驱动，节约能源。其缺点是机械沿轨道运行，灵活性差，作业范围受限制。它适用于堆场面积有限和吞吐量较大的集装箱专用码头。

三、集装箱正面吊运机

集装箱正面吊运机也是一种集装箱专用装卸搬运机械。它是为满足集装箱码头、集装箱货场、中转站和铁路场站对多用途的流动式集装箱装卸搬运机械的需求而开发的一种新机型。与叉车比较，它具有机动性高、稳定性好、轮压小、堆码层数高、可隔箱作业、堆场利用率高等优点，是比较理想的货场装卸搬运机械。集装箱正面吊运机如图4–22所示。其主要由运行机构，臂架伸缩机构，变幅机构和可以回转、伸缩、横移的吊具等组成。集装箱正面吊运机除运行部分外，臂架俯仰、伸缩、转向及吊具的各项动作均采用液压驱动传动。

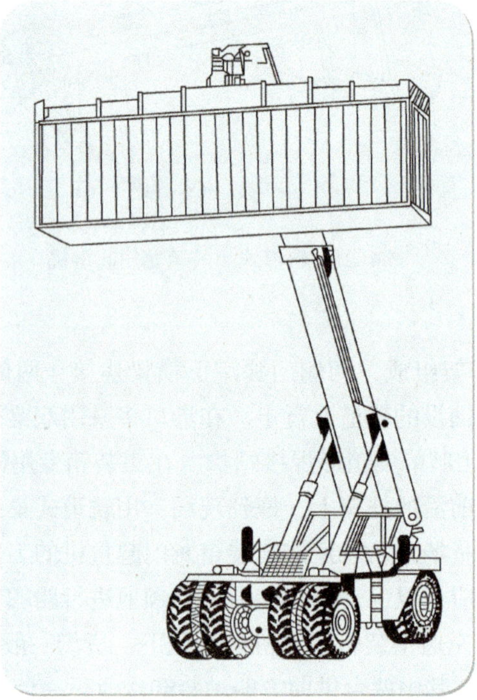

图4–22 集装箱正面吊运机

（一）结构特点

集装箱正面吊运机的结构具有以下特点：

（1）有可伸缩和左右回转120°的吊具，特别适应货场作业。由于吊具可伸缩，能用于不同尺寸的集装箱装卸作业。吊具又可左右回转，在吊装集装箱时，吊运机不一定要与集装箱垂直，即可以与箱子成夹角吊装；在吊起集装箱后又可以转动吊具，使箱子与吊运机处于同一轴线上，以便通过比较狭窄的通道。同时，吊具可以左右各移动800mm，便于在吊装时对位，从而提高生产效率。

吊具悬挂在伸缩臂架上，可绕其轴线转动。当吊运的集装箱没有处于水平时（如集装箱在半挂车上，而半挂车板面与地面不平），也可以正常操作。因此，集装箱正面吊运机几乎可以在任何条件下在集装箱堆场进行作业。

（2）有能带载变幅的伸缩臂架。集装箱正面吊运机一般采用套筒式方形伸缩臂架，臂架的伸缩用液压油缸推动。集装箱的起升、下降运动由臂架伸缩和变幅来完成，它没有专门的起升机构。因为臂架的伸缩和变幅同时进行，所以可获得较大的升降速度，从而具有较高的效率。

（3）作业幅度大，能堆码多层集装箱及跨箱作业。由于集装箱正面吊运机在设计时吸取了集装箱叉式装卸车、集装箱跨运车等机械的优点，并考虑了这些机械的不足，因此，它能够完成其他机械所不能完成的作业。集装箱正面吊运机一般可吊装4个集装箱高，有的可达到5个箱高，而且可跨箱作业，这样可提高堆场的利用率。

（4）具有多种保护装置，能保证安全作业。由于集装箱正面吊运机是流动机械，而且臂架可带载伸缩和带载变幅，因而必须具有足够的保护装置来确保安全操作，一般有6种保护装置：

1）防倾覆保护。当起吊重量达到各种工作幅度下的最大允许值时，该保护装置开始动作，此时臂架不能伸缩、俯仰，吊具不能回转，并且有红色信号灯警告。

2）旋锁动作保护：一是旋锁完全进入集装箱角配件孔中，旋锁才动作，否则旋锁不能转动；二是旋锁不在全开或全闭的状态下，臂架伸缩、俯仰和吊具回转都不能动作，同时也有信号灯指示。

3）起吊集装箱后，整机不能用高速挡行驶，否则发动机自行停止运转。

4）变速杆入挡后，发动机不能启动。

5）臂架最大仰角的限位保护。

6）入挡后再拉手制动，发动机即停止。

（5）加装吊钩后，可吊装其他重大件货物；能实现所谓集成吊运，即将集装箱连同公路运输的拖车一同吊装上火车。

（6）轮压低。由于满载后整车的重心位置仍在前后轮之间的接近中心处，并有八个轮胎接地，因此轮压比叉车低。

采用集装箱正面吊运机可提高装卸效率，与叉车相比，堆场利用率也可提高80%。但集装箱正面吊运机带箱运行时，一般是将臂架升至最大仰角，这时货物重心移至前轴线内，因此后桥负荷比空载时增大，将造成后轮胎磨损加剧。

（二）集装箱正面吊运机的结构类型

集装箱正面吊运机按其结构形式不同可分为两大类。

1. 单臂架集装箱正面吊运机

单臂架集装箱正面吊运机如图4-22所示，其起重臂为单箱式结构，用两个变幅液压缸支撑，制造工艺简单。在吊运倾斜的集装箱时，利用吊具与臂架间的自由摆动进行对位。但是，由于吊具与臂架是单支点连接，故吊运装载重心偏移的集装箱时所产生的倾斜，要通过横移吊具来平衡。而且吊机行走时，由于路面不平，易导致摇摆。此外，臂架变幅是双缸驱动，可能出现液压缸工作不同步，使臂架受扭。

2. 双臂架集装箱正面吊运机

双臂架集装箱正面吊运机为双起重臂，起重臂为箱形结构。它与单臂架正面吊运机的不同之处是，用两个小断面的臂架代替一个大断面臂架。两个臂架都可以伸缩，并由两个变幅缸分别支撑，两个臂架可以分别动作，也可同步动作，因此其结构和液压控制系统比较复杂。由于是双臂架，与吊具是双支承连接，所以吊具稳定性较好，即使遇到集装箱装载偏心或路面不平的情况，也不会引起吊具摆动。同时，在吊运倾斜的集装箱时，可使两臂架采用不同的高度而使吊具就位，如图4-23a所示，并可让两臂架伸出不同的长度来使集装箱转动一定的角度，如图4-23b所示，此角度最大不超过12°。双臂架集装箱正面吊运机受力比较简单，变幅缸不存在同步问题。同时，两臂架中间距离较大，驾驶室可放在中间，并可以适当提高其高度，使驾驶员视野较好。为了使吊具旋转较大的角度，必须在平衡架下再安装吊具旋转机构，因而整个吊具高度较大，降低了有效起升高度。

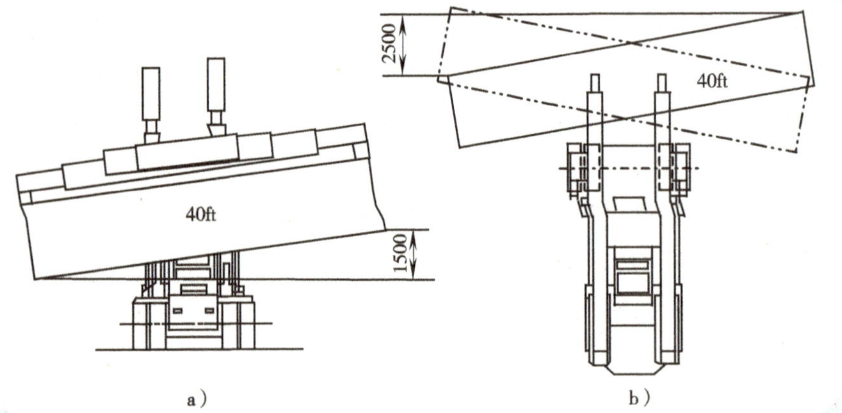

图4-23　双臂架集装箱正面吊运机

a）双臂架吊运机斜吊集装箱　b）双臂架吊运机转动集装箱

（三）集装箱正面吊运机的主要技术参数

1. 起重量

集装箱正面吊运机的起重量根据额定起重量和吊具的重量来确定。额定起重量一般按所吊运的集装箱最大总重量确定，对于国际标准40ft集装箱的最大重量取30.5t。目前，各厂家生产的起吊40ft的正面吊运机，其吊具重量约为10t。

2. 起升高度

起升高度即堆码高度，一般为四层箱高，如按8ft6in（即2.591m）箱高考虑，还加上一定的安全间隙，起升高度一般为13m左右。如要求堆五层箱高时，起升高度一般为15m左右。

3. 工作幅度

集装箱正面吊运机通常能跨一排箱作业。一般要求在对第一排箱作业时，前轮外沿离集装箱的距离为700m左右，工作幅度最小应距前轮外沿2m。在对第二排箱作业时，前轮离第一排集装箱的距离为500mm左右，工作幅度最小距离前轮外沿4.1m。

4. 车身外形尺寸

集装箱正面吊运机主要用在货场作业，要求能适应狭小的场地条件，因此对通过性能要求较高，需要控制车身宽度和长度。另外，还要考虑整机的稳定性和车架受力情况。一般要求正面吊运机能在7.5m左右的直角通道上转弯，在9.5m左右的通道内能90° 转向。因此，要求其最小转弯半径在8.5m左右，最大轴距为5 500mm左右，车体带臂架时长度约为7 500～8 000mm，车身宽度一般为3 500～4 000mm。

5. 行走速度

集装箱正面吊运机的运行距离一般在40～50m以内较为合理。如距离太远，则应在前沿机械与堆场间用拖挂车来做水平运输。集装箱正面吊运车在满载时只允许低速行驶，因集装箱正面吊运机自重较大，在吊运40t时，整机总重达110t，如行驶速度过快，则对爬坡、制动、整机稳定性以及发动机功率都有较大影响，故满载时最高速度一般不超过10km/h。空载时可高速行驶，一般为25km/h左右。

四、集装箱跨运车

集装箱跨运车是一种具有搬运、堆垛、换装等多功能的集装箱专用装卸机械。它以门形车架跨在集装箱上，由装有集装箱吊具的液压升降系统吊起集装箱，进行搬运堆码；还可用跨运车将集装箱装在集装箱底盘车上，同时也可将集装箱从底盘车上卸下。因此，它具有比集装箱龙门起重机更大的机动性。该机型可实现一机多用，既可作为码头前沿至库场的水平运输机械，又可进行堆场2～3层集装箱堆码和装卸作业。

1. 主要特点

集装箱跨运车在集装箱码头可完成如下作业：岸边集装箱装卸桥与前方堆场之间的装卸和搬运；前方堆场与后方堆场之间的装卸和搬运；后方堆场与货运站之间的装卸和搬运；对底盘车进行换装。

集装箱跨运车的主要优点有：可一机多用，减少码头作业机械的种类和数量，便于组织管理；机动性好、作业灵活、取箱对位快、装卸作业效率较高。其主要缺点是：结构复杂，维护保养较困难，初始投资高，堆场利用率较低。

2. 主要技术参数

随着集装箱大型化以及箱载荷的提高，集装箱跨运车的载重能力在不断提高。20世纪80年代集装箱跨运车的起重量一般为30～35吨。目前生产的跨运车起重量为40吨的占绝大多数，有的甚至达到50吨。相应的集装箱跨运车的配置也在提高。

由于超高箱在集装箱中所占的比重逐步加大，集装箱跨运车的起升高度也在不断提高。据统计，在现有的集装箱跨运车中堆码三层的占70%左右，堆码四层的机型逐渐增多。

在选用集装箱跨运车时，除起重量应满足集装箱和吊具总重量的需要之外，装卸搬运效率、堆码和通过集装箱的层数、车身高度、转弯半径、稳定性等技术性能参数也要符合要求。我国常州工农钣焊厂制造的CK—30型集装箱跨运车的主要技术性能参数见表4-2。

表4-2　CK—30型集装箱跨运车的主要技术性能参数

项　目	技术参数
额定起重量	30.5t
起升速度	10m/min
	9m/min（满载）
行驶速度（分两档）	0～14km/h和0～24km/h（空载）
	0～13km/h和0～22km/h（满载）
最小转弯半径	11m（20ft集装箱）
	12.5m（40ft集装箱）
总高×总宽×总长度	8.3m×4.53m×13.53m（20ft集装箱）
	8.3m×4.53m×16.6m（40ft集装箱）
额定功率	220kW

五、集装箱叉车

集装箱叉车，又称集装箱叉式装卸车，是集装箱码头和堆场常用的一种多功能装卸机械，主要用于吞吐量不大的综合性码头进行集装箱装卸、堆码和搬运，也有用于大型集装箱码头堆场进行辅助作业，如图4-24所示。

图4-24　集装箱叉式装卸车

集装箱叉车分集装箱正面叉式装卸车和集装箱侧面叉式装卸车两种。正面集装箱叉车操作方便，是常用的形式，其中又可分为重载集装箱叉车、轻载集装箱叉车、空箱集装箱叉车等。它可以采用货叉插入集装箱底部叉槽内举升搬运集装箱，也可在门架上装一个顶吊架，借助旋锁件与集装箱连接，从顶部起吊集装箱。

为了满足集装箱装卸作业的需要，集装箱叉车具有以下性能特点：

（1）起重量与各箱型的最大总重量一致。对于采用货叉装卸的集装箱叉车，起重量等于集装箱的最大总重量，对于顶部起吊的还需加上叉车吊具的重量。考虑到现有大量的国际集装箱所装运的货物重量都达不到额定重量，如20ft集装箱的载货量平均只有12t左右，40ft集装箱的载货量平均只有18t左右，因而从使用的经济性出发，往往根据实际情况选用相应起重量的集装箱叉车，如装卸20ft或40ft轻载集装箱可分别采用20t和25t的集装箱叉车。

（2）载荷中心距（货叉前壁至货物重心之间的距离）取集装箱宽度的1/2，即1 220mm。

（3）为改善操作视线，将驾驶室位置升高，并装设在车体一侧。

（4）起升高度按堆码集装箱的层数来确定。

（5）为适应装卸集装箱的需要，除标准货叉外，配备顶部起吊或侧部起吊的专用属具。

（6）为便于对准箱位和箱底的叉槽，整个货架具有侧移（约100mm）的性能，货叉也可沿货架左右移动，以调整货叉之间的距离。

集装箱叉车具有机动性强和使用范围广等优点，还可以使用货叉装卸搬运其他重件货物。但是，使用集装箱叉车的通道宽度需大于14m，占用通道面积大，集装箱只能呈两列堆放，影响堆场面积的利用；满载情况前轴负荷和轮压较大，对码头前沿和堆场通道路面的承载能力要求高；叉车液压部件多，完好率低，维修费用较高；叉车前方视线较差，对集装箱的损坏率较高。因此，集装箱叉车一般只用在集装箱吞吐量不大的普通综合性码头和堆场进行短距离的搬运作业，合理搬运距离为50m左右，超过100m用集装箱叉车搬运是不经济的。在这种情况下，可采用集装箱拖挂车配合使用。

集装箱侧面叉式装卸车是一种专门设计带有侧叉的集装箱装卸车，它可将门架和货架移出，叉取集装箱后收回，将集装箱放置在货台上进行搬运，还可装设顶部起吊属具，用以装卸集装箱（如图4-25所示）。与通用型叉车比较，侧面叉车载箱行走时的横向尺寸要小得多，因而要求的通道宽度也小（约4m）；载箱行走时的负荷中心在前后车轮之间，行走稳定性较好，轮压分配比较均匀。但是，结构和控制较为复杂，装载视线差，装卸效率也较低。在设计和选用侧面集装箱叉车时，要求具有门架可前后移动、货架可侧移和货架可左右摆动等性能。为保证侧面叉车装卸集装箱时车体的稳定性，通常在一侧面装设两个液压支腿，供装卸时使用，行走时收回。因此，还应考虑使码头货场的承载能力与侧面集装箱叉车的支腿压力相适应。

图4-25　集装箱侧面叉式装卸车

六、集装箱底盘车

集装箱底盘车方式又称“海陆公司方式”（Sea-Land System），它是由陆上拖车运输发展起来的。集装箱堆场的底盘车堆存方式是指集装箱在码头堆场的整个停留期间均放置在底盘车上（如图4-26所示）。

图4-26 集装箱底盘车

采用这种堆存方式，集装箱在港的操作次数减少，装卸效率高，损坏率小，工作组织较简单，适合于“门到门”的运输方式；但是集装箱堆存高度只有一层，而且需要有较宽的车辆通道，占用较大的堆场面积，使堆场面积利用率较低；因此主要适用集装箱码头的起步阶段，特别是整箱货比例较大的码头。

| 经典案例 |

全国首个全自动化集装箱码头——厦门远海集装箱码头

【厦门远海基本概况】

厦门远海集装箱码头有限公司成立于2008年11月，由中远集团旗下中远太平洋有限公司与厦门海沧投资集团有限公司分别以70%和30%股份合资成立。

码头地处厦门海沧保税港区西区，这里也是我国目前开放度最高、功能最齐全、政策最优惠、通关最便捷的海关特殊监管区域之一，是中国（福建）自由贸易试验区厦门片区的重要区域之一。码头经营海沧港区13#散杂货泊位和14#-17#4个15万t级码头主体结构集装箱专用泊位，码头岸线总长1 806m，占地面积133万㎡，陆域纵深810m，集装箱停泊水域设计水深-15m，进港航道可满足10万t级船舶全天候进出港。集装箱年设计吞吐能力280万标准箱（TEU），散杂货年吞吐量400万t。

【项目背景】

2012年10月，厦门远海码头自动化项目三方合资方于人民大会堂签订合作框架协议，“全球领先、中国第一”的自动化码头项目建设随之正式开启。该项目由中远集团、厦门市政府和中交建集团共同出资建设，一期工程总投资6.58亿元人民币，建设一个15万t级码头主体结构的自动化集装箱泊位。自动化码头岸线长447m，占地面积约16.66万m^2，配备3台自动化双小车岸桥、16台自动化轨道吊、18台自动导航运载车及8台自动化转运平台，年设计吞吐能力为70万～95万TEU，相当于在原设计能力的基础上增加20%以上的产能。与传统的集装箱码头相比，全自动化集装箱码头在智能化、可靠性、稳定性、安全性和环保等方面具有十分明显的优势，能降低操作和运营成本。它的建设与落成，将是中国首个自主建造的自动化码头项目，也将引领中国未来码头发展的新趋势。

【厦门远海自动化码头技术特点】

1. 国内首个拥有全部自主知识产权的自动化码头项目，全套系统均独立开发，系统高效整合，同时拥有冗余灾备能力，保证码头业务不中断。

2. 世界首个无内燃机驱动设备作业，真正做到无污染零排放的绿色环保码头。码头内所有集装箱的搬运均采用市电驱动；自动导航运载车（AGV）首次采用锂电池动力，并实施“机会充电”新理念，使200ah（安时）级大载荷运输车辆采用电池驱动成为现实。

3. 打破AGV型全自动化码头堆场垂直布置的常规。开创现有码头因地制宜改造升级为自动化码头新尝试。

4. 创新设计的集装箱转运平台解决设备的作业耦合和拥堵问题。AGV与双小车岸桥的门架小车高度协同，使AGV与自动化轨道吊以及岸桥主小车之间不需相互等待，可提高作业效率和设备利用率。

5. 整套系统综合运用人工智能、运筹学决策和系统工程理论，实现对各设备高效智能管理：能从安全、效率和能耗角度确立最佳路径；箱位智能动态管理大幅提高堆场利用率；自动化轨道吊对下一航次集装箱自动理箱，提升效率、解决错箱率。

自动化码头信息系统基础架构采用VMware（威睿公司）最先进的虚拟化云技术解决方案。厦门远海码头自动化系统的实现需要庞大的数据计算和高效的信息传输，信息服务中心运用刀片服务器配合云技术极大地保障了基础架构的高效、稳定和高可用，同时刀片服务器与传统PC服务器相比更加环保节能也提高了管理的效率。

厦门远海自动化码头的“指挥、调度、信息传递、扫描采集、远程干预、故障检测”等所有模块及集成与传统系统均由公司与合作方自主完成设计，具有完整知识产权。

【资料来源：http://www.cosco.com】

复习思考题

1．什么是集装箱？什么是标准箱？

2．简述集装箱的一般构造。

3．选用集装箱的依据有哪些？

4. 集装箱吊具有哪几种类型？各有何特点？
5. 伸缩式集装箱吊具由哪些部件组成？各部分的作用是什么？
6. 岸边集装箱起重机有哪些技术参数？如何确定这些参数的大小？
7. 岸边集装箱起重机的小车运行方式有哪几种？各有何特点？
8. 集装箱龙门起重机有哪两种类型？两者有何异同？
9. 集装箱正面吊运机由哪几部分组成？其升降动作如何实现？该机型有哪些特点？
10. 集装箱正面吊运机上安装有哪些安全装置？各装置的作用是什么？
11. 集装箱叉式装卸车具有哪些性能特点？
12. 集装箱叉车、跨运车、底盘车各适用于哪些场合？

第五章 Chapter Five

仓储设施与设备

知识目标

了解站台的主要形式，自动化仓库的特点、用途、分类；理解仓储系统的功能和主要参数，熟悉自动化仓库的构成，熟悉自动分拣系统的工作过程及主要设备。

能力目标

掌握各种货架的基本结构、特点及选用，掌握自动分拣系统的工作过程及选用，熟悉不同的自动化立体仓库，熟悉站台的主要形式。

第一节 仓储概述

仓储设施与设备是指仓库进行生产和辅助生产作业以及保证仓库作业安全所必需的各种设施设备的总称，是仓库进行装卸搬运、保管维护、计量检验和安全消防等各项作业的劳动手段。

仓储是“对物品进行保存及对其数量、质量进行管理控制的活动”。它是物流系统的一个子系统，在物流系统中起着缓冲、调节和平衡的作用。在物流系统中，仓储和运输是同样重要的构成因素。现代物流意义的仓库从事存储、包装、分拣、流通加工和配送等物流作业活动，因此现代仓储管理已从静态管理转变为动态管理。仓储管理的目标是在满足客户服务政策确定的周转期要求、运送准确性要求和库存计划确定的存储能力的前提下，使仓库中的劳动力、场地和设备成本最小化。

一、仓库分类

仓库由贮存物品的库房、运输传送设施（如吊车、电梯、滑梯等）、出入库房的输送管道和设备以及消防设施、管理用房等组成，是保管、储存物品的建筑物和场所的总称。

仓库的分类标准有多种，详见表5-1。

表5-1　仓库的分类表

分类标准	仓库名称	特　点
使用对象及权限	自用仓库	专门为企业、机关、团体等储存自用物资的仓库。其优点是具有较强的控制能力，成本低，可充分发挥人力资源的作用。其缺点是缺乏柔性、有财务方面的限制、投资回报率较低
	营业仓库	社会化的一种仓库，以经营为手段、盈利为目的。其优点是可节省资金投入、缓解存储压力、减少投资风险，具有较高的柔性化水平。其缺点是沟通困难，缺少个性化服务
	公共仓库	为公用事业配套服务的仓库。将自备仓库和营业仓库两方面的优势有机地结合
	保税仓库	根据有关法律和进出口贸易的规定，专门保管暂未纳进口税的进口货物
结构和构造	平房仓库	单层的，有效高度一般不超过5～6m
	楼房仓库（楼库）	结构二层以上，各楼层间依靠垂直运输机械联系，也有的楼层间以坡道相连
	高层货架仓库	单层的建筑结构，但总高度甚至高于一般楼库，自动化程度较高、存货能力较强
	罐式仓库	以各种罐体为储存库的大型容器型仓库，如球罐库、柱罐库等
技术处理方式及保管方式	普通仓库	常温保管、自然通风、无特殊功能
	冷藏仓库	有制冷设备并有良好的保温隔热性能以保持较低温度
	恒温仓库	能调节温度，并能保持某一温度
	露天仓库	自然条件下保管，无建筑物可阻隔风、雨、光，对货堆采用直接防护（如帆布等）
	水上仓库	利用水面或水下在高湿度条件下储存物品
	危险品仓库	专门用于保管危险品并能对危险品起一定防护作用
	散装仓库	专门保管散粒状、粉状物资的容器式仓库
	地下仓库	利用地下洞穴或地下建筑物储存物资，主要储存石油等物资，储存安全性较高

二、仓储系统的主要参数

（1）库容量。它是仓库的主要参数之一，是规划设计仓库时首先要确定的问题。库容量的大小首先取决于缓冲平衡的需要，同时库容量又直接关系着仓库的建设投资和建成后的经济效益，因此在满足缓冲平衡的前提下，应该是越小越经济。

（2）出入库频率。它是仓库的另一个主要参数，决定仓库搬运设备的规格和数量。出入库频率又与库容量有着密切的关系，从理论上说，如果管理得当，使供应和消费的节奏一致，即入库和出库的频率和数量一致，库容量可为极小值。但是组织频繁入库和出库，需要增加搬运设备的能力，也是需要投资的。因此，在规划设计一个仓库时，应在二者之间做恰当的选择以求得最经济合理的方案。

（3）库容量利用系数。库容量利用系数等于实际库存量与库容量之比。由于这是一个随机变动的量，因而一般取它的年平均值作为考核指标。

（4）库存周转次数，即年入库总量或者年出库总量与年平均库存量之比。对于生产性和经营性的仓库，库存周转次数越多说明资金周转越快，经济效益越高。有些经营好的企业可达到每年24次以上，即十天到半个月就可周转一次。

衡量仓库经营效率的最主要的指标是库容量利用系数和库存周转次数。

（5）其他衡量指标。

1）单位面积的库容量。它是总库容量与仓库占地面积之比。在土地紧缺、土地征用费高的场合，这是一个很重要的经济指标。

2）全员平均劳动生产率。这是仓库全年出入库总量与仓库总人数之比，通常它取决于仓库作业的机械化程度。

3）机械设备的利用系数。首先根据全年出入库总量算出机械设备的全年平均小时搬运量，它与机械设备的额定小时搬运量之比即为机械设备的利用系数。这个系数可用来评估机械设备配置的合理性。

第二节　货架技术

一、货架作用及功能

（1）货架的概念。就一般字面而言，货架泛指存放货物的架子。在仓库设备中，货架是指专门用于存放成件物品的保管设备。货架在仓库中占有非常重要的地位，随着现代工业的迅猛发展，物流量的大幅度增加，为实现仓库的现代化管理，改善仓库的功能，不仅要求货架数量多，而且要求具有多功能，并能实现机械化、自动化。

（2）货架的作用及功能。货架在现代物流活动中，起着相当重要的作用，仓库管理实现现代化，与货架的种类、功能有直接的关系。

货架的作用及功能有如下几方面。

1）货架是一种架式结构物，可充分利用仓库空间，提高库容利用率，扩大仓库储存能力。

2）存入货架中的货物，互不挤压，物资损耗小，可保证物资本身的功能完整，减少货物的损失。

3）货架中的货物存取方便，便于清点及计量，可做到先进先出。

4）保证存储货物的质量，可以采取防潮、防尘、防盗、防破坏等措施，以提高物资存储质量。

5）很多新型货架的结构及功能有利于实现仓库的机械化及自动化管理。

二、货架的分类

（1）按货架的适用性分为通用货架和专用货架。

（2）按货架的制造材料分为钢货架、钢筋混凝土货架、钢与钢筋混凝土混合式货架、木制货架和钢木合制货架等。

（3）按货架的封闭程度分为敞开式货架、半封闭式货架和封闭式货架等。

（4）按结构特点分为层架、层格架、橱架、抽屉架、悬臂架、三角架和栅型架等。

（5）按货架的可动性分为固定式货架、移动式货架、旋转式货架、组合货架、可调式货架和流动储存货架等。

（6）按货架与仓库的结构关系分为整体结构式（货架直接支撑仓库屋顶和围墙）和分体

结构式（货架与建筑物分别为两个独立系统）。

（7）按货架的构造分为组合可拆卸式货架和固定式货架。其中可拆卸式货架又分为单元式货架和贯通式货架。

（8）按货架高度分为低层货架（高度在5m以下）、中层货架（高度在5～15m）和高层货架（高度在15m以上）。

（9）按货架重量分为重型货架（每层货架载重量在500kg以上）、中型货架（每层货架或搁板载重量150～500kg）和轻型货架（每层货架载重量在150kg以下）。

（10）按货架的载货方式分为悬臂式货架、橱柜式货架、棚板式货架等。

三、典型货架

（一）层架

层架是由主柱、横梁、层板构成，架子本身分为数层，层间用于存放货物。层架结构简单、适用性强、存取作业方便，但存放的货物数量有限，常见于人工作业仓库。

（二）层格式货架

层格式货架结构与层架类似，其区别在于层格式货架的某些层，甚至整体每层中用间隔板分成若干个格。

（1）开放式层格货架的特点及用途。每格原则上只能放一种物品，物品不易混淆，但存放数量不大。其缺点是层间光线暗，存放数量少。它主要用于存放规格复杂、多样，必须互相间隔开的物品。

（2）抽屉式层格货架的特点及用途。抽屉式层格货架属于封闭式货架的一种，具有防尘、防湿、避光的作用，用于比较贵重的小件物品的存放，或用于怕尘土、怕湿等的贵重物品，如刀具、量具、精密仪器、药品罐装物品的存放，如图5–1所示。

图5–1　层格式货架

（3）橱柜式层格货架特点及用途。在层格架或层架的前面装有橱门，上下左右及后面均封闭起来，门可以是开关的，也可以是左右拉开式或卷帘式。门的材质有木质、玻璃质、钢质，也可用各种纱门。橱柜式货架也属于封闭式货架的一种，其特点与用途和抽屉式货架相似；用于存放贵重物品、文件、文物及精密配件等。

（三）U形架（H形架）

（1）结构。U形架外形呈U字形，组合叠放后呈H形。为使其适应重叠码放和便于吊装作业的要求，在架的两边上端形成吊钩形角顶，如图5–2所示。

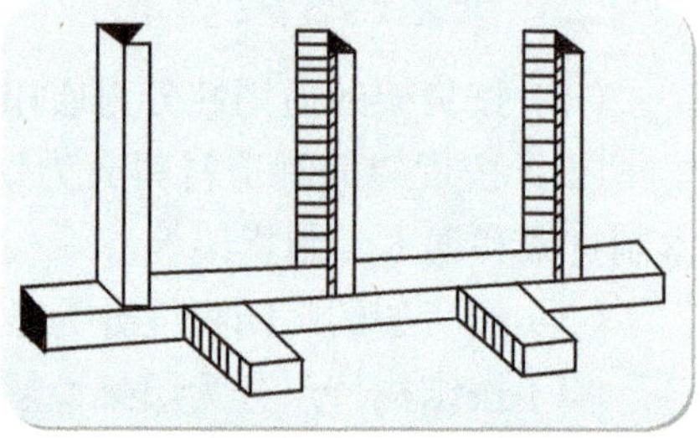

图5–2　U形架

（2）特点及用途。U形架结构简单，但强度很高，价格较低，码放时可叠高，因而可提高仓库的利用率。此外，可随货收发，因而节省收发时的倒装手续，可实现机械化操作，可做到定量存放。它主要用于存放量大的管材、型材、棒材等大型长尺寸金属材料，建筑塑料等。

（四）悬臂架

悬臂架又称悬臂式长形料架。

（1）结构。悬臂架是由3～4个塔形悬臂和纵梁相连而成，如图5-3所示。分单面和双面两种，臂架用金属材料制造，为防止材料碰伤或产生刻痕，在金属悬臂上垫上木质衬垫，也可用橡胶带保护。悬臂架的尺寸不定，一般根据所放长形材料的尺寸大小而确定其尺寸。

（2）特点及用途。悬臂架为边开式货架的一种，可以在架两边存放货物，但不太便于机械化作业，存取货物作业强度大，一般适于轻质的长条形材料存放，可用人力存取操作，重型悬臂架用于存放长条形金属材料。

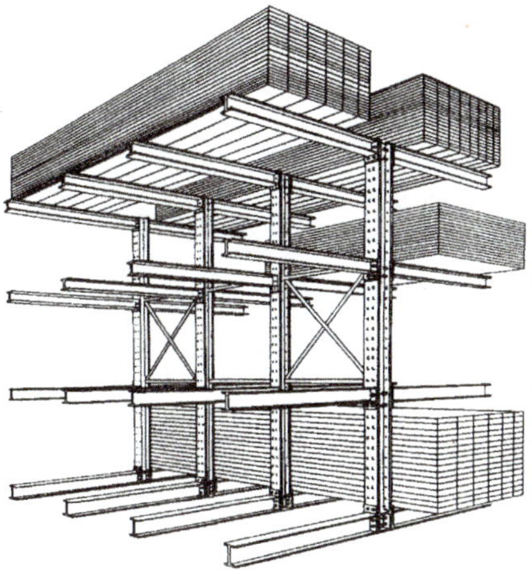

图5-3 悬臂式货架

（五）托盘式货架

（1）结构。托盘式货架是存放装有货物托盘的货架，其承载能力和每层空间适合于存放整托盘货物。托盘式货架多为钢材结构，也可用钢筋混凝土结构，可做单排型连接，也可做双排型连接，如图5-4所示。

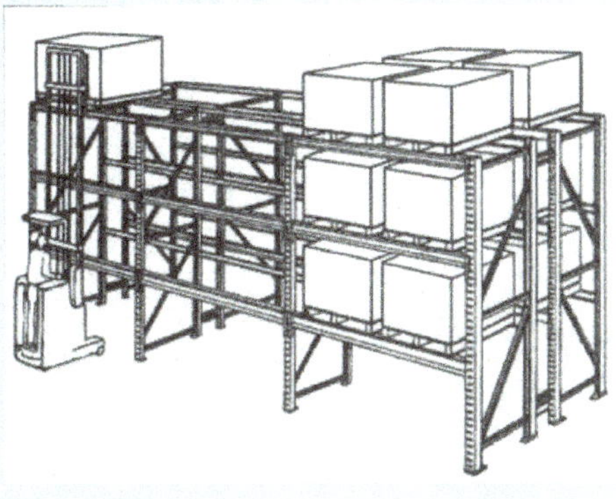

图5-4 托盘式货架

（2）特点及用途。托盘式货架结构简单，可调整组合，安装简易，费用经济；出入库不受先后顺序的限制；空间利用率高，承载能力强，稳定性好。

托盘式货架广泛应用于制造业、第三方物流和配送中心等领域，既适用于多品种小批量物品，又适用于少品种大批量物品。

（六）倍深式托盘货架

倍深式托盘货架与一般托盘货架结构基本相同，只是把两排托盘货架结合起来增加储位而已，因此，储位密度可增加一倍，但在存取性和出入库方便性方面略差，并且必须采用倍深式叉车，如图5–5所示。

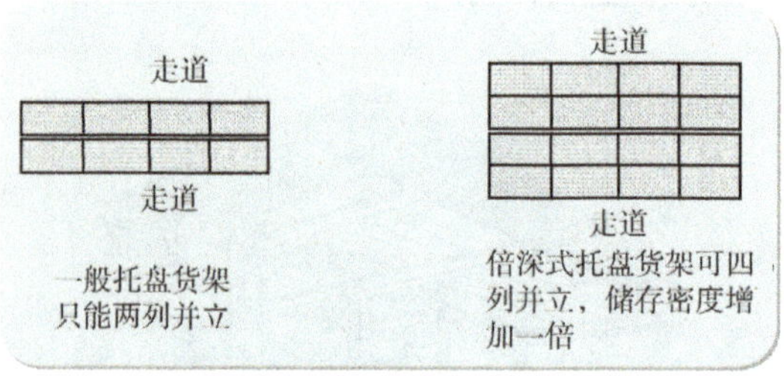

图5–5　倍深托盘货架与一般货架的配置比较

（七）贯通式货架

（1）结构。贯通式货架结构如图5–6所示，有驶入式货架和驶出式货架。

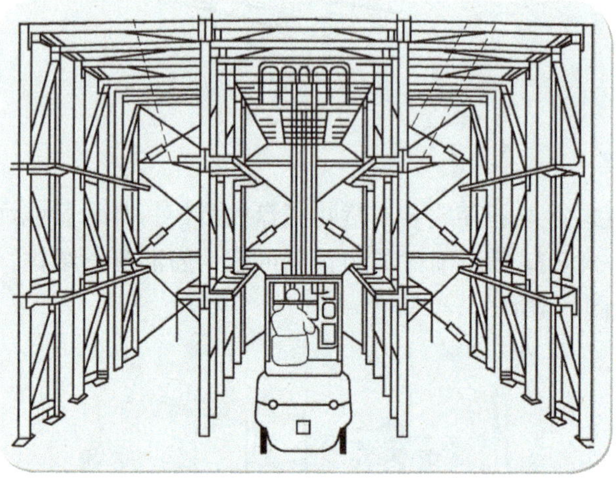

图5–6　贯通式货架

驶入式货架采用钢结构。钢柱上一定位置有向外伸出的水平突出构件，当托盘送入时，突出的构件将托盘底部的两个边托住，使托盘本身起架子横梁的作用。当架上没有放托盘货物时，货架正面便成了无横梁状态，这时就形成了若干通道，可方便叉车等作业车辆的出入。驶出式货架的结构和驶入式货架类似，只是驶出式货架的两端均可出入叉车，而驶入式货架只有一端可出入叉车。

（2）特点及用途。这种货架的特点是叉车直接驶入货架进行作业，货架起到充当保管场所及叉车通道的双重作用，提高库容率及空间利用率。贯通式货架属于高密度存放货架，库容利用率可达90%以上，适用于大批量、少品种配送中心。但驶入式货架叉车只能从架子的正面驶入，很难实现先进先出。

（八）移动式货架

（1）结构及分类。移动式货架是一种带轮且可移动的货架。在货架下面装有滚轮，在仓库地坪上装有导轨，货架可通过轮子沿导轨移动，如图5-7所示。

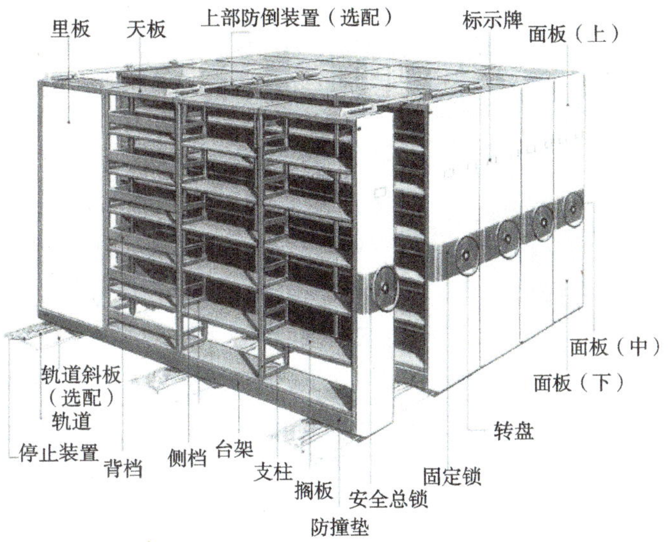

图5-7 移动式货架

货架结构可以设计成普通层架，也可以设计成托盘货架。根据驱动方式不同，移动式货架分为人力摇动式和电力驱动式两种，电力驱动装置通过电动机拖动。

（2）特点及用途。移动式货架平时相互依靠，密集排列在一起，可以密集储存货物。存取货物时，通过手动和电力驱动使货架沿轨道横向移动，形成通道，并可用这个方法不断变换通道位置，以便于对另一货架进行作业，利用叉车等设备进行存取作业，作业完毕，再将货架移回原来位置。这样，就克服了普通货架每列必须留出通道的弊病，减少了仓库作业通道数，一般只需要留出一条通道的位置就可以了。据估算，用这种货架，在同种仓库条件下，可使仓库空间利用率成倍提高，地面使用率可达80%。而且用移动式货架，货物存取方便，不受先进先出的限制，易于控制，安全性能好。但是其自动控制装置较多，维护较困难。

移动式货架主要用于小件、轻体货物的存取，采取现代技术，使设备大型化，也可制成存取大重量物品，如管件、阀门、电动机托盘等。这种货架尤其适用于环境条件要求高、投资大的仓库，如冷冻、气调等仓库，可相应减少环境条件的投资。

（九）阁楼式货架

（1）结构。阁楼式货架为两层堆叠制成阁楼布置的货架。其结构有的是由底层货架承重上部搭置楼板，形成一层新的库面；有的是由立柱承重，上部搭置楼板形成库面，如图5-8所示。

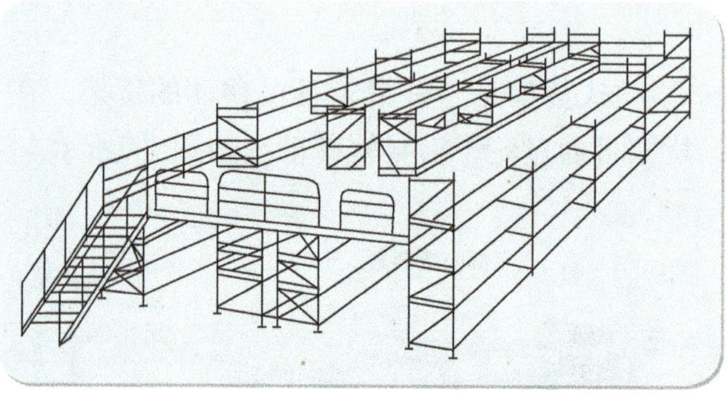

图5-8 阁楼式货架

（2）特点及用途。阁楼式货架是在已有的仓库工作场地上面建造阁楼，在阁楼上面放置货架或直接放置货物，将原有的平房库改为两层的楼库，货物提升可用输送机、提升机、电动葫芦，也可用升降台。在阁楼上面可用轻型小车或托盘牵引车进行货物的堆码。这种货架的特点是充分利用空间，一般用于旧库改造。

一般的旧库，库内有效高度为4.5m以上，如果安装一般货架或者就地堆放货物，在操作上受人的高度所限，只能利用2m左右，采用阁楼式货架后，几乎可成倍提高原有仓库利用率。其缺点是存取作业效率低。主要用于存放储存期较长的中小件货物。

（十）重力式货架

重力式货架又称流动式货架，有托盘重力货架与箱式重力货架之分，如图5-9、图5-10所示。重力式货架是现代物流系统中的一种应用广泛的装备。其原理是利用货体的自重，使货体在有一定高度差的通道上，从高向低处运动，从而完成进货、储存、出库的作业。

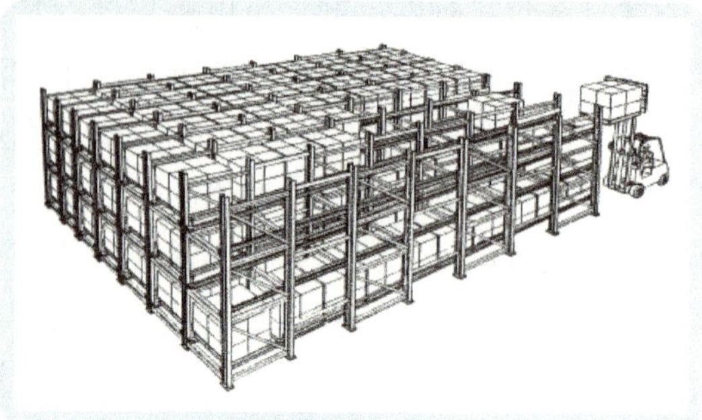

图5-9 托盘重力货架

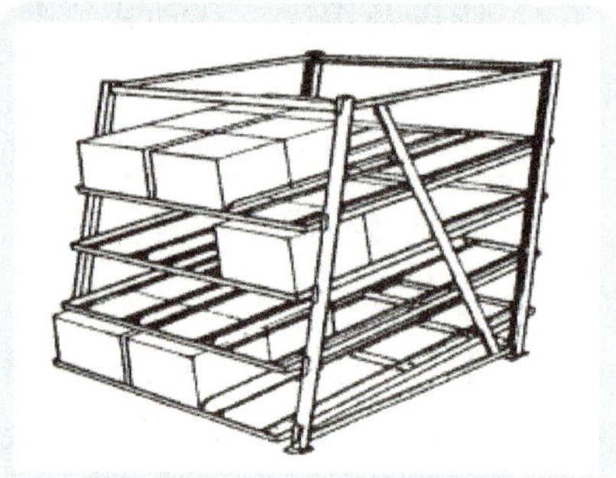

图5-10 箱式重力货架

（1）结构。重力式货架和一般层架从正面看基本相似，但是，其深度比一般层架深得多，类似许多层架密集靠放。每一层隔板呈前端（出货端）低，后端（进货端）高的一定坡度。

有一定坡度的隔板可制成滑道形式，货体顺滑道从高端向低端滑动，也可制成滑轨、辊子或滚轮，以提高货体的运动性能，尽量将坡度做得小一些。

图5-11便是一个带辊子滑道的重力式货架，这种货架的辊子或滚轮结构有固定式和托起式两种。固定式辊子或滚轮一旦装上之后，不再可变。托起式则可在不需滚动时，将辊子或滚轮落入内侧，货体则托放于槽板上，以保持货体稳定。需要使货体运动时，要给槽内软管充气，使之鼓胀，则将滚轮托起，使货体离开槽板而置于滚轮之上，这样货体便在自重作用下沿滚轮向低端运动。

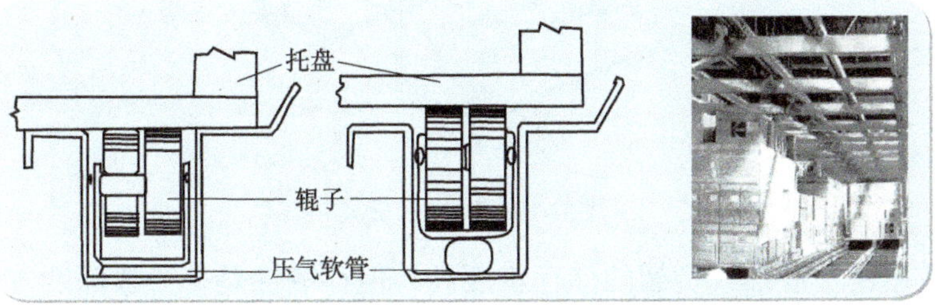

图5-11 重力式货架结构

（2）特点。重力式货架有以下主要特点：

1）单位库房面积存储量大。重力式货架是密集型货架的一种，能够大规模密集存放货物，与移动式货架密集存放的功能相比，其规模可做得很大，且从1kg以下的轻体小件物到集装托盘乃至小型集装箱都可以采用重力式货架。由于密集程度很高，减少了通道数量，可有效节约仓库的面积。由普通货架改为重力货架后，仓库面积可节省近50%。

2）固定了出入库位置，减少了出入库工具的运行距离。采用普通货架出、入库时，搬运工具如叉车、作业车需要在通道中穿行，易出差错且工具运行线路难以规划，运行距离也长，采用重力货架后，叉车运行距离可缩短1/3。

3）由于入库作业和出库作业完全分离，两种作业可各自向专业化、高效率方向发展，且出入库时，工具不互相交叉，不互相干扰，事故率降低，安全性增加。

4）和进车式货架等密集存储方式不同，重力式货架绝对保证先进先出，因而符合仓库管理现代化的要求。

5）重力式货架和一般货架比，大大缩小了作业面，有利于进行拣选活动，是拣选式货架中很重要的一种，也是储存型拣选货架中重要的一种。

（3）应用。重力式货架主要应用领域有：一是进行大量存储；另一个是作为拣选式货架普遍应用于配送中心、转运中心、仓库、商店的拣选配货操作中，也用于生产线的零部件供应线上。大型重力式货架储存量较大，是以储存为主的货架，轻小型重力式货架则属于拣选式货架。

（十一）后推式货架

（1）结构。后推式货架是搁板或滑轨向前方倾斜，用叉车把后到的货物由前方存入货架时，此货物便把原先的货物推到后方。当从前方取货时，后方的货物自动滑向前方，以待拣取，如图5-12所示。

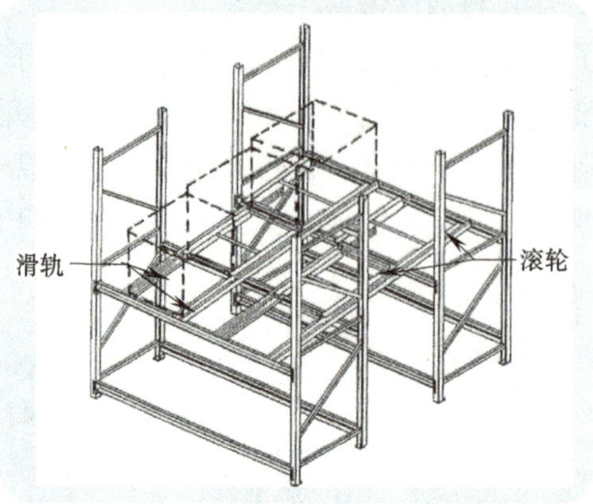

图5-12　后推式货架

（2）特点及用途。后推式货架的储存密度高，但存取性差，一般深度方向达3个储位，最多达5个储位；可比一般托盘货架节省30%的空间，增加了储位；适用一般叉车存取；适用于少品种、大批量物品的储存；不宜用于太重物品的储存；货物自动滑向最前储位，不能进行先进先出的存取。

（十二）旋转式货架

旋转式货架又称回转式货架。它是适应目前生产及生活资料由少品种大批量向多品种小批量发展趋势而发展起来的一类现代化保管储存货架，这种货架的出现可以满足目前由于品种的迅猛增加，拣选作业的工作量、劳动强度日益增大，系统日益复杂的要求。

旋转式货架存储密度大，货架间不设通道，与固定式货架比，可节省占地面积30%～50%。由于货架可转动，因此拣货路线简捷，拣货效率高，拣选差错少。

旋转式货架在存取货物时，可用计算机控制，也可用控制盘控制，根据下达的货格指令，该货格以最近的距离自动旋转至拣货点停止。根据旋转方式的不同，可分为垂直旋转式、水平旋转式、立体旋转式三种。

1. 垂直旋转式货架

（1）结构。这种货架类似垂直提升机，在提升机的两个分支上悬挂有成排的货格，提升机可正转，也可以反转。货架的高度为2～6m，正面宽2m左右，10～30层不等，单元货位载重100～400kg，回转速度6m/min左右。其结构如图5-13所示。

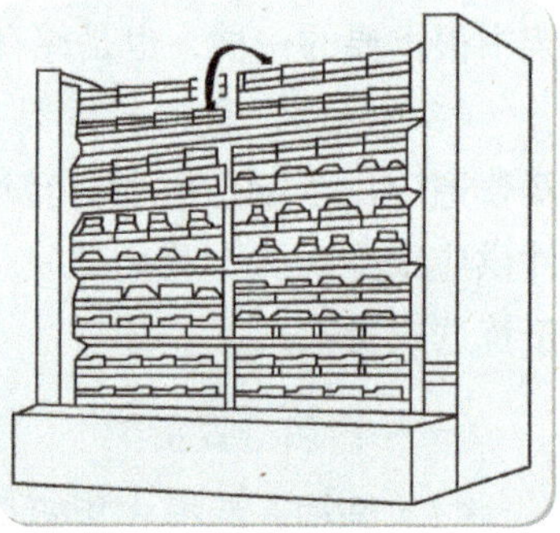

图5-13　垂直旋转型货架

（2）特点及用途。垂直式旋转货架属于拣选型货架，占地空间小，存放的品种多，最多可达1 200种左右。另外，货架的货格的小隔板可以拆除，这样可以灵活地存储各种长度尺寸的货物。在货架的正面及背面均设置拣选台面，可以方便地安排出入库作业。在旋转控制上用编号的开关按键即可以轻松地操作，也可以利用计算机操作控制，形成联动系统，将指令要求的货层以最短的路程送至拣选的位置。它主要适用于储存多品种、拣选频率高的货物，取消货格，改成支架后可用于储存成卷的货物，如地毯、纸卷、塑料布等。

2. 水平旋转式货架

（1）结构。此种货架的最佳长度为10～20m，高度为2～4m，单元货位载重200～250kg，回转速度约为30m/min。

（2）特点及用途。多层水平旋转式货架是一种拣选型货架，这种货架各层可以独立旋转，每层都有各自的轨道，用计算机操作时，可以同时执行几个命令，使各层货物从近到远、有序地到达拣选点，拣选效率很高。

此外，这种货架储存货物品种多，可达2 000种以上，主要用于出入库频率高、多品种拣选的配送中心等地。

3. 立体旋转式货架

这种货架由多排货架连接，每排货架又有若干层货格，货架做整体水平式旋转，每旋转一次，便有一排架达到拣货面，可对这一排的各层进行拣货，其结构如图5-14所示。

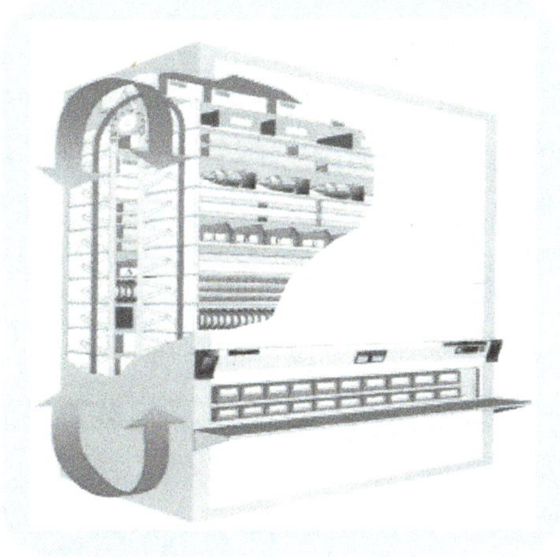

图5-14 水平旋转型货架

这种货架每排可放置同种物品，但包装单位不同，如上部货格放置小包装，下部货格放置大包装，拣选时不再计数，只取一个需要数量的包装即可；也可以在一排货架不同货格上放置互相配套的物品，可在一排上将相关物品一次拣出。这种货架还可做小型分货式货架，每排不同货格放置同种货物，旋转到拣选面后，将货物按各用户分货要求拣出分放各用户的指定货位，使拣选、分货结合起来。所以，整体水平旋转货架是拣选型货架，也可看成是拣选、分货一体化的货架。

这种货架旋转时动力消耗大，不大适于拣选频度太高的作业，所放置货物主要是各种包装单位的货物，种类的容量因受货架长度制约而有限。整体水平旋转式货架也可制成长度很长的货架，可增大存储容量，但由于动力消耗大、拣选等待时间长，不适于随机拣选，在需要成组拣选或可按顺序拣选时可以采用。这类货架规模越大、长度越长，则其拣选功能便越逐渐向分货功能转化，成为适用于小型分货领域的分货式货架。

四、货架的选择

1. 选用货架时应考虑的因素

（1）物品特性。物品的尺寸大小、外形包装等将会影响储存单位的选用；物品的重量直接影响选用何种强度的货架。

（2）存取性。一般情况下，较高的储存密度是以牺牲物品一定的存取性为代价的。在选用货架的形式时，需对各种因素折中，统筹考虑。

（3）出入库量。出入库量的高低是选用储放设备形式时应考虑的重点。如某些形式的货架虽有很好的储存密度，但出入库量却不高，适合于低频度的作业。

（4）搬运设备。货架的存取作业是以搬运设备来完成的。因此选用货架时应一并考虑搬运设备。如货架通道宽度，直接影响到堆高机的形式，另外还须考虑举升高度及举升能力。

（5）厂房架构。梁下有效高度、梁柱位置会影响货架的配置。地板承受的强度、平整度也与货架的设计和安装有关。另外必须考虑防火设施和照明设施。

2. 选用货架的原则

仓储货架是工业、物流行业最常用的设备之一，选择不同作用的货架对仓库空间利用、物品摆放也会有不一样的结果。因此在选择货架时，应综合考虑库容量，存放货物的种类、数量，出入库频率，保管要求，费用水平等参数。选用货架一般遵循以下原则：

（1）实用性原则。仓储货架首先应满足于所储存物品的品种、规格尺寸和性能的要求，同时适合于配套机械的存取作业。储存物品的形状及尺寸，直接关系到货架规格的选定，储存物品的重量则直接影响到选用何种强度的货架。

（2）安全可靠原则。仓储货架的强度和硬度要满足载重量的要求，并有一定的安全余量。对于存放危险物品的货架有相应的特殊规定。

（3）低成本高效益原则。根据储存货物的品种、数量、载重等要求，预估总储位数之数目并适当考虑近几年发展需要，选择对应材质的货架，根据储存管理的需要选择传统型或者新型货架，考虑仓库中货架的成本及经济效益。

（4）尽量采用先进技术原则。采用先进技术的仓储货架可以实现储存管理的机械化和现代化，提高货架的利用率。

第三节 月台技术

一、线路和站台

和仓库相连的线路或进入到仓库内部的线路，以及线路与仓库的连接点称为站台，也称月台、码头，是仓库进发货的必经之路。这些设施既是仓库运行的基本保证条件，又是仓库高效工作不可忽视的部位。

1. 线路

和仓库相接的线路基本要求是能满足进出货运量的要求，不造成拥挤阻塞。

（1）铁道专用线，简称专用线，是与铁路网相接的专供仓库使用的线路。大量进出货的集散型仓库，一般依靠专用线将仓库与外界沟通，煤炭、水泥、油类、金属材料配送型仓库或配送中心，也往往依靠专用线解决大量进货的问题。

（2）汽车线，是和公路干线相接的汽车线路，可以深入到仓库内部甚至库房中。一般进出货量不太大的仓库往往靠汽车线与外界相连。

在生产企业的大型成品库中，是靠铁路线及汽车线向外运出货。一般流通仓库，铁路线与进货区相连而汽车线与出货区相连。现代仓库，在汽车大型化的前提下，很多不设铁路线，尤其在大城市内的仓库，主要依靠公路线与外界相接。

2. 站台

在没有站台的情况下，仓储货物的发送和接收，都需要对货物进行垂直提升，需要装备相应的起重机械和叉车等；而通过站台可实现货物的水平运输，既省去不必要的起重机械，又可以加快装卸速度，提高出入库效率。

站台的基本作用是：车辆停靠处、装卸货物处、暂存处，利用站台能方便地将货物装进车辆中或从车辆中取出，实现物流网络干线与结点的衔接转换。

二、站台的主要形式

1. 高站台

站台高度与车辆货台高度一样，一旦车辆停靠后，车辆货台与站台处于同一水平面，有利于使用作业车辆进行水平装卸，使装卸合理化、提高装卸效率。一般新建仓库的站台都建成高站台（又称为高平台）。如图5-15所示。

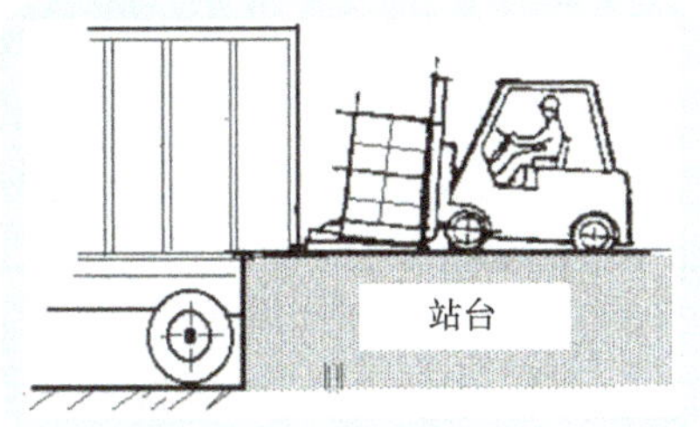

图5-15　高站台

2. 低站台

站台和地面一样高，往往是和仓库地面处于同一高度，以利于站台与仓库之间的搬运，如叉车的操作。低站台与车辆之间的装卸作业不如高站台方便。但是，如果采用传送装置装卸货，由于传送装置安装需有一定高度，采用低站台，传送装置安装后可与车辆货台保持同等高度。

3. 站台的其他形式

根据汽车对仓库地面停靠形式不同，分为正面停靠仓库站台、侧面停靠仓库站台；根据站台形状划分不同，分为锯齿形仓库站台和直线形仓库站台，如图5–16所示。

正面停靠仓库站台和侧面停靠仓库站台只能组织一条装卸线对车辆进行装卸；而锯齿形仓库站台和直线形仓库站台可以实现同时组织两个或三个方向装卸的可能。另外锯齿形站台的倾角有15、20、25度三种，车辆回旋纵深较浅，占用仓库内部空间较大。直线形站台占用仓库内部空间较小，车辆回旋纵深较深，但外部空间要求较大。

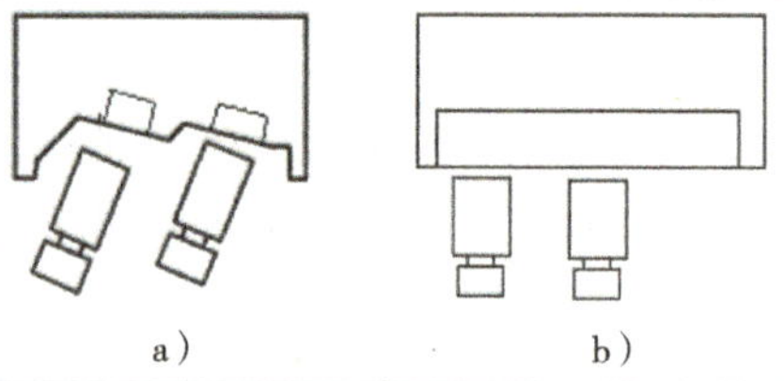

图5–16　仓库站台类型

a）锯齿式　b）直线式

现代仓库中，分货设备的分支机构出口端部往往和站台合二为一，汽车停靠在端部，分货机分选的货物可直接装入车中，减少了一道装卸操作。

4. 站台高度的确定

在一个库区内可考虑停靠车辆的种类，有若干不同高度的停靠位置；也可考虑车种平均高度，尽可能缩小货车车厢底板与站台的高度差，以达到提高作业效率的目的。不同车辆参考高度见表5–2。

表5–2　不同车辆适合的站台高度

车　　型	站台高度/m	车　　型	站台高度/m
平板车	1.32	冷藏车	1.32
长途挂车	1.22	作业拖车	0.91
市区货车	1.17	载重车	1.17
国际标准集装箱拖车	1.40		

在仓库中，进出货车的车种可能很多，因而即使考虑不同高度的站台，也很难使全部车辆与站台相吻合。要克服车辆与月台间的间距和高度差，一般站台为作业安全与方便起见，常使用下列三种设施：

（1）可移动式楔块。可搬移的楔块又叫竖板（如图5–17所示），当装卸货品时，可放置于货车或拖车的车轮旁固定，以避免装卸货期间车轮意外地滚动可能造成的危险。

（2）升降平台。最安全也最有弹性的卸货辅助器应属升降平台，而升降平台分为货车升降平台（如图5–18所示）及码头升降平台（如图5–19所示）两种。当配送车到达时，使用货车升降平台，可提高或降低车子后轮使得车底板高度与月台一致，从而方便装卸货；若使用码头升降平台，则可调整码头平台高度来配合配送车车底板的高度，因而两者有异曲同工的效果。

（3）车尾附升降台，是装置于配送车尾部的特殊平台。当装卸货时，可运用此平台将货物装上货车或卸至月台（如图5-20所示）。车尾附升降台可延伸至月台，亦可倾斜放至地面，其设计有多种样式，适于无月台设施的物流中心或零售点的装卸货使用。

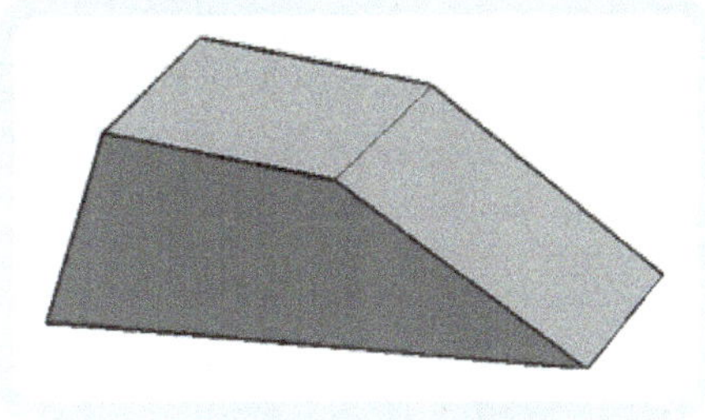

图5-17　可移动式楔块

图5-18　货车升降平台

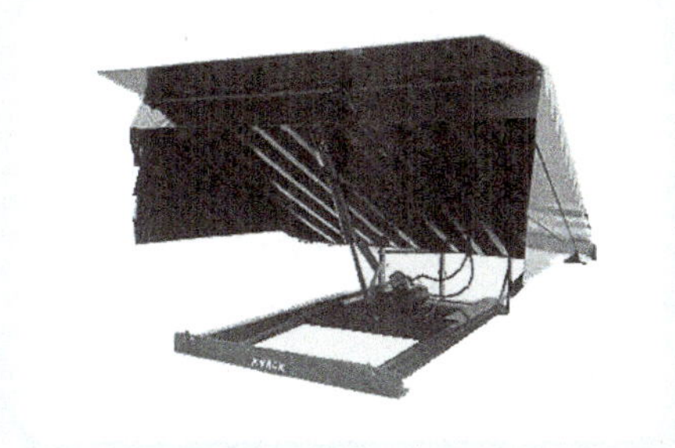

图5-19　码头升降平台

图5-20　车尾附升降台

三、站台设计

由于进出货是仓储的主要作业，因此，进出货站台配置成为仓储规划的关键决策之一。站台是货车装卸货物的场所，站台设施的设计规划，必须考虑到货物搬运的每一过程。从货车进入站台开始至货物搬运至站台上，一直到货车离开站台，设计者必须使车辆及货物有效率且安全地移动。出入口站台的设计需根据公司的作业性质及厂房形式，考虑如下几方面的因素。

1. 进出货站台的安排方式

以仓库内物流的情况来决定进出货站台的安排方式。为使物料能顺畅地进出仓库，进货站台与出货站台的相对位置安排非常重要，它很容易影响进出货的效率及品质。一般来说，这两者间的安排方式有以下四种：

（1）进货及出货共用站台，如图5-21所示。此种设计可提高空间及设备使用率，但有时较难管理，尤其在进出货高峰时刻，容易造成进出货相互牵绊的不良结果。所以此安排较适合进出货时间得以规划错开的仓库。

（2）进出货分别使用站台，但两者相邻以便管理，如图5-22所示。此安排设备仍可共用，但进货及出货作业空间分隔，可解决上一方式进出货可能互相牵绊的困扰；但进出货空间不能弹性互用的情形必将使空间效益变低。此方式的安排较适合厂房空间适中，且进出货常易互相干扰的仓库。

（3）进出货分别使用站台，但两者不相邻，如图5-23所示。此种站台安排方式进出货作业属于完全独立的两部分，不仅空间分开，设备的使用亦做划分，因而虽其可使进货与出货更为迅速顺畅，但空间及设备的使用率势必降低。它对于厂房空间不大且进出货时段冲突频率不高的公司并不适用。

（4）数个进货、出货站台，如图5-24所示。不论站台是采用以上哪种安排方式，若厂房空间足够且货品进出频繁、复杂，则可规划多个站台实行相应及时存货需求（Just-in-Time，JIT）的管理方式。

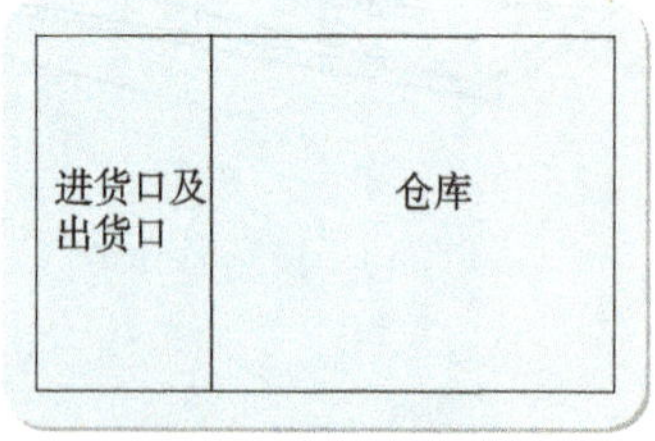

图5-21 进货口及出货口混合

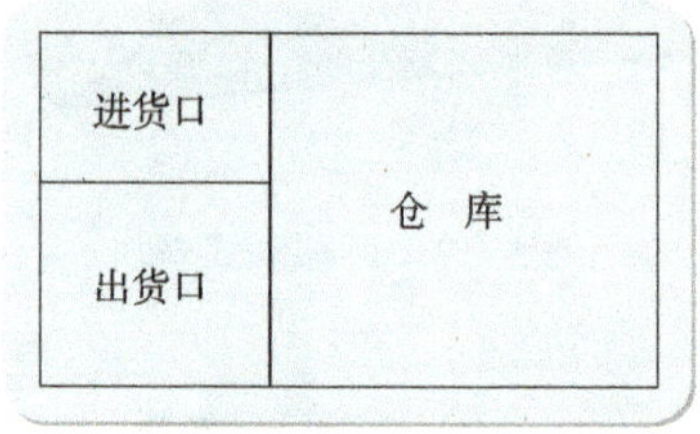

图5-22 进货口及出货口独立、相邻

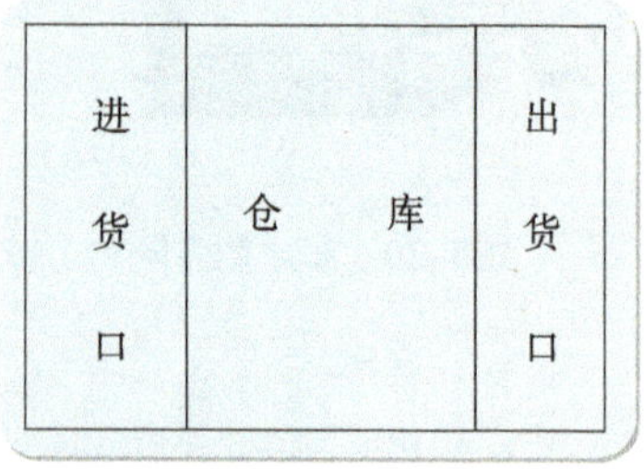

图5-23 进货口及出货口独立、不相邻

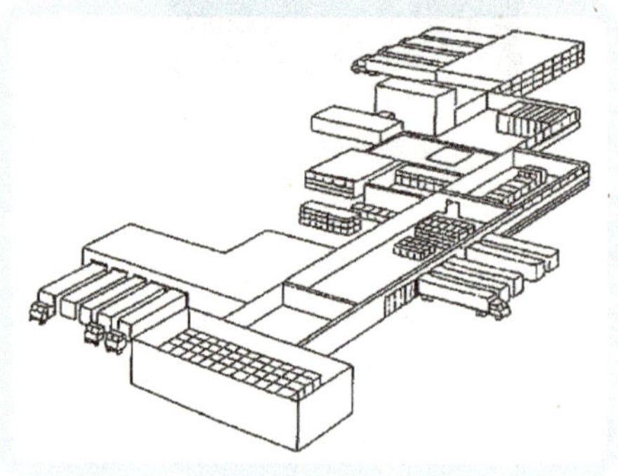

图5-24 多个进货口及出货口

2. 月台数量

要做到任何时刻都能让进出货车辆通行无阻，不用等待即可装卸货的程度，即要足够数量的月台来运作停泊。在一定空间内要做好准确的月台数量估计，需要能确切地掌握以下资料：

（1）有关进出货的历史资料。

（2）尖峰时段的车数。

（3）每车装卸货所需的时间。

3. 站台可变更性

考虑到未来厂房扩大或变更的可能性，在规划阶段便应构建可弹性变动的布置。

第四节 自动分拣设备

（一）自动分拣技术的发展概况

所谓分拣是指将一批相同或不同的货物，按照不同的要求（如品种、发运的目的地、要货客户等）分别拣开，进行配送或发运。邮局把信件、邮包按送达目的地分开，是典型的分拣作业。按分拣的手段不同，可分为人工分拣、机械分拣、自动分拣三大类。

自动分拣系统是第二次世界大战后在美国、日本的物流中心中广泛采用的一种分拣系统。该系统具有很高的分拣效率，是提高物流配送效率的一项关键因素，目前已经成为发达国家大中型物流中心不可缺少的一部分。

自动分拣机首先在邮政部门开设应用，大量的信件和邮包要在极短时间内正确分拣处理，非凭借高度自动化的分拣设施不可。此后，运输企业、配送中心、通信出版部门以及各类工业生产企业亦相继应用。美国和欧洲在20世纪60年代初开始使用，日本则在20世纪70年代初才引进自动分拣机，但由于日本经济的特殊需要，发展迅速，后来居上。

国外自动分拣技术发展的特点是：应用部门不断扩大，分拣技术不断改进提高，分拣规模和能力不断发展。例如，瑞典某公司销售的高速自动分拣机有520个分拣道口；日本佐川急便某流通中心分拣机的分拣能力达3万件/h；单机的最大分拣能力也达1.6万件/h。

我国邮政部门早在20世纪70年代已在上海等大城市采用较简单的翻盘分拣机来处理邮包的分拣；20世纪80年代开始使用条码和邮政编码来分拣信件；1990年邮政部门已研制生产出多席位、自动进包、自动识别的托盘式包裹分拣机，具有一定的技术水平。

（二）自动分拣系统的特点

1. 智能化、集成化程度高，实现对物品连续、大批量地分拣

自动分拣系统采用大量流水线自动作业方式，且不受气候、时间、人的体力等限制，可以连续运行，因此自动分拣系统的分拣能力具有人力分拣系统无可比拟的优势。如自动分拣系统可以连续运行100 h以上，每小时可分拣7 000件物料单元，而用人工每小时只能分拣150件。

2. 依据计算机管理系统下发的指令自动进行物品的分拣，实现无人化作业

建立自动分拣系统的目的之一就是为了减少人员的使用，减轻员工的劳动强度，提高工作效率。自动分拣系统作业本身不需要人员直接参与，基本做到无人化。人员的使用仅局限于送货车辆抵达自动分拣线进货端时，由人工接货；人工控制分拣系统运行；分拣线末端由人工将分拣出来的物料进行配送；自动分拣系统运行的管理、维护等。

如美国某公司配送中心面积为10万m^2左右，每天可分拣近40万件商品，仅使用400名左右员工，自动分拣线做到了无人化作业。

3. 采用先进的分拣信息识别技术，分拣误差率低

自动分拣系统的分拣误差率主要取决于所输入的分拣信息的准确性，而这又取决于分拣信息的输入机制。如采用条形码扫描输入，除非条形码印刷本身有差错，否则不会出错。目前，自动分拣系统主要采用条形码技术来识别货物。

（三）自动分拣系统主要组成部分和分拣原理

自动分拣系统类型众多，但其主要组成部分基本相仿。大体上由设定装置、识别控制装

置、自动分拣装置、输送装置及分拣道口组成，通过计算机网络控制进行运行。

1. 自动分拣机工作过程概述

虽然各种分拣机在具体结构上有所不同，但分拣的工作过程基本相同，一般由合流、分拣识别、分拣与分流、分运等4个阶段组成。货物到达分拣点以前，先要经过输送、信号设定、合流、主传送带等工作过程。到达分拣点时，发出指令把货物传送到分拣机，由分拣机的瞬时动作将货物分拣到指定的滑道。

（1）合流段。货物进入自动分拣系统可通过人工或机械化、自动化搬运方式，也可通过多条输送线输送方式。经合流逐步将各输送线上的货物合并于一条主输送线上，同时将货物在输送线上的方位进行调整，以利于分拣识别和分拣操作。

（2）分拣识别。为了把货物按要求分拣出来，并送到指定地点，一般需要对分拣过程进行控制识别。通常是把分拣的指示信息记忆在货物或分拣机上。当货物到达时，将其识别并挑出，再开动分支装置，让其分流。控制识别方式分为外部记忆和内部记忆两种方式。外部记忆是把分拣指示标贴在分拣物上，工作时用识别装置将其区分，然后做相应的操作。内部记忆是在自动分拣机的货物入口处设置控制盘，利用控制盘，操作者在货物上输入分拣指示信息，这个货物到达分拣位置时，分拣机接收到信息，开启分支装置。目前比较常用的分拣控制识别技术是扫描识别技术，在货物的固定位置上贴有某种标识，货物到达分拣位置时，扫描仪对标识进行扫描识别，以获取货物分拣信息，并将其输送到计算机控制系统。

（3）分拣与分流。货物信息被读入计算机系统后，在主输送线上继续移动，计算机系统实时检测货物移动的位置，当货物到达相应的分拣道口时，控制系统向分类机构发出分拣的指令，分类机构立刻产生相应的动作，使货物进入相应的分拣道口。

（4）分运。进入分拣道口的物料最终到达分拣系统的终端，由人工或机械搬运工具被分运到相应的区域。

2. 自动分拣机各组成部分

（1）收货输送机。货车送来的货物，放在收货输送机上，经检查验货后，送入分拣系统。

为了满足物流中心吞吐量大的要求，提高自动分拣机的分拣量，往往采用多条输送带组成的收货输送机系统，以供几辆、几十辆乃至百余辆货车同时卸货。这些输送机多是辊柱式和胶带式输送机。例如，连锁零售业的配送中心以分配商品为主，大多由几条辊柱式输送机组成收货系统。而在货物集散中心，往往沿卸货站台设置胶带输送机，待验货后，放在输送机上进入分拣系统。

值得一提的是，有些配送中心使用了伸缩式输送机，该输送机能伸入货车车厢内，从而大大减轻了工人搬运作业的劳动强度。

（2）分拣指令设定装置。自动分拣机上移动的货物，向哪个道口分拣，通常在待分拣的货物上贴上标有到达目的地标记的标签，或在包装箱上写上收货方的代号，并在进入分拣机前，先由信号设定装置把分拣信息（如配送目的地、客户户名等）输入计算机中央控制器。在自动分拣系统中，分拣信息转变成分拣指令的设定方式有如下几种。

1）人工键盘输入。由操作者一边看着货物包装箱上粘贴的标签或书写的号码，一边在键盘上将此号码输入。一般键盘为十码键（ten key），键盘上有0到9数字键和重复、修正等键。键盘输入方式的操作简单、费用低、限制条件少，但操作员必须注意力集中，劳动强度大、易出差错（看错、键错，据国外研究资料，差错率为1/300），而且键入的速度一般只能达到1 000～1 500件/h。

2）声控输入。首先需将操作人员的声音预先输入控制器电脑中，当货物经过设定装置时，操作员将包装箱上的标签号码依次读出，计算机将声音接收并转为分拣信息，发出指令，传送到分拣系统的各执行机构。

声音输入法与键盘输入法相比速度要快些，可达3 000～4 000件/h，操作人员较省力，双手空出来可“手口并用”。但由于需事先储存操作人员的声音，当操作人员偶尔因咳嗽声哑等，就会发生差错。据国外物流企业实际使用情况来看，声音输入法效果不理想。

3）利用激光自动阅读物流条码。被拣商品包装上贴（印）有代表物流信息的条码，在输送带上通过激光扫描器，自动识别条码上的分拣信息，输送给控制器。由于激光扫描器的扫描速度极快，达100～120次/s，来回对条码扫描，故能将输送机上高速移动货物上的条码正确读出。

激光扫描条码方式费用较高，商品需要物流条码配合，但输入速度快，可与输送带的速度同步，达5 000件/h以上，差错率极小，规模较大的配送中心都采用这种方式。

4）计算机程序控制。根据各客户需要商品品种和数量，预先编好合计程序，把全部分拣信息一次性输入计算机，控制器即按程序执行。计算机程序控制是最先进的方式，它需要与条码技术结合使用，而且还须置于整个企业计算机经营管理系统之中。一些大型的现代化配送中心把各个客户要货单一次输入计算机，在计算机的集中控制下，商品货箱从货架被拣选取下，在输送带上由条码喷印机喷印条码，然后进入分拣系统，全部配货过程实现自动化。

（3）合流输送机。大规模的分拣系统因分拣数量较大，往往由2～3条传送带输入被拣商品，它们在分别经过各自的分拣信号设定装置后，必须经过由辊柱式输送机组成的合流装置，它能让到达汇合处的货物依次通过。通常A、B、C三条输送机上的商品，经过合流汇交处，由计算机“合流程序控制器”按照谁先到达谁先走的原则（若同时到达，按A→B→C的程序原则控制）。

（4）送喂料输送机。货物在进入分拣机之前，先经过送喂料机构。它的作用有两个：一是依靠光电管的作用，使前、后两货物之间保持一定的间距（最小为250mm），均衡地进入分拣传送带；二是使货物逐渐加速到分拣机主输送机的速度。

（5）分拣传送装置及分拣机构。它是自动分拣机的主体，包括两个部分：货物传送装置和分拣机构。前者的作用是把被分拣物送到设定的分拣道口位置；后者的作用是把被分拣物推入分拣道口。各种类型的分拣机，其主要区别就在于采用不同的传送工具（例如钢带输送机、胶带输送机、托盘输送机、辊柱输送机等）和不同的分拣机构（例如推出器、浮出式导轮转向器、倾盘机构等）。

上述的传送装置均设带速反锁器，以保持带速恒定。

（6）分拣卸货道口。它是用来接纳由分拣机构送来的被分拣物的装置，它的形式各种各样，主要取决于分拣方式和场地空间。一般采用斜滑道，其上部接口设置动力辊道，把被拣商品“拉”入斜滑道。

斜滑道可看作是暂存未被取走货物的场所。当滑道满载时，由光电管控制、阻止分拣物再进入分拣道口。此时，该分拣道口上的“满载指示灯”会闪烁发光，通知操作人员赶快取走滑道上的货物，消除积压现象。一般分拣系统还设专用道口，以汇集“无法分拣”和因“满载”无法进入设定分拣道口的货物，以作另行处理。有些自动分拣系统使用的分拣斜滑道在不使用时可以向上吊起，以便充分利用分拣场地。

（7）计算机控制系统。它是向分拣机的各个执行机构传递分拣信息，并控制整个分拣系统的指挥中心。自动分拣的实施主要靠它把分拣信号传送到相应的分拣道口，并指示起动分拣装置，把被拣商品推入道口。

分拣机控制方式通常用脉冲信号跟踪法。送入分拣运输机的货物，经过跟踪定时检测器，并根据控制箱存储器的记忆，计算出到达分拣道口的距离及相应的脉冲数。当被分拣物在输送机上移动时，安装在该输送机轴上的脉冲信号发生器，产生脉冲信号并计数。当数到与控制箱算出的脉冲数相同时，立即输出起动信号，使分拣机构动作，货物被迫改变移动方向，滑入相应的分拣道口。

（四）自动分拣机常见类型

1. 浮出式分拣机

浮出式分拣机是利用浮起链条、传送带、滚筒或轮子把商品从主输送线上托起，引导其流入分流输送线系统。从引离主输送线的方向看，一种是引出方向与主输送机构成直角；另一种是呈一定夹角（通常是30° ～45° ）。一般是前者比后者生产率低，且对商品容易产生较大的冲击力。

浮出式分拣机大致有以下几种形式：

（1）胶带浮出式分拣机。这种分拣结构用于辊筒式主输送机上（如图5-25所示），将有动力驱动的两条或多条胶带或单个链条横向安装在主输送辊筒之间的下方。当分拣机结构接受指令启动寸，胶带或链条向上提升，接触商品底把商品托起，并将其向主输送机一侧移出。胶带浮出式分拣机分拣能力为1 500～6 000件/h，最大可达8 000件/h，应用范围广，除包装底部不平实的货物外，重量在1～60kg、长度在0.15～1.2m的有或无包装的货物都适用。

（2）辊筒浮动式分拣机。这种分拣机构用于辊筒式或链条式的主输送机上（如图5-26所示），将一个或数十个有动力的斜向辊筒安装在主输送机表面下方，分拣机构启动时，采用一排能向左或向右旋转的辊筒，通过气动元件提升，斜向辊筒向上浮起，接触货物底部，将货物斜向移出主输送机。这种分拣装置输送速度可达2～2.5m/s，分拣能力可达7 000件/h。

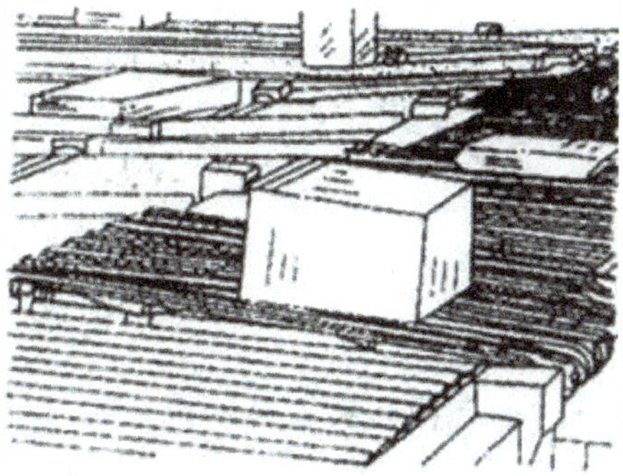

图5-25 胶带浮出式分拣机

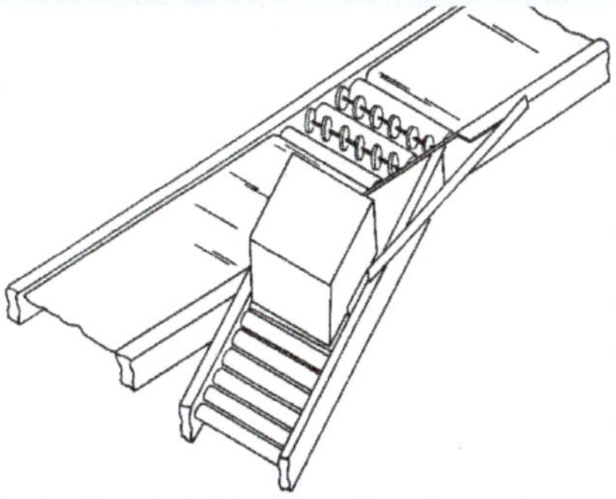

图5-26 辊筒浮动式分拣机

2. 挡板式分拣机

挡板式分拣机是在主输送线的一侧每隔一定距离设置一导向挡板，它的对侧是分拣道口，利用挡板挡住在输送机上向前移动的货物，强制货物离开主线进入分输送线。就挡板本身而言，有不同形式，如有直线型、曲线型，也有的在挡板工作面上装有滚筒或光滑的塑料材料，以减少摩擦阻力。挡板动作时，像一堵墙似地挡住货物向前移动，利用输送机对货物的摩擦力推动，使货物沿着挡板表面移动，从主输送机上排出至滑道。平时挡板处于主输送机一侧，可让货物继续前移；如挡板作横向移动或旋转，则货物就流向滑道，如图5-27所示。

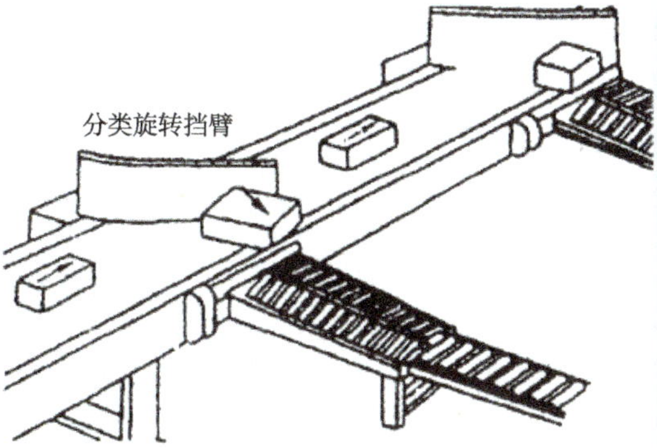

图5-27 挡板式分拣机

3. 滑块式分拣机

滑块式分拣机如图5-28所示，也是一种特殊形式的条板输送机。输送机的表面用金属条板或管子构成，如竹席状，而在每个条板或管子上有一枚用硬质材料制成的导向滑块，能沿条板作横向滑动。平时滑块停止在输送机的侧边，滑块的下部有销子与条板下导向杆联结，通过计算机控制，当被分拣的货物到达指定道口时，控制器使滑块有序地自动向输送机的对面一侧滑动，把货物推入分拣道口，从而货物被引出主输送机。这种方式是将货物侧向逐渐推出，并不冲击货物，故货物不容易损伤，它对分拣货物的形状和大小适用范围较广，是目前国外一种最新型的高速分拣机。

图5-28 滑块式分拣机

驱动滑块移动的动力一般是电磁力。滑块式分类机构根据物品长度来组合不同数量的滑块，每分钟可分流150次，最大可推动100kg左右。分拣能力最高可达1.2万件/h，准确率达99.9%。

4. 倾倒翻盘式分拣机

倾倒翻盘式分拣机如图5-29所示，这种结构的分类方式是当物品到达分流位置时，托盘的一端自动升起，把物品倾倒出来。这种分拣机对分拣商品的形状和大小可以不加限制，但以不超出盘子为限。对于较长的商品可以跨越两只盘子放置，倾倒时两只盘子同时倾斜。这种分拣机常采用环状连续输送，其占地面积较小，又由于是水平循环，使用时可以分成数段，每段设一个分拣信号输入装置，以便商品输入，而分拣排出的商品在同一滑道排出，这样就可提高分拣能力。这种分拣方法每分钟可达200次，分拣能力可达2万件/h，但是对物品冲击大，物品易倾覆，要求物品在放置上没有方位的要求。

图5-29 倾倒翻盘式分拣机

5. 交叉带式分拣机

交叉带式分拣机如图5-30所示，是一种独特的分拣设备，由主驱动带式输送机和载有小型带式输送机的台车（简称“小车”）连接在一起，当“小车”移动到所规定的分拣位置时，转动皮带，完成把商品分拣送出的任务。因为主驱动带式输送机与“小车”上的带式输送机呈交叉状，故称为交叉带式分拣机。这种分拣机可左右两侧设置分拣出口，且分拣格口之间可以布置得比较密集，因此空间利用率相当高。分拣能力一般为6 000～8 000件/h，适宜于分拣各类小件商品，如食品、化妆品、衣物等。

图5-30　交叉带式分拣机

6. 横移皮带式分拣机

横移皮带式分拣机如图5-31所示，是一种高性能、双向式的分拣输送机。无论产品的外形、尺寸以及表面特性如何，这种分拣机都可以安全且小心地将货物输送至其目的地。在整个输送过程中对物品的绝对控制是皮带横移式分拣机的关键特征。其单独的运送车架及每个车架所配置的皮带式输送带，确保皮带式分拣机非常准确地将产品送至特定目的地。因此，各转运点可以在较近的间隔区域集中，从而使皮带式分拣机具备非常好的空间利用率。

图5-31　横移皮带式分拣机

这种分拣机适合于多种产品，包括许多被认为是不适合输送的物品，如类似于小瓶及小包裹的零散物品也可以进行分拣。通过增加分发线数目，以及使用双层承载器，可以使分拣速度达到40 000件/h。

第五节　自动化立体仓库

一、概述

自动化立体仓库是当代货架储存系统发展的最高阶段，它与自动分拣系统和自动导向车并称为物流技术现代化的三大标志。

所谓自动化高层货架仓库是指用高层货架储存货物，以巷道堆垛起重机存取货物，并通过周围的装卸运输设备，利用计算机系统管理和控制，进行自动出入库存取作业的仓储货架系统。

自动化立体仓库依其负载的能力可分为单元负载式及轻负载式两种。一般单元负载式常用的荷重为1 000 kg，以托盘为存取单位，而轻负载式荷重则在50～100kg，以固定容器为存取单位。

自动化高层货架仓库常应用于大型生产性企业的采购件、成品件仓库、柔性自动化生产系统、流通领域的大型流通中心、配送中心。主要由货架、巷道堆垛起重机、周围出入库配套机械设施和管理控制系统等部分所组成，如图5-32所示。

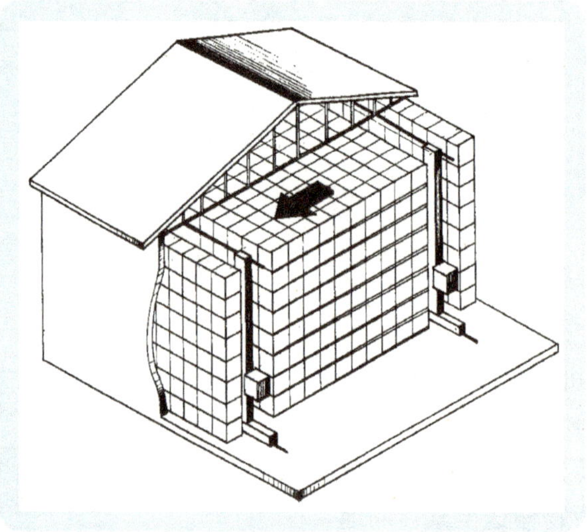

图5-32 自动化高层货架仓库

历史和现实已充分证明，使用自动化立体仓库能够产生巨大的社会效益和经济效益。主要体现在以下几方面：

（1）由于使用高层货架存储货物，大幅度提高仓库的面积和空间利用率，节约建设用地。

（2）仓库存取作业机械化和自动化的实现，减轻工人的劳动强度，提高劳动效率。

（3）有效利用仓库的储存能力，加速周转，减少库存，节约库存费用，提高了仓库管理水平。

（4）提高仓库作业水平和储存的安全可靠性，便于进行合理储存和科学养护，提高保管质量，确保仓库安全。

（5）采用计算机控制和管理，减少了货物处理和信息处理过程中的差错，加快了各种业务活动的处理速度，并且利于实现系统的整体优化。

（6）能适应特殊环境下的工作条件。

自动化立体仓库已成为现代物流系统中迅速发展的一个重要组成部分，它与厂级计算机管理信息系统联网以及与生产线紧密相连，更是当今CIMS（计算机集成制造系统）及FMS（柔性制造系统）必不可少的关键环节。

自动化立体仓库的局限性包括一次性投资大；需要较多的配套设施；对建筑、材料、设备、元件、安装的环境条件的技术要求较高等。

二、自动化立体仓库的构成

自动化立体仓库由高层货架、托盘（货箱）、堆垛机、AGV、控制装置、计算机管理系统及相关辅助配套设施设备组成，实现对集装单元货物的自动化保管和计算机管理。

（一）高层货架

高层货架是立体仓库的主要构筑物，一般用钢材或钢筋混凝土制作。钢货架的优点是构件尺寸小，仓库空间利用率高，制作方便，安装建设周期短。而且随着高度的增加，钢货架比钢筋混凝土货架的优越性更明显。因此，目前国内外大多数立体仓库都采用钢货架。钢筋混凝土货架的突出优点是防火性能好，抗腐蚀能力强，维护保养简单。

货架的高度是关系到自动化仓库系统全局性的参数。货架钢结构的成本随其高度而迅速增加。尤其是当货架高度超过20m时，其成本将急剧上升，同时堆垛机等设备结构费用也随之增长。

1. 高层货架类型

（1）按建筑形式分类。立体自动货架按建筑形式分类可以分为整体式和分离式。整体式是指货架除了储存货物以外，还可以作为建筑物的支承结构，就像是建筑物的一个部分，即库房与货架形成一体化结构。分离式是指储存货物的货架独立存在，建在建筑物内部。它可以将现有的建筑物改造为自动化仓库，也可以将货架拆除，使建筑物用于其他目的。

图5-33　单元负载式高层货架

（2）按负载的能力分类。立体自动货架按负载的能力可分为单元负载式及轻负载式。

1）单元负载式。高度可达40m，常用荷重为1 000kg，以托盘为存取单位，储位量可达10万余个托盘，适用大型的仓库。而最常使用的高度以6～15m为主，储位数在1 500～2 000个托盘左右，每小时可存取50个托盘左右，如图5-33所示。

单元负载式自动仓库入库、出库的配置方式主要有：

a）单向式。流动整齐，但是在入库、储存、出库之后无法避免存取机的回程空载，如

图5-34a所示。

b）复合行程式。以复合行程来提高存取效率，但列数多时，入库口会混乱。因此有的将入库、出库分为双列，左列入库，右列出库，如图5-34b所示。

c）侧入式。可由侧边入、出库的多存取机、多通道配置方式，以多机运转方式来提高入出库的能力，如图5-34c所示。

d）移转车式。单一存取机作业于多个通道。应用于库存种类多，但是入出库的频次少的情况，如图5-34d所示。

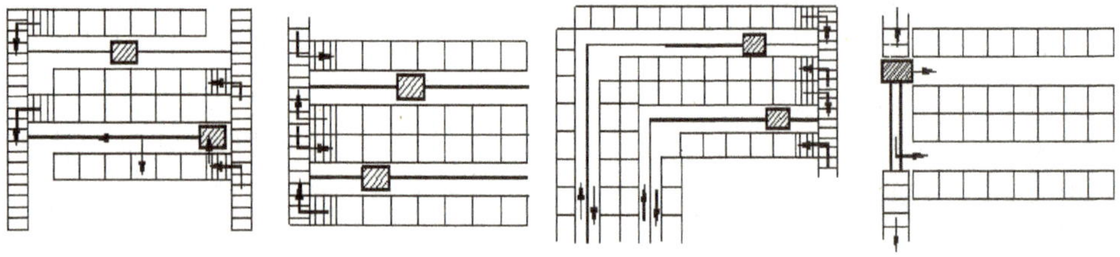

图5-34　单元负载式自动仓库入库、出库的配置方式

a）单向式　b）复合行程式　c）侧入式　d）移转车式

2）轻负载式。高度以5～10m最普遍，以塑料容器为存取单位，存取重量在50～100kg。一般以储存重量轻小的物品最适合，如电子零件、精密机器零件、汽车零件、药品及化妆品等，如图5-35所示。

图5-35　轻负载式高层货架

2. 货格单元尺寸

恰当地确定货格净空尺寸是立体仓库设计中一项极为重要的设计内容。对于给定尺寸的货物单元，货格尺寸取决于单元四周需留出的空隙大小同时，在一定程度上也受到货架结构造型的影响。这项尺寸之所以重要，是因为它直接影响着仓库面积和空间利用率。同时，因为影响因素很多，确定这项尺寸比较复杂。

图5-36表达了一种“牛腿式”货架与货箱的关系，货箱或托盘支托在牛腿上，取货时堆

垛机货叉从牛腿下往上升，托起货箱后收叉取走货箱。存货时，货叉支托着货箱从牛腿上方往下降，当其低于牛腿高度时货物就支托在牛腿上了。

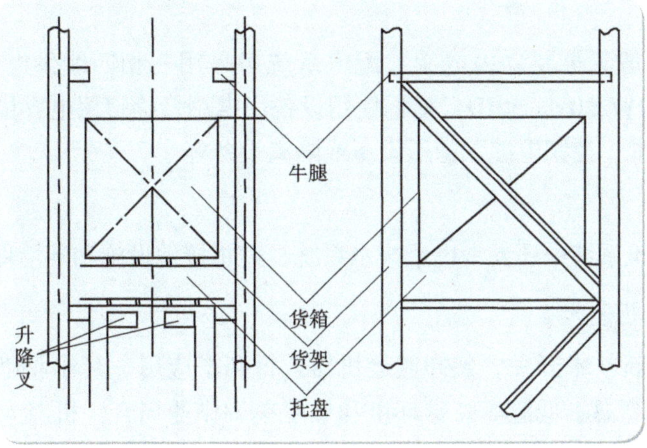

图5-36　货架与货箱的关系

（二）堆垛机

堆垛机是立体仓库中最重要的运输设备。它是随自动化立体仓库的出现而发展起来的专用起重机，可分为桥式堆垛机、巷道式堆垛机、堆垛叉车以及堆垛机器人等。主要用途是在高层货架的巷道内来回穿梭运行，将位于巷道口的货物存入货格或者取出货格内的货物运送到巷道口。

（三）仓库配套设施

这些配套设备是高层货架仓库必不可少的设施，其能力和自动化程度必须与仓库相适应。

1. 库房

要储存的货物和自动化仓库中的所有设备都要安放在库房里，因此库存容量和货架的规格是库房设计的主要数据。在库房中还要有中央控制室、办公室、更衣室和工具间等辅助区域。

2. 消防系统

由于自动化立体仓库的库房较大，货物和设备较密集，而工作和管理人员又较少，因此大多采用自动消防系统。它由传感器不断检测仓库内的温度和湿度。当超过危险值时，自动消防系统发出报警信号，并控制现场的消防设施喷出二氧化碳粉末或水，达到灭火的目的。这种消防系统也可以人工控制，由人工强制喷淋。

3. 照明系统

自动化仓库的照明系统应有日常照明、维修照明和应急照明，使仓库内的管理、操作和维修人员能正常地工作。储存特殊货物时（如感光材料的仓库）照明系统应特殊考虑。

4. 通风与采暖系统

根据所储存物品的需要，自动化仓库采用相应的通风和采暖设备。通常在仓库内安装风机、通风窗、暖气、中央空调等。在散发有害气体的仓库里要安装通风机将有害气体排出室外。

5. 动力系统

自动化仓库一般只需要动力电源。配电系统多采用三相四线供电，中性点可直接接地。动力电压为380V/220V，50Hz，根据使用设备用电总量确定用电容量。主要设备有：动力配电箱、动力电缆、控制电缆、稳压设备或隔离设备等。

6. 其他设施

自动化仓库建筑系统中还要考虑给排水系统、避雷接地设施和环境保护设施等。

（四）装卸堆垛机器人

随着物流系统新技术开发，装卸搬运机器人得到了应用。其作业速度高，作业准确，尤其适合有污染、高温、低温等特殊环境和反复单调作业场合。机器人在仓库中的主要作业是码盘、搬运、堆垛和拣选作业。在仓库中利用机器人作业的优点是其能在搬运、拣选和堆码过程中完成决策，起到专家系统的作用。

（五）自动导向车

自动导向车（AGV）用于自动导向车系统（AGVS）中，按照设定的路线自动行驶或牵引着载货台车，将物料搬运到指定的地点。它具有导向行驶、认址和移交载荷的基本功能。

（六）计算机管理系统

这是全自动化立体库系统的核心。典型的自动化立体库系统均采用大型的数据库系统（如ORACLE，SYBASE等）构筑典型的客户机/服务器体系，可以与其他系统（如ERP系统等）联网或集成。

（七）自动控制系统

驱动自动化立体库系统各设备的自动控制系统，以实现自动化运转。

三、自动化立体仓库典型设备

（一）巷道堆垛机

巷道式堆垛机是立体仓库中最重要的运输设备。巷道式堆垛机是随着立体仓库的出现而发展起来的专用起重机，如图5–37所示。它的主要用途是在高层货架的巷道内来回穿梭运行，其升降平台可做上下运动，平台上的货物存取装置可将位于巷道口的货物存入货格或者取出货格内的货物运送到巷道口。

巷道堆垛起重机是由叉车、桥式堆垛机演变而来的。桥式堆垛机由于桥架笨重因而运行速度受到很大的限制，它仅适用于出、入库频率不高或存放长形原材料和笨重货物的仓库。其优点在于可以方便地为多个巷道服务。目前应用最广的是巷道式堆垛机，因此通常简称为堆垛机。

堆垛机的额定载重量一般为几十公斤到几吨，其中0.5t的使用最多。它的行走速度一般为4～120m/min，提升速度一般为3～30m/min。

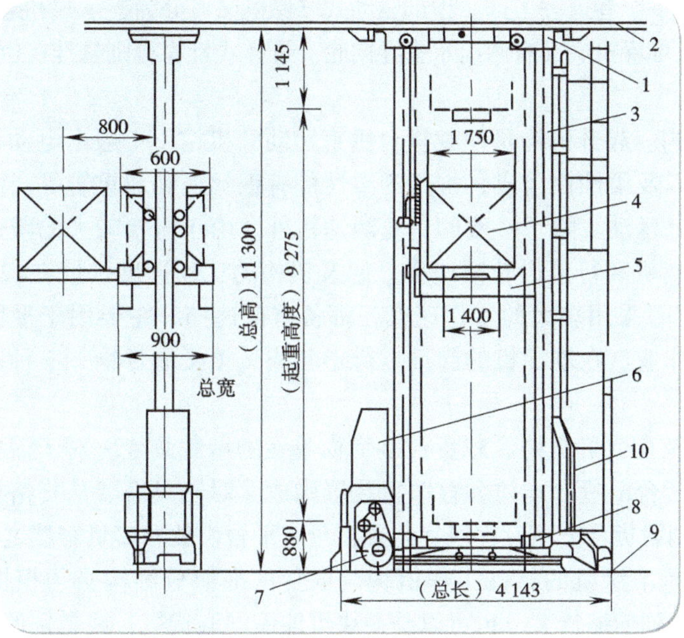

图5-37 双柱式巷道堆垛机

1—上梁 2—天轨 3—立柱 4—载货台 5—存取货机构

6—运行机构 7—车轮 8—下梁 9—地轨 10—起升机构

1. 堆垛机的组成

堆垛机由机架（车身）、运行机构、起升机构、装有存取货机构的载货台、电气设备和安全保护装置六部分组成。

（1）机架。机架是堆垛机的主要承载构件，由立柱、上横梁和下横梁三部分组成。整机结构高而窄，机架可以分为单立柱和双立柱两种类型。双立柱结构的机架由两根立柱和上、下横梁组成一个长方形的框架。这种结构强度和刚性都比较好，适用于起重量较大或起升高度比较高的场合。单立柱式堆垛机机架只有一根立柱和一根下横梁，整机重量比较轻，制造工时和材料消耗少，结构更加紧凑且外形美观。堆垛机运动时，司机的视野比较宽阔，但刚性稍差。由于载货台与货物对单立柱的偏心作用，以及行走、制动和加减速的水平惯性力的作用对立柱会产生动、静刚度方面的影响。当载货台处于立柱最高位置时挠度和振幅达到最大值。这在设计时需加以校核计算。堆垛机的结构设计除需满足强度要求外，还需具有足够的刚性，并且满足精度要求。

堆垛机的机架沿天轨运行，为防止框架倾倒，上梁上装有导引轮。

（2）运行机构。运行机构是堆垛机水平运行的驱动装置。在堆垛机的下横梁上装有运行驱动机构和在地面轨上运行的车轮。按运行机构所在的位置不同可以分为地面驱动式、顶部驱动式和中部驱动式等几种。其中，地面驱动式使用最广泛。这种方式一般用两个或四个承重轮，沿敷设在地面上的轨道运行。在堆垛机顶部有两组水平轮沿天轨（在堆垛机上方辅助其运行的轨道）导向。如果堆垛机车轮与金属结构通过垂直小轴铰接，堆垛机就可以走弯道，从一个巷道转移到另一个巷道去工作。顶部驱动式堆垛机又可分为支承式和悬挂式两种，前者支承在天轨上运行，堆垛机底部有两组水平导向轮。悬挂式堆垛机则悬挂在位于巷道上方的支承梁上运行。

（3）起升机构。起升机构是使载货台垂直运动的机构，一般由电动机、制动器、减速机、卷筒或链轮以及柔性件组成，常用的柔性件有钢丝绳和起重链等。卷扬机通过钢丝绳牵引载荷台作升降运动。除了一般的齿轮减速机外，由于需要较大的减速比，因而也经常见到使用蜗杆减速机和行星齿轮减速机。起升机构的工作速度一般在12～30m/min，最高可达48m/min。不管采用多大的工作速度，都备有低速挡，主要用于平稳停准和取放货物时的“微升降”作业。在堆垛机的起重、行走和伸叉（叉取货物）三种驱动中，起重的功率最大。

（4）载货台及存取货机构。载货台是货物单元的承载装置。对于需要搬运整个货物单元的堆垛机，载货台由货台本体和存取货装置构成。对于只需要从货格拣选一部分货物的拣选式堆垛机，则载货台上不设存取货装置，只有平台供放置盛货容器之用。

存取货装置是堆垛机的特殊工作机构。取货的那部分结构必须根据货物外形特点设计。最常见的是一副伸缩货叉，也可以是一块可伸缩的取货板，或者别的结构形式。

货叉装置是堆垛机存取货物的执行机构，装设在载货台上，载货台在辊轮的支承下沿立柱上的导轨作垂直行走方向的运动（起重），垂直于起重—行走平面的方向为伸叉的方向。

（5）电气设备。堆垛机的电气设备包括电力拖动、控制、检测和安全保护等。

① 电力拖动。电力拖动系统要同时满足快速、平稳、准确三个方面的要求。“快速”是指使起升、运行、货叉伸缩各机构的工作迅速，起动和制动反应快，缩短货物搬运和存取所花费的时间等。“平稳”是指各机构的起动和制动要无冲击，防止载货台上的货物单元滑移或装在托盘内的货物发生倒塌甚至跌落，减少机架受到的振动。“准确”是指堆垛机具有良好的低速性能，电力拖动系统应能够保证堆垛机、载货台准确地停在指定的位置。

巷道堆垛机一般都采用变速的电力拖动系统。常用的是交流变频调速、交流变极调速和晶闸管直流调速等。

② 控制方式。控制方式有手动控制、半自动控制和自动控制三种。手动、半自动控制是将操作平台设在堆垛机底座上，工人在此处可进行手动或半自动操作。而自动控制又分为机上控制和远距离控制。

a）机上控制。操作人员在巷道口，把出入库作业方式和货格地址等数据送入堆垛机上的设定器。机上控制装置根据指令起动堆垛机并开始自动运行，做升降、认址、停准及存取货物等动作，实现堆垛机的自动操作。

机上控制装置可以是电子式或继电器式的顺序控制器，也可以使用可编程序控制器等。设定器可以采用数字式按钮、选择开关、拨码开关和读卡器等。其中，读卡器能够从一种专用卡片上的信息孔读出相应的货格地址。

b）远距离控制。操作人员在集中控制室里，将出入库作业方式和货格地址等数据送入安装在控制室中的设定器。通过信号传输装置向堆垛机上的控制装置发送出入库作业指令和堆垛机向控制室发送堆垛机的状态信息，实现堆垛机的远距离集中控制。

手动和半自动控制的堆垛机适用于中、小规模的仓库。远距离控制的堆垛机适用于出入库频繁、规模大、有多台堆垛机和输送机的仓库。特别适合低温、黑暗、有毒、有害物资等特殊环境的仓库。

（6）安全保护装置。巷道堆垛机在狭窄的巷道内高速运行，起升高度较大，为了保证人身及设备的安全，堆垛机必须安装完善的安全保护装置，并在电气控制上采用连锁和保护措施。除了一般起重设备常用的安全保护装置外，还应增设以下各种装置和保护。

1）声光警告。堆垛机在起动前，先响铃或同时闪光几秒钟，发出报警信号，然后才起动。

2）堆垛机货叉与运行、起升机构连锁。在堆垛机行走或高速升降时，切断货叉伸缩机构电动机的控制电路，防止因误操作而使货叉伸出，碰撞货架。在货叉开始伸缩时，堆垛机的运行机构不能起动，而起升机构只能以慢速升降。

3）堆垛机停准后才能伸货叉。堆垛机采用自动控制方式或半自动控制方式，当运行机构认址停准，起升机构使货叉对准货格的时候，货叉才能向两侧伸出。

4）货位虚实探测。堆垛机到达入库货位，货叉将货物单元送入货格前，先用光电开关探测一下该货格有无货物。若无货物，则伸出货叉将货物送入货格。若已有货物，则拒绝伸叉送货，并发出“双重入库”警报。

5）限制货叉在货格升降行程。货叉在货格内微升降取（卸）货物时，用检测开关限制微升降行程，或限制微升降时间，防止货叉微升降过度，撞坏货物、货架或损坏机构。

6）堆垛机负荷限制。用电子或机电方法测量载货台的承载钢丝绳或链条的张力，在载货台超载时，承载钢丝绳或链条张力增大，则发出报警信号并切断起升机构的动力。当载货台被托住，钢丝绳或链条松弛时，也发出停止运动的报警信号并切断动力。

7）载货台断绳保护。当钢丝绳断开时，弹簧通过连杆机构使凸轮卡在堆垛机的升降导轨里，阻止载货台坠落。在正常工作时，提杆平衡载货台及其上货物的重量，弹簧处于压缩状态，凸轮与升降导轨分离。

8）货物外形和位置异常检测。为了防止超高、超宽、超长以及位置异常的货物进入货位，在货物进入储存系统时，必须接受外形检查。在自动控制系统中，一般在入库输送机上自动检测。在无输送机的系统中，可以在堆垛机载货台上装检测装置进行检测。

2. 堆垛机的特点

（1）电气控制方式有手动、半自动、单机自动及计算机控制。可任意选择一种电气控制方式，整体调速性能出色，光电认址，停车准确度高。

（2）机架整体重量轻巧，抗弯曲、抗扭刚度十分强大。并且起升导轨精度高，有着超强的耐磨性能，还可以灵活调节精确位置。

（3）采用安全滑触式输电装置，保证供电可靠。

（4）运用过载松绳，断绳保护装置确保工作安全。

（5）可伸缩式货叉减小了对巷道的宽度要求，提高了仓库面积的利用率。

（6）巷道式堆垛机适用范围比较灵活，适用于很多狭窄空间进行使用，对于一些笨重、长大物件的输送以及搬运等，都能快速高效的完成。

（二）装卸堆垛机器人

随着物流技术的发展，装卸堆垛机器人得到了应用，它对于提高生产自动化水平、劳动生产率和经济效益及保证产品质量、改善劳动条件等方面起着巨大的作用。在仓储系统仓库装卸搬运区，装卸堆垛机器人能按照预先设定的命令高速准确地将不同外形尺寸的包装货物，整齐、自动地堆垛在托盘上，完成仓库中货物的码盘、搬运、堆垛和拣选作业，在有污染、高温、低温等特殊环境和反复单调的作业环境中作用更大。

装卸堆垛机器人在自动仓库入库端的作业过程为：运送到仓库中的货物通过人工或机械化手段放到载货台上，放在载货台上的货物通过机器人将其分类，由于机器人具有智能系统，可以根据货箱的位置和尺寸进行识别，将货物放到指定的输送系统上。

1. 机器人的主要技术参数

（1）抓取重量。抓取重量也称为负荷能力，是指机器人在正常运行速度时所能抓取的重量。当机器人运行速度可调时，随着运行速度的增大，其所能抓取的工件的最大重量减小。为安全起见，也有将高速时的抓重作为指标的情况，此时，常指明运行速度。

（2）运动速度。它与机器人的抓重、定位精度等参数有密切关系，同时也直接影响机器人的运动周期。目前机器人的最大运行速度在1 500mm/s以下，最大回转速度在120° /s以下。

（3）自由度。自由度是指机器人的各个运动部件在三维空间坐标轴上所具有的独立运动的可能状态，每个可能状态为一个自由度。机器人的自由度越多，其动作越灵活，适应性越强，结构越复杂。一般情况下，机器人具有3～5个自由度即可满足使用上的要求。

（4）重复定位精度。重复定位精度是衡量机器人工作质量的一个重要指标，是指机器人的手部进行重复工作时能够放在同一位置的准确程度。它与机器人的位置控制方式、运动部件的制造精度、抓取的重量和运动速度有密切的关系。

（5）程序编制与存储容量。程序编制与存储容量是指机器人的控制能力，用存储程序的字节数或程序指令数表示。存储容量大，则机器人的适应性强，通用性好，从事复杂作业的能力强。

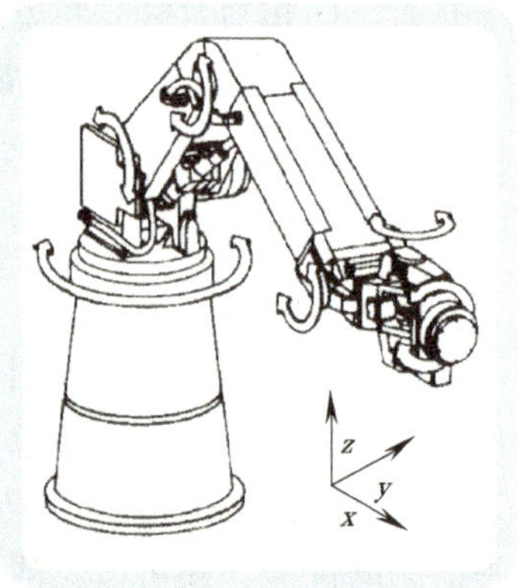

图5-38 装卸堆垛机器人

2. 机器人的主要结构

机器人是机电一体化的系统，如图5-38所示，它主要由以下几个部分组成：

（1）执行机构。执行机构的功能是可以抓取工件，并按照规定的运动速度、运动轨迹将工件送到指定的位置，然后放下工件。它由以下几个部分组成：

1）手部。手部是机器人用来握持工件或工具的部位，直接与工件或工具接触，有一些机器人将工具直接固定在手部。

2）腕部。腕部是将手部和臂部连接在一起的部件。它的主要作用是调整手部的位置和姿态，并扩大手部的活动范围。

3）臂部。臂部支撑着手腕和手部，使手部的活动范围扩大。在多关节机器人中，有大臂和小臂，两者由肘关节连接。

4）机身。机身又称立柱，是用来支承臂部，安装驱动装置和其他装置的部件。

5）行走机构。行走机构是扩大机器人活动范围的机构，被安装于机器人的机身下部，有多种结构形式，可以是轨道和车轮式，也可以模仿人的双腿。

6）头部。有一些机器人具有头部，用来安装视觉装置和天线。

（2）驱动系统。驱动系统是为机器人提供动力的装置。一般情况下机器人的每一个关节设置一个驱动系统，它接受动作指令，准确控制关节的运动位置。常见的驱动系统有液压驱动、气动和电动。

（3）控制系统。控制系统控制着机器人按照规定的程序运动，它可以记忆各种指令信息，同时按照指令信息向各个驱动系统发出指令。必要时，控制系统还可以对机器人进行监控，当动作有误或者发生故障时发出报警信号，同时还实现对机器人完成作业所需的外部设备进行控制和管理。

（4）检测传感系统。检测传感系统主要是检测机器人执行系统的运动状态和位置，并随时将执行系统的实际位置反馈给控制系统，并与设定的位置进行比较，然后通过控制系统进行调整，使执行系统以一定的精度达到设定的位置。

（5）人工智能系统。人工智能系统赋予机器人具有五官的功能，具有学习、记忆、逻辑判断能力。

（三）自动导向车

自动导向车（AGV）是采用自动或人工方式装载货物，按设定的路线自动行驶或牵引着载货台车至指定地点，再用自动或人工方式装卸货物的工业车辆，如图5-39所示。

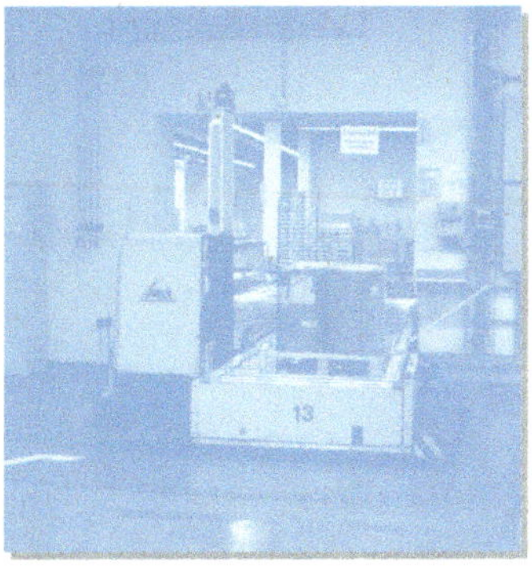

图5-39　自动导向车

1. 自动导向车的种类

AGV扮演物料运输的角色已经60多年了。第一辆AGV诞生于1953年，它是由一辆牵引式拖拉机改造而成的，带有车兜，在一间杂货仓库中沿着布置在空中的导线运输货物。随着AGV应用领域的扩展，其种类和形式越来越多样化。按所采用的导向技术不同，AGV主要有以下几种类型：

（1）激光引导式AGV。该种AGV上安装有可旋转的激光扫描器，在行驶路径的周围安装位置精确的激光反射板，AGV通过激光扫描器发射激光束，同时接收反射板反射的激光束，车载计算机计算出车辆当前的位置和航向，并通过连续的三角几何运算来校正方位，以实现AGV的自动搬运。该方法引导与定位精度十分高，且提供了任意路径行走和规划的可能性，目前应用越来越普遍。

（2）电磁感应引导式AGV。电磁感应式引导是最早成功应用于无轨AGV的引导方法，也是目前绝大多数商业化AGV使用的引导方法，该方法需要在预先设定的行驶路径上埋设电线，AGV上左右对称安装有两个电磁感应器，当高频电流流经导线时，导线周围产生电磁场，AGV上的电磁感应器所接收的电磁信号的强度差异可以反映AGV偏离路径的程度。AGV的自动控制系统根据这种偏差来控制车辆的转向，连续的动态闭环控制能够保证AGV对设定路径的稳定自动跟踪。该方法可靠性高，经济实用，但行驶路径设定后难以改变，而且埋设电线维护困难，成本较高。

（3）光学引导式AGV。采用光学检测技术引导AGV的运行方向，一般是在运行路径上铺设一条具有稳定反光率的色带。车上设有光源发射和接受反射光的光电传感器，通过对检测到得信号进行比较，调整车辆的运行方向。其灵活性比较好，地面路线设置十分简单，但对色带的污染和磨损十分敏感，对环境要求过高，导引可靠性较差，且很难实现精确定位，在工业环境中应用范围较窄。

2. 自动导向车系统的构成

自动导向车系统是以自动导向的无人驾驶搬运小车为主体，由导向系统、自动寄送系统、数据传输系统、管理系统、安全保护装置及周边设备等组成，如图5-40所示。

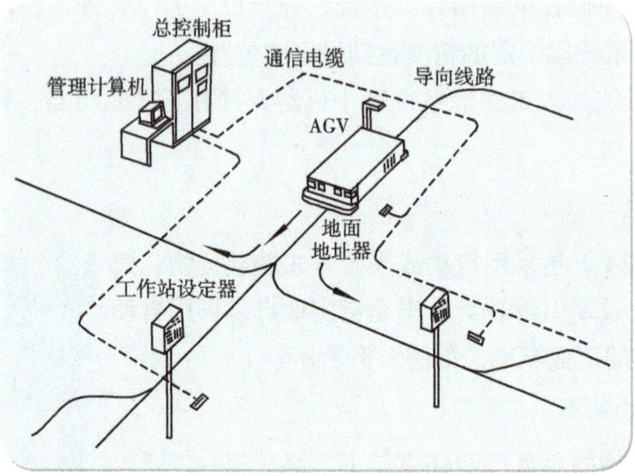

图5-40 自动导向车系统的构成

（1）自动导向车。自动导向车是系统的核心，大多采用由蓄电池供电和直流电动机驱动。根据用途的不同，自动导向车有多种形式，如自动导向搬运车、自动导向牵引车、自动导向叉车等。其中自动导向搬运车是使用最多的一类，约占85%左右。

（2）导向系统。导向系统分为外导式导向系统和自导式导向系统。

1）外导式导向系统 它是在车辆的运行路线上设置导向信息媒体，如导线、磁带、色带等。由车上的导向传感器接收线路媒体的导向信息，信息经实时处理后控制车辆沿正确路线行驶。

2）自导式导向系统　在车辆上预先设定运行线路的坐标信息。在车辆运行时，实时地测出实际的车辆位置坐标，再将二者进行比较后控制车辆的导向运行。

（3）寄送系统。寄送系统包括认址、定位两部分。

自动导向车系统中，在车辆停靠地址处设置传感标志，如磁铁、色标等。自动导向车就以相对认址或绝对认址的方式来接收标志信号，使车辆完成认址停靠。

车辆在地址处的定位可以分为一次定位和二次定位。车辆提前减速，在目的地地址处制动停车，是车辆的一次定位。车辆的一次认址定位的停车精度可达±5mm。二次定位是高精度定位，采用机械方式，其定位精度可达±1mm。

（4）数据传输系统。自动导向车系统中，在地面设施之间一般采用有线传输方式。而在流动车辆和地面固定设施之间，有时必须采用无线传输方式。数据感应传输的原理是，沿车辆运行的路线（或在通信段点处）安装数据传输导线（或线圈），以55～95kHz频率载波方式传输需要的数据，再由车辆上的调制解调器将数据感应器接收到的信号转换成可以识别的位置信号，完成车辆与地面设施之间的控制对话。

3. 自动导向车的主要参数

（1）承载量、牵引质量。额定承载量是指自动导向搬运车、自动导向叉车在正常使用时可搬运货物的最大质量。自动导向车的承载量一般为50～5 000kg，最大承载量已达到100t。牵引质量是指自动导向牵引车在平坦道路上行驶时能牵引的最大质量。牵引质量中不包括被牵引的拖挂车质量。

（2）车体尺寸。车体尺寸是指自动导向车的长、宽、高的外形尺寸。该外形尺寸应该适应搬运物品的尺寸、通道宽度以及移载动作的要求。

（3）运行速度。运行速度是指车辆正常行驶时的速度。它是确定车辆作业周期或搬运效率的重要参数。

（4）认址精度。认址精度是指一次定位的认址精度，即车辆到达目的地址处并准备自动移载时的驻车精度。它是确定移载方式的重要参数。

（5）最小弯道半径。最小弯道半径是指满足车辆在运行过程中转弯时弯道的最小曲率半径，它是确定车辆弯道运行所需空间的重要参数。

（6）蓄电池容量。蓄电池容量是指在作业期间内进行正常作业时车辆能够从蓄电池获得的能源供应量。

4. 自动导向车的作业安全

自动导向车是无人驾驶自动导向运行的搬运车辆。为确保车辆、各种地面设备、现场人员以及自动导向车系统的安全，要采取综合的安全保障措施。

（1）自动导向车安全保障措施：

1）车辆构造与功能。具体包括：

a．急停按钮和警示灯。车辆的四角装着急停按钮，任何时候只要按下按钮车辆就能立即停止动作。车辆的前后装有警示灯，当小车准备起动或运行时，警示灯不断闪烁。

b．障碍探测和接触缓冲。在车辆的前端装有接近探知器和接触缓冲器。接近探知器在预定的距离内检测到障碍物，就能控制自动导向车减速直到车辆自动停止。若接近探知器未能检测到障碍物而当接触缓冲器触及障碍物时，立即发出触碰障碍物的信号，同时车辆紧急停止。

c．弯道自动减速。在一般作业场合，车辆的最大运行速度常在60m/min以下。为确保安全，车辆在弯道处行驶时采用缓行速度。

2）货物搬运和移载。具体包括：

a．车辆运行时，车上的移载装置及其上的货物必须锁紧和固牢，车辆进行移载时，车体不能移动。

b．自动移载时，保证车上的移载装置与地面上承载装置联动。

c．移载发生异常时，应能立即停止运动直至故障消除。

3）事故监测与紧急停车。当地面导向信息消失或中断，系统区段引导信息消失或中断；车辆导向精度超过设定范围，车辆接近或碰触到障碍物；蓄电池所储能量低于规定的限度；载物的货位异常和移载异常以及锁紧部位异常和其他控制异常等情况时，能够保证车辆紧急停止运动。

（2）自动导向车的防碰撞技术。在自动导向车系统中，采取三级防碰撞安全保护，即地面系统的防追撞区段保护、车辆上的接近障碍物探知保护和触碰障碍物的缓冲保护等。

1）接近探知器。接近探知器安装在车体的前端。车辆运行前，探知器向运行前方发出遥测信号并接收回波进行安全确认。确认信号输入中央数据处理器，经过分析后做出判断，以决定是否执行运行指令。

运行中，探知器的发射部分定时发出探测信号，再将接收部分的“停车回波选通”接收门和“减速回波选通”接收门依次打开，用来判断车辆的运行前方有无障碍物，以及障碍物与车辆的距离是多少等，决定车辆应采取的是减速还是停车的措施。探测周期和相应车速与时间自动调整有关。

2）接触缓冲器。接触缓冲器装在车体前端的下面。接触缓冲器有多种结构形式。如弹性胶垫式、杠杆机构式、弹性薄板式和摆动撑杆式等。当接触缓冲器触及障碍物时，可发出触碰障碍物信号，使车辆紧急停止。缓冲器中的弹性元件可减少车辆制动过程中的冲击。

| 经典案例 |

自动化立体仓库助华仁药业打造智慧物流

【项目背景】

华仁药业股份有限公司成立于1998年5月，2001年8月完成股份制改造，是由华仁世纪集团控股，红塔创新投资控股有限公司、广发信德投资股份有限公司、中国药科大学等国内知名企业和院校参股的集产、学、研为一体的新型股份制公司。

在发展智能制造上，华仁药业走的是一条与一般中国制造企业不太相同的道路，自成立伊始便使用了先进的机器人和自动化设备，走在了智能制造硬件层面的最前端。

【解决方案】

在1998年的一期工程里，华仁药业引入了世界最先进的意大利六效重蒸馏注射用水制造系统和制剂自动配置系统，德国一体化制袋、灌装、封口制造系统和水浴式灭菌系统，以及意大利STERIL公司设计、安装、调试并实施“交钥匙工程”的生产线。

虽然生产线实现了高度的自动化，但华仁药业发现，其生产的大输液产品库存占地面积太大，吞吐量还满足不了生产线的需求。而且人工上下架搬运的方式，也过分依赖仓管人员，容易出现批次发错的人为操作风险。于是在二期建设的时候，华仁药业便投建了自动化的立体仓库。

在华仁药业的自动化立体仓库里，生产出的药品成品会通过传送带直接从自动化包装线上输送到库区，并根据不同药品品质规格的码盘规则，由机械手自动码到托盘上。码满的托盘通过条码技术发送信号到WMS系统（仓库管理系统）里，由系统自动分配一个空货位地址后，输送到入库口，再由接收到指令的堆垛机送到指定位置，迅速地完成入库。

这个由北京起重运输机械设计研究院设计的自动化立体仓库，整合了自动化码垛机器人接口软件技术、无线RF调度自动仓储技术、计算机自动仓储管理控制系统技术、现场总线技术、激光传感技术等，实现了从物料传输，到识别、分拣、码盘、仓储、检索和发售等各个环节的全程自动化作业。

设备的智能化完成后，华仁药业将进一步提升的目标瞄向了与信息化的融合。2014年，华仁药业引进了SAP公司的ERP管理系统和罗克韦尔公司的MES生产制造过程管理系统，并将其与公司原有的电子监管码系统和立体库系统集成起来，实现了信息流和物流的无缝链接。MES系统与入库作业相连，成品发货由ERP系统发出销售出库指令，整个出入库的过程贯穿着条码技术与电子监管码系统，作为药品成品追溯的依据。

借助MES系统，华仁药业实现了生产制造体系的资源优化配置、在线监控和数据采集，实现了对水和原料、配料的实时监控管理，能够自动检测产品是否达到美国FDA（食品药品监督管理局）标准的要求。除此之外，对产品每个批次生产过程的电子化记录的实现，在国内的同行中，华仁药业还是第一家。

【项目收益】

目前，华仁药业的立体仓库实现了3倍的库容提升，节省了约150%的仓库资金，吞吐量提高了4～6倍，人工节省了30人左右，作业效率提升了100%，货物的破损率比以往降低了46%。

“我们利用高度的智能化设备实现了物与物的对话。在此基础上建立的自动化立体仓库，不仅可以节约用地、节约人力资源成本、减轻人力劳动强度、提高作业人员综合素质、提高仓储自动化管理水平，还能提高仓储效率。这个技术已经成熟了，也是整个物流行业未来发展的方向。”华仁药业信息化经理孙延波说，“通过计算机进行仓储管理，还做到了先进先出，方便控制和管理货位，并节省了照明设施、油料等能源消耗。”

复习思考题

1. 仓储系统的功能是什么？仓储系统的主要性能参数有哪些？
2. 简述仓库中常用货架的种类，各自的特点及用途。
3. 选择货架形式时应考虑的因素有哪些？
4. 月台的基本作用是什么？克服月台与停靠车辆间的间距和高度差的设施有哪些？
5. 简述自动分拣系统的主要组成部分及各部分的作用。
6. 自动分拣设备主要有哪些？
7. 什么是自动化仓库系统？自动化立体仓库是由哪几部分组成的？
8. 巷道式堆垛机主要由哪几部分组成？各部分的作用如何？
9. 自动导向车系统是由哪几部分组成的？自动导向车系统的控制包括哪些内容？
10. 自动导向车的综合安全保障措施有哪些？

第六章 Chapter Six

流通加工设备

知识目标

了解流通加工的作用、种类；掌握包装机械的基本构成；掌握常见切割机械的类型及功能。

能力目标

掌握常见的包装机械及切割机械结构、工作原理及应用场合，能根据工艺要求选用合适的流通加工机械。

第一节　流通加工概述

一、流通加工的概念

所谓流通加工，是相对于生产加工而言的。流通加工是物品在生产地到使用地的过程中，根据需要施加包装、分割、计量、分拣、刷标志、拴标签、组装等简单作业的总称。流通加工通过改变或完善流通对象的形态来实现“桥梁和纽带”的作用，因此流通加工是流通中的一种特殊形式。与一般的生产加工相比，有如下的差别：

1. 加工对象不同

流通加工的加工对象是商品，而一般的生产加工的加工对象是原材料或半成品。

2. 加工程度不同

流通加工所进行的一般都是简单加工，是对生产加工的辅助和补充，不能替代生产加工。生产加工是复杂加工，商品加工的大部分过程由生产加工完成。

3. 创造的价值不同

商品的价值大部分由生产过程创造，流通加工只是对其进行完善。

二、流通加工的作用

物流领域中的流通加工，主要着眼于满足客户的需求，提高服务功能。

（1）提高产品档次，增加经济效益。有一些产品，如工艺美术品、洋娃娃等，在流通过程中对它们进行简单的包装，改变其外观，从而提高其销售价格。

（2）使各种运输方式达到最佳组合。在流通过程中，产品的运输路线基本上是生产厂家→流通加工→用户，流通加工一般都设在与用户距离较近的位置，产品从生产厂家到流通加工所在地，其数量较大，而从流通加工地到用户数量一般较小，所以前者可以采用火车、船舶等运输工具，后者采用小型货车，从而节省运费。

（3）方便用户。由于用量小或满足临时需要的用户，不具备进行高效率初级加工的能力，通过流通加工可以使用户省去进行初级加工的投资、设备、人力，方便了用户。

（4）提高材料利用率，减少设备的重复设置。以钢板为例，生产厂家生产出来的钢板，其面积都较大，到用户单位后，需要进行切割。按照这种方式，各用户单位都须购置剪刀车。如钢板从生产厂家出来后，到流通加工点，按用户需求进行加工，再运送到各用户手中。这样既可以减少钢板在切割过程中的浪费，又可以避免各用户单位自备剪刀车，从整个社会角度来讲，既减少了材料的浪费，又减少了设备的重复设置。

三、流通加工设备的种类

从以上内容可知，流通加工大都是对物品进行浅层次的初级加工，如将钢板按用户要求切割成小块，将散装的食用油灌装成小桶装，散装的大米袋装，或将货物贴上商标，所有这些，除部分手工操作外，大部分都要借助于机械加工设备。按照加工的方式不同，我们可以将流通加工设备大致分为以下几种：包装机械、切割机械、混凝土机械、印贴标记条码设备、拆箱设备、计量设备等。本章重点介绍包装机械和切割机械。

第二节 包 装 机 械

一、概述

1. 包装的概念

按国家标准GB/T 4122.1—2008《包装术语　第一部分：基础》，包装的定义是：“为在流通过程中保护产品、方便储运、促进销售，按一定技术方法而采用的容器、材料及辅助物等的总体名称。也指为了达到上述目的而采用容器、材料和辅助物的过程中施加一定方法等的操作活动。”其他国家或组织对包装的含义有不同的表述和理解，但基本意思是一致的，都以包装功能和作用为其核心内容，一般有两重含义：

（1）关于盛装商品的容器、材料及辅助物品，即包装物。

（2）关于实施盛装和封装、包扎等的技术活动。

在流通领域中，包装大致可分为销售包装和运输包装两类，前者主要目的在于美化、宣传商品，以扩大销售量，包装是连同商品一起卖给消费者的；后者主要目的在于方便装卸、储运，使商品在整个物流过程中完好无损。

2. 包装的功能

（1）保护功能：是包装最基本的功能，可保护被包装的商品，防止风险和损坏，如渗漏、浪费、偷盗、损耗、散落、掺杂、收缩和变色等。

（2）便利功能：一件商品，要经多次流通，才能最终到消费者手中。而商品能否顺利到达消费者手中，保驾护航的工序之一就是包装，为商品安全储藏及运输提供方便是合理包装所必需的特征之一。

（3）销售功能：在市场竞争日益强烈的今天，包装对商品的销售起到非常重要的作用。“每个包装都是一幅广告牌”，良好的包装能够提高新产品的吸引力，包装本身的价值也能引起消费者购买某项产品的动机；通过包装还可以体现特定商品的文化品位，给人以愉悦的感受，创造附加值。

3. 包装机械的主要特点

包装机械的主要特点概括起来有如下几个方面：

（1）包装机械一般结构复杂，动作精度高。

（2）包装机械一般设计成自动包装机，能连续自动进行包装。

（3）包装机械应在标准卫生条件下工作，不能有任何污染产品的现象。

（4）进行包装作业的工艺力较小，所以电动机的功率一般都比较小，一般采取无级变速装置，以调节生产能力，实际工作中的包装机械以机械传动为主要形式。

4. 产品包装机械的基本结构

产品包装机械不论何等复杂，基本结构主要有七个方面：进给机构、计量装置、传动机构、输送装置、动力部件、控制系统、机身与操作系统。

（1）进给机构。包括被包装产品的进给和包装材料或容器的进给。

（2）计量装置。为了保证包装工作不间断地进行，在物料供送前或供送过程中，必须进行计量，计量装置是用来计量供给的。计量方法主要有容量（积）计量法、称重计量法、计数定量法和重量流量法。

（3）传动机构。它起着动力传递的作用，直接驱动各执行机构运动，完成包装作业，在包装机械中占有重要地位。

（4）输送装置。输送装置是包装机械上的主要部件，其任务是将待包装物品和已包装好的产品，从一个工位运送到另一个工位或从外部结构上把自动线上的各台单机联系，以至最后把包装制品输送入库。

（5）动力部件。动力部件有电动机、液压泵、压缩机以及作为原动力的气缸、液压缸等，以电动机最为普遍。电动机通过传动机构驱动各部件，往往是采用若干小功率（0.5～3kW）的电动机作为单独部件的驱动。

（6）控制系统。按被控制对象的状态不同，分为流动自动化控制和机械自动化控制。流动自动化控制主要是以连续进行变化的液体或粉状物等为对象，对其温度、流量、压力、料位等参数进行长期的连续定量控制；机械化自动控制主要以固体作为控制对象，对它们的位置、尺寸、形状、姿势等因素进行定性的间断性控制。

二、主要包装机械

按照加工的方式不同，我们可以将包装机械大致分为：充填机械、灌装机械、缝合机械、裹包机械、捆扎机械、贴标机械等。

（一）计量充填机械

将产品按要求的数量装入包装容器中的操作称为计量充填。计量充填技术主要用于销售包装，在运输包装中也有应用，如用专用运输工具运输散装水泥、石油等。

实际生产中，由于产品的性质、状态和要求的计量精确度和充填方式等因素的不同，出现了各式各样计量充填机械。充填机一般采用光电控制，采用量杯容积方式计量。按计量充填的原理不同，将计量充填机械分为容积式充填机、称重式充填机（间歇称重式和连续称重式）、计数式充填机（单件计数式和多件计数式）三种类型（如图6-1所示）。下面介绍其中的几种典型充填机。

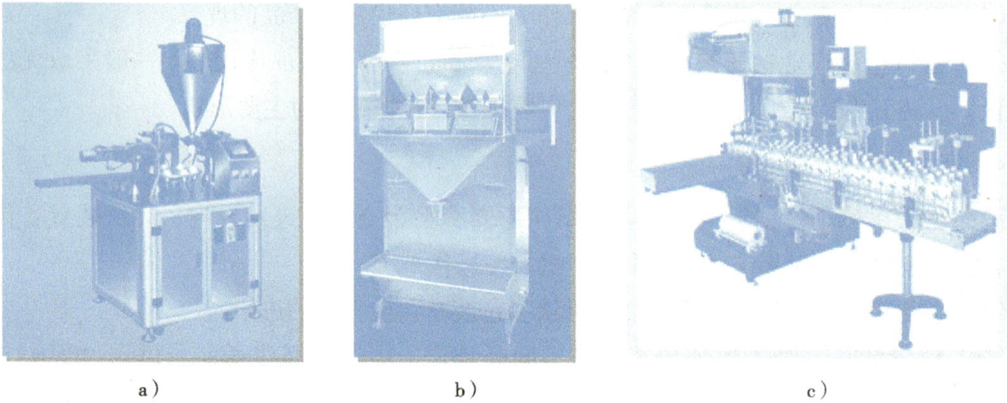

图6-1　计量填充机械

a）容积式充填机　b）称重式充填机　c）计数式充填机

1. 容积式充填机

容积式充填法是将精确容积的物料装进每一个容器，而不考虑物料密度或重量，常用于那些密度相对不变的物料，或用于那些体积要求比质量要求更重要的物料。根据计量原理不同有固定量杯式、螺杆式、计量泵式等多种。下面重点介绍固定量杯式充填机。

固定量杯式充填机的定量装置如图6-2所示，物料经供料斗1自由落入计量杯内，圆盘口上装有四个量杯和对应的活门底盖4，当转盘主轴8带动圆盘7旋转时，刮板10将量杯3上面多余的物料刮去。当量杯转到卸料工位时，顶杆推开量杯的活门底盖4，量杯中的物料在自重作用下充填到下方的容器中。

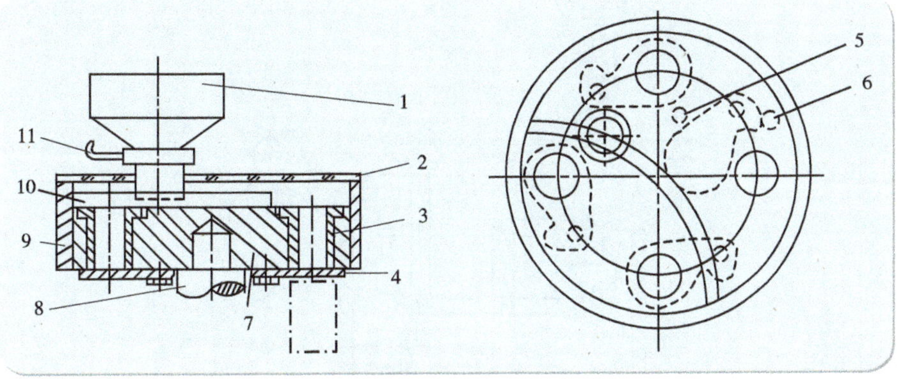

图6-2　固定量杯式充填机的定量装置

1—料斗　2—外罩　3—量杯　4—活门底盖　5—闭合圆销　6—开启圆销　7—圆盘
8—转盘主轴　9—壳体　10—刮板　11—下料闸门

量杯式充填机适用于颗粒较小且均匀的物料，计量范围一般在200ml以下为宜。在选用时应注意假如量杯的容量调得不正确，料斗送料太慢或不稳定，料斗的装料面太低，进料管太小，物料流动不畅，进料管和量杯不同心等都会使量杯装不满。若机器的运转速度过快，料斗落下物料的速度过快则会引起物料重复循环装料。量杯伸缩机构调节不当常会造成过量回流。如果容器与进料管不同心，节拍不准，容器太小或物料粘在料管中使送料滞后，就会引起物料的溢损。

2. 称重式充填机

称重式充填机是按规定的数量计量产品重量，并进行充装的机械。按计量方式不同有杠杆式、簧片式、电阻应变片式、电子秤式、连续式等多种。下面介绍实际中应用较广的连续式称量充填机。

连续式称量充填机是应用连续称量检测和自动调节技术，确保在连续运转的输送机上得到稳定的质量流率，然后进行等分截取，以得到各个相同的定量。其特点是计量速度高，计量精度较低，多用于粮食、化肥之类的货物，这类货物多采用散装长途运输，到达目的地之后再袋装出售的方式。

如图6-3所示，连续式称量充填机主要是通过测量连续输送过程中散料的流量，并将之等分，从而得出某一时间段内散料的总量。其工作过程如下：散料加入料斗1内，通过闸门3均匀撒落到输送带4上，其流量可通过电动机2调节，输送带4的下部是一台重力式电子皮带秤，输送带上的散料重量由它来检测。输送带上的散料运到最右端，落入秤斗8，然后再落入配料转盘上。配料转盘是一种有等分格子的圆盘，按给定的速度做回转运动，盘子的每个格子在回转中获得相等重量的散料。当盘子转到卸料工位时，散料就从格子的底部经漏斗落入包装袋内。

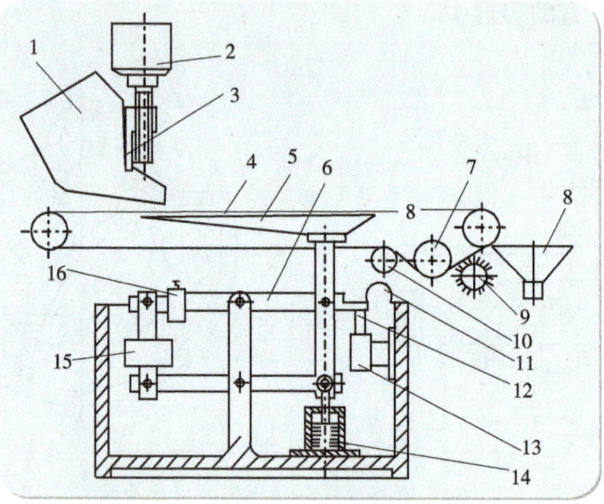

图6-3 连续式称重充填机

1—料斗 2—电动机 3—闸门 4—输送带 5—秤盘 6—主秤杆 7—张紧轮 8—秤斗 9—刷轮 10—导轮 11—弹簧 12—变压器铁芯 13—传感器 14—阻尼器 15—砝码 16—配重

3. 计数式充填机

计数式充填机是把精确个数的产品装进每一个容器的计量充填机械。多用于被包装物呈规则排列的产品包装。根据其计数原理不同分为长度式、容积式、堆积式等几种计数形式。

长度式计数充填机常用于饼干包装、云片糕包装、茶叶装盒后的第二次大包装等。计量时，排列有序的物品经输送机构送到计量机构中，当行进物品的前端触到计量腔的挡板5时，挡板上的微动开关4动作，横向推板3将一定数量的物品送到包装台上进行包装，如图6-4所示。

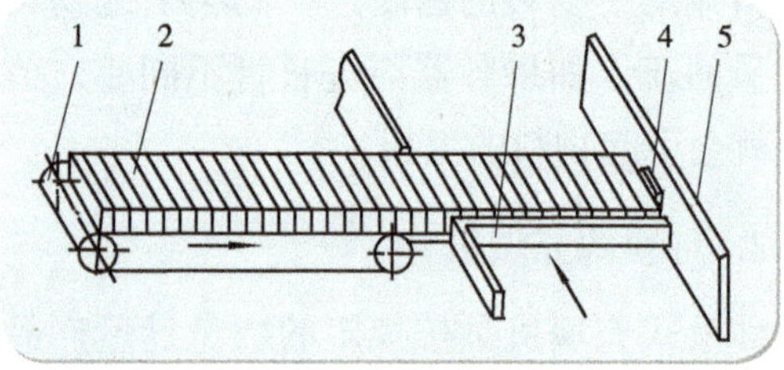

图6-4 长度式计数充填机结构

1—输送带 2—被包装物品 3—横向推板 4—微动开关 5—挡板

（二）灌装机械

灌装机械主要用于食品领域中对啤酒、饮料、乳品、酒类、植物油和调味品的包装，还包括洗涤剂、矿物油和农药等化工类液体产品的包装。包装所用容器主要有桶、瓶、听、软管等。按照灌装产品的工艺可分为常压灌装机、真空灌装机、加压灌装机等。灌装机械通常与封口机、贴标机等联合使用。

1. 灌装机械的结构组成

灌装机械的种类繁多，但其结构主要由包装容器输送装置、灌装物料的供送装置和灌装阀三部分组成

（1）包装容器输送装置。其主要作用是将包装容器间隔地输送至灌装工位，待灌装完成后再将容器送出灌装机。

（2）物料供送装置。其主要作用是将物料提供给灌装阀，包括液料箱和计量装置。常压供料装置是在常压下利用物料的重力向处于低位的灌装阀流进，物料装在处于高位的液料箱

中，这种装置主要用于低黏度、流动性好的物料，如牛奶、墨水、酱油、醋等；对于中等黏度、流动性不好的物料，如果酱、牙膏、洗发膏等，它们在重力作用下难以自流，因此必须施加机械压力使其流动，常采用活塞或柱塞的往复运动来压送液料；真空供料装置需先将包装容器（如瓶子）抽真空，然后进行灌装。

（3）灌装阀也称灌装头，是灌装机控制灌装的关键部件。其主要作用是根据灌装工艺要求，切断或沟通液料箱、气室和待装容器间的物料通道，以实现自动灌装。按灌装阀的形式不同，可将灌装机分为常压灌装、压力灌装、真空灌装和等压灌装。它们的根本区别在于供料装置及灌装阀的设计各具特点。下面以等压灌装机为例，说明灌装过程的基本环节。

2. 等压自动灌装机

所谓等压灌装，就是在待灌装瓶中预加压力，建立起液料箱与装液瓶间的等压，即相应于溶气饮料中气体溶解的饱和压力，然后在此等压状态下实现灌装。液体等压灌装机主要用于啤酒、汽水等含有碳酸气饮料的灌装作业。

结构简单的等压灌装机的灌装过程大致有5个步骤，如图6-5所示。

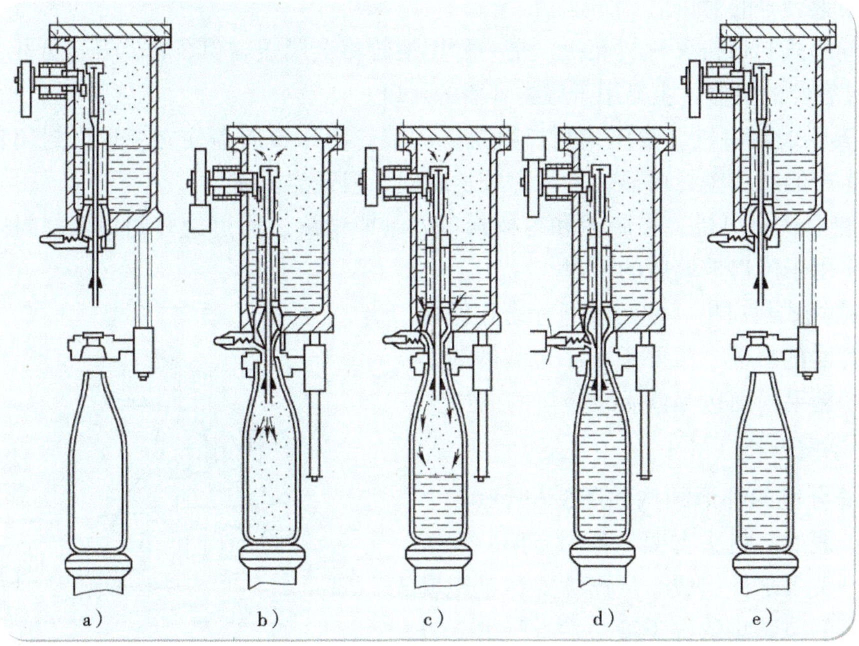

图6-5 等压灌装机工作过程

a）瓶阀对中密封 b）开阀充气等压 c）进液回气 d）液满卸压 e）灌装结束

（1）瓶阀对中密封。空瓶被输送至与灌装缸等速旋转的瓶托上，瓶托沿弧形控制板（凸轮）上升，阀的控位圈罩住瓶颈，回气管插入瓶中，瓶口与阀的密封圈靠瓶托气缸的气压密封。

（2）开阀充气等压。灌装阀中的气阀托叉受操纵机构作用提升，开启气阀，贮液缸上腔的二氧化碳气体迅速充入瓶中，贮液缸上腔与瓶内形成等压。

（3）进液回气。在弹簧作用下，进液阀自动打开，靠液体的自重，使贮液缸中的液料在等压状态下流入瓶中。

（4）液满卸压。瓶内液面上升封住回气管的气孔后，瓶颈处气压逐渐高于贮液缸上腔气压，进液停止，关阀机械关闭灌装阀。泄压弧形板顶开阀上的排气塞，将瓶颈处气体均匀缓慢排出。

（5）灌装结束。瓶子脱离灌装阀后被拨盘导出灌装机系统，进入封口装置。

（三）封口机械

封口机械是指在包装容器内盛装产品后对容器进行封口的机器。

1. 封口机械的主要类型

不同的包装容器有不同的封口方式。按封口方式的不同，封口机械可分为以下几种类型：

（1）热压式封口机。采用加热加压的方式封闭包装容器的机器。常用的加热元件有加热板、加热环带、加热辊等。主要用于各种塑料带的封口。

（2）熔焊式封口机。通过加热使包装容器封口处熔化而将包装容器封闭的机器。常用的加热方式有超声波、电磁感应和热辐射等。主要用于封合较厚的包装材料及采用其他热封方法难以封合的材料，如聚酯、聚烯烃和无纺布等。

（3）缝合式封口机。采用缝纫线作为辅助物来缝合包装袋的机器，多用于麻袋、布袋、复合编织袋等的封口。

（4）卷边式封口机又称封灌机，是一种用滚轮将金属盖与包装容器开口处相互卷曲钩合以封闭包装容器的机器。主要用于罐类容器的封口。

（5）滚压式封口机。滚压式封口机是指用滚轮滚压金属盖使之变形以封闭包装容器的机械。它生产的罐头密封可靠，能保存较长时间，但开启困难。

（6）旋合式封口机。在瓶盖和容器封口处制成螺旋，通过旋转封口器材封闭包装容器的机器。多用于广口玻璃瓶的密封。

（7）结扎式封口机。使用线绳等结扎材料封闭包装容器的机器。主要用于小包装件的集束封口，如糖果、面包等食品袋袋口的结扎。

2. 自动缝合机

自动缝合机的外形结构如图6-6所示，主要由机头、线挑、机头支架、备用支架、输送带、脚踏开关等部件组成。从连续式称量充填机输送过来的包装袋依次于输送带上行进，袋口合拢从机头经过，此时踏下脚踏开关，缝合机工作，将袋口缝合。输送带的高度可以调整，以适应不同高度的包装袋。缝合机的输送带速度可以调整，以便与各种包装生产线匹配；底座装有四个轮子，可以自由移动。

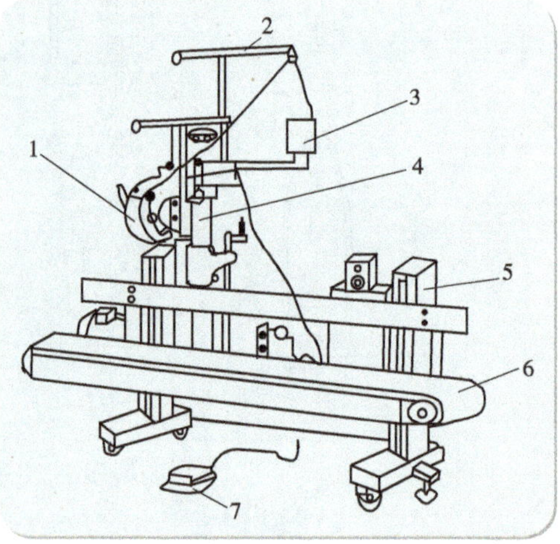

图6-6 自动缝合机

1—缝纫机头 2—线挑 3—缝纫线 4—机头支架 5—备用支架 6—输送带 7—脚踏开关

（四）裹包机械

裹包机是用薄型挠性材料（如玻璃纸、塑料膜、拉伸膜、收缩膜等）裹包产品的包装设备，广泛应用于食品、烟草、药品、日用化工品及音像制品等领域。裹包机械种类繁多，功能各异，按裹包方式分可分为折叠式裹包机、接缝式裹包机、覆盖式裹包机、贴体式裹包机、拉伸式裹包机、缠绕式裹包机等。

折叠式裹包机是用挠性包装材料裹包产品，将末端伸出的裹包材料按一定的工艺方式进行折叠封闭。通常适用于长方形的物品，外观整齐，视觉效果好。图6-7是转塔折叠式裹包机的结构图，其工作原理如图6-8所示。包装物品叠放于装料机构1中，推料机构2将最底部的物品推送出去，其余物品由于重力作用自动填补到下一位置。被推出去的物品与切下的薄膜相遇，在前方挡板的作用下，薄膜将物品三面包住，一起进入转塔（由间歇回转机构4控制，每转45° 为一动作周期）的回转盒中，此时两端面的一角边被折叠；当转塔转到90° 时作间歇停顿，由折叠爪完成长侧边的折叠与加热定型；转到135° 时，进行加热黏合；转到180° 时，转塔再次停顿，此时物品已调头，卸料杆将物品取出，由推料推进器送往端面折叠机构6进行侧面折叠热封：首先折叠两端面和另一短边，随着物品被推进，物品端面的上边被折叠，接着折叠下边，至此折叠全部完成；随后是侧面热封，转向叠放，最后由输送带输出，完成整个包装过程。

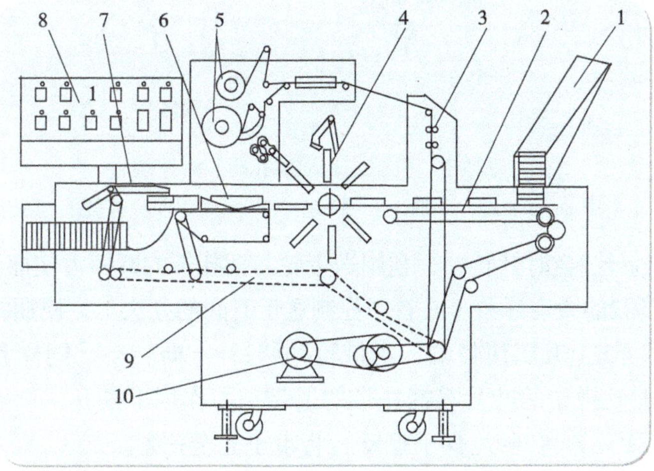

图6-7　转塔折叠式裹包机结构

1—装料机构　2—推出机构　3—包装材料进给机构　4—间歇回转机构　5—包装材料
6—端侧面折叠机构　7—整列排除机构　8—电气控制箱　9—传动装置　10—电动机

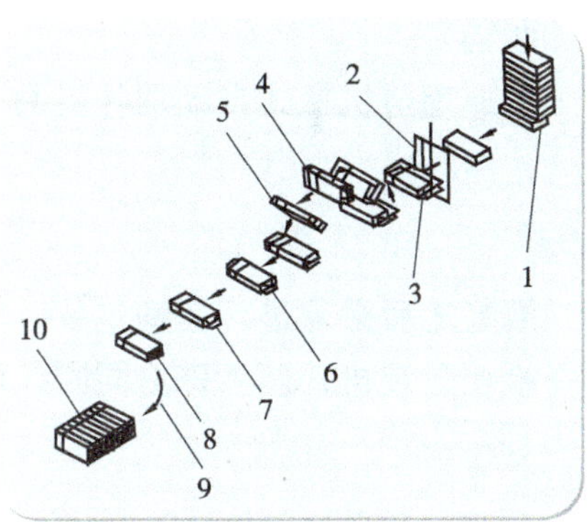

图6-8　转塔折叠式裹包机工作原理

1—包装物被依次推出　2—包装材料切下　3—端侧面短边折叠　4—长侧边折叠加热　5—长侧边加热封口
6—端侧面折上边　7—端侧面折下边　8—端侧面热封　9—包装物回转集合　10—端侧面热封

（五）捆扎机械

捆扎机械是利用带状或绳状捆扎材料将一个或多个包件紧扎在一起的机器，属于外包装设备，目前我国生产的捆扎机基本上采用塑料带作为捆扎材料，利用热熔搭接的方法使紧贴包件表面的塑料带两端加压黏合，从而达到捆紧包件的目的。

下面介绍一种机械式自动捆扎机工作原理。

机械式自动捆扎机采用机械传动和电气控制相结合，无须手工穿带，可连续或单次自动完成捆扎包件，适用于纸箱、木箱、塑料箱、信函及包裹、书刊等多种包件的捆扎。

自动捆扎工作过程由送带、拉紧、切烫、粘接四个环节组成，其工作原理如图6-9所示。

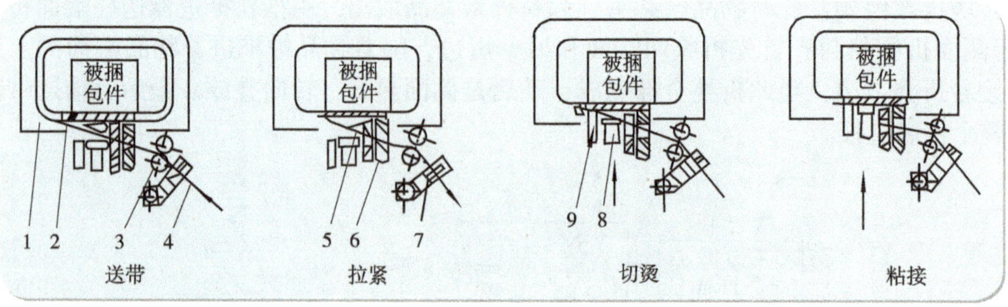

图6-9　机械式自动捆扎机工作原理

1—轨道　2—止带器　3—送带轮　4—捆扎带　5—隔离器　6—右爪　7—张紧臂　8—压力块　9—左爪

（1）送带。送带轮3逆时针转动，利用送带轮与捆扎带的摩擦力使捆扎带4沿轨道1运动，直至带端碰上止带器2的微动开关（或者用控制送带时间的办法），使捆扎带处于待捆位置。

（2）拉紧。右爪6上升压住带端，送带轮3顺时针方向转动，同样利用摩擦力使捆扎带沿轨道1退出，这时轨道中的叶片在捆扎带的退带拉力作用下松开，使捆扎带继续退出直至紧贴在包件表面，而张紧臂7随之向下摆动，将带子完全拉紧。

（3）切烫。左爪9上升将两层捆扎带压住，隔离器5退出而烫头相随跟进，开始将捆扎带两端加热，这时压力块8上升切断捆扎带。

（4）粘接。烫头退回至起始位置，而压力块8继续上升，将两层已加热的捆扎带两端压粘在一起，完成一个周期捆扎动作。

机械式半自动捆扎机的工作原理与机械式自动捆扎机的工作原理相比，除穿带用手工外，其余工作过程均相同。

（六）装箱机与纸箱包装机

对于啤酒、饮料等商品，灌装之后必须进行运输包装，才能加入流通行列。装箱工作可以选择装箱机，也可以选择纸箱包装机，两者殊途同归，均可达到目的。下面对两种装箱机械进行说明。

1. 垂直旋转式装箱机

装箱机是通过机械运转、气动和电动控制，将瓶子成组准确、可靠地放入包装箱中。图6-10是垂直旋转式装箱机的工作原理图，该机械主要由同步输瓶台、同步输箱台、垂直双凸轮槽导轨和大十字臂式抓头等部件组成。其工作过程如下：瓶子和包装箱分别排列于输瓶台与输箱台上，抓瓶装置1在大十字回转架2的带动下，沿着导轨3、4做有规律的回转运动，抓瓶装置始终处于垂直状态。当抓瓶装置到达瓶子上方时，由于导轨3、4的作用，抓头套入瓶颈中，抓牢瓶子，随后离开输瓶台，回转一圈之后，落到输箱台的正上方。此时，抓瓶装置继续下降，将瓶子顺利装入箱子中，抓瓶装置随即离开，再转到输瓶台上方，准备下一个装箱过程。

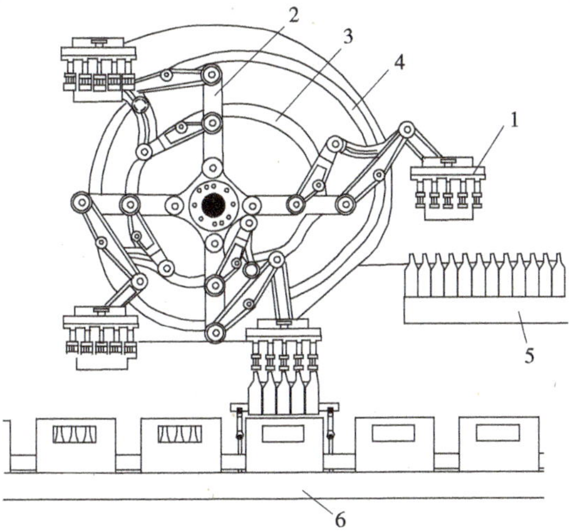

图6-10　垂直旋转式装箱机简图

1—抓瓶装置　2—大十字回转架　3、4—导轨　5—输瓶台　6—输箱台

垂直旋转式装箱机是连续式装箱机，减少了驱动电动机频繁的起动、停止，减少了瓶子与箱子的位置校准及缺瓶、缺箱等检测时间，所以效率较高；并且噪声低，动作准确，安全可靠；由于垂直回转，所以占地面积小。

2. 纸板预成型纸箱包装机

纸板预成型纸箱包装机，是指在纸板输入式包装机中，纸板预先折合成型再输入，瓶子则由推送机构从另一侧一组组地送入纸箱内，完成包装封箱，如图6-11所示。

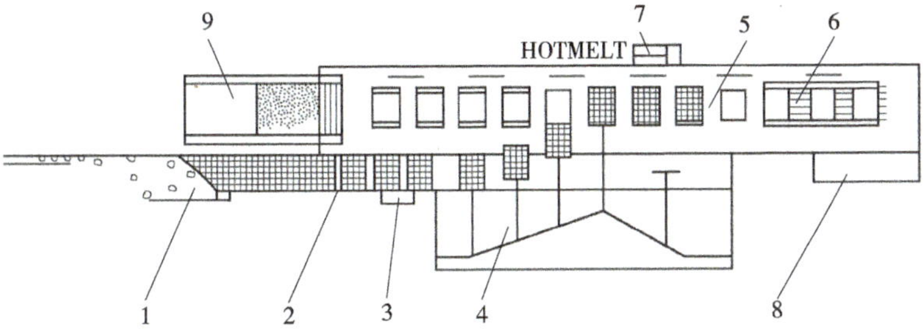

图6-11　纸板预成型纸箱包装机

1—进瓶输送带　2—止瓶、分瓶区　3—操作台　4—推杆机构　5—喷胶粘合区
6—整形压紧区　7—热融胶泵　8—电控柜　9—纸箱储运台

纸箱由纸箱储运台9送入，瓶子由进瓶输送带1送入，两者平行进入，瓶子在成型通道内由几个推杆机构4沿垂直于输送方向推进，推送到已部分成型的纸箱内，纸箱的黏合部分在喷胶粘合区5被涂上胶水，经整形压紧区6成型，进而完成封箱。

纸板预成型纸箱包装机的两条输送通道相互平行，推杆机构外置，所以机身厚实，体积较大，机构运行平稳。

（七）贴标机械

贴标机械是一种通过某种机电控制机构将标签按照人工预订的位置进行粘贴、粘连，从而达到包装目的一种机械装置（如图6-12所示）。贴标机械的主要工作机构由供标装置、取标装置、打印装置、涂胶装置及连锁装置等几部分组成。其工艺过程包括取标签、送标签、涂胶、贴标签、整平等。利用贴标机械可提高产品贴标的贴附效率，贴附位置准确、质量好、稳定性高；避免人工贴标效率低下、贴附歪斜、上胶厚度不均匀和褶皱等一系列问题，并能有效减少糨糊的浪费，降低贴标人力成本，提高产品标识美观度。

图6-12 贴标机械

第三节 切割机械

切割机械主要用于对生产原材料（如钢板、木材、玻璃等）进行分割、集中下料，以提高生产资料的利用率，方便销售和用户使用。按加工对象的不同切割机械可分为剪板机、木工锯机、玻璃切割机等。

一、剪板机

剪板机在流通领域中主要用于钢板或卷钢的剪裁。其作用主要是使板料在剪板机上、下刀刃作用下受剪切而产生分离与变形。一般剪切时下剪刀固定不动，上剪刀向下运动。

1. 剪板机的基本结构

普通剪板机一般由机身、传动系统、刀架、压料器、前/后挡料架、托料装置、刀片间隙调整装置、灯光对线装置、润滑装置、电气控制装置等部件组成。

机身一般由左右立柱、工作台、横梁等组成。现代剪板机机身多采用整体式钢板焊接结构，它相对于老式的铸件组合结构而言，具有质量轻、刚性好、便于加工等优点。

剪板机的传动系统有机械传动系统和液压传动系统之分。现代剪板机多采用液压传动系统，相对于老式的齿轮或蜗轮组成的传动系统而言，液压传动具有剪切力在全行程保持不变，过载能力强，通用化程度高，质量较轻，工作安全可靠，参数调整易于实现自动化等优点。但是，液压传动有行程次数较低，电动机功耗较大，故障排除较机械传动困难等不足之处。

刀架是剪板机的重要部件。老式小型剪板机刀架多为铸铁件，大型的多为铸钢件。近年来，采用钢板结构的刀架日益增多。

压料器的主要作用是使板料在整个剪切过程中始终被压紧在工作台面上。压料器所产生的压料力要能够克服因剪切力的作用而产生的回转力矩，使板料在剪切时不产生位移或翻转，其传动方式多为液压传动。

为适应剪切不同厚度板料的要求，剪板机需根据板厚调节刀片间的间隙，刀片间隙过大或过小都会损坏刀片和影响板料剪切质量。

为了控制剪切板料尺寸和提高定位效率，剪板机设有挡料装置。挡料装置有手动和机动两种，前者主要用于小型剪板机，后者多用于中大型剪板机。

当剪板机不使用后挡料装置或者剪切前刀刃需要与事先划好的刻线对准时，应使用光线对准装置。

托料器的主要作用是将板料托起，使板料在工作台上快速移动。

2. 典型剪板机

按剪板机的刀刃形式和功能不同，剪板机可分为摆式剪板机、多用途剪板机、多条板料剪板机、圆盘剪切机和振动剪切机等多种。下面以振动剪切机为例，说明它们的工作原理。

振动剪切机又称冲型剪切机。它的工作原理是通过曲柄连杆机构带动刀具做高速往复运动，行程次数由每分钟数百次到数千次不等，如图6-13所示。

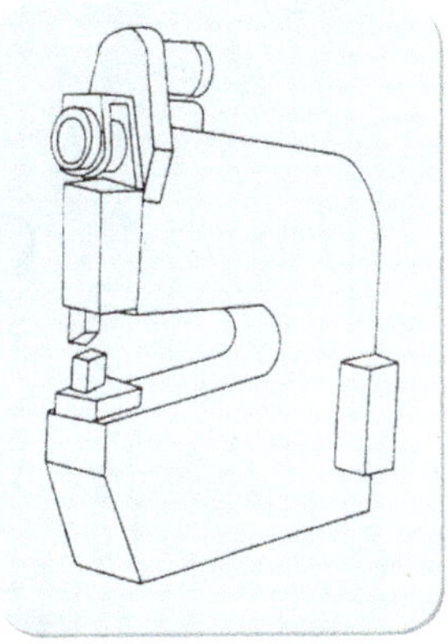

图6-13　振动剪切机

振动剪切机是一种万能板料加工设备，在进行剪切下料时，利用刀杆上的上冲头沿事先划好的线或样板对被加工板料进行逐步剪切。此外，振动剪切机还能进行冲孔、落料、冲口、冲槽、压肋、折弯及锁口等工序。它适用于短金属件的中小批量生产，被加工板料厚度一般小于10mm。振动剪切机具有重量轻、体积小、工艺适应性广、工具简单等优点，但生产效率低，剪切和工作时要人工操作，振动噪声大，加工精度不高。

二、木工锯机

木工锯机是用有齿锯片、锯条或带齿链条切割木材的机器。它广泛用于木材流通过程中对原木和木材初级制品的加工，木材集中加工能满足大量不同加工的要求，并做到节省材料，减轻劳动强度，保证加工质量。

锯机按刀具的运动方式可分为刀具做往复运动的锯机，如弧锯机、线锯和框锯机；刀具做直线运动的锯机，如带锯机和链锯；刀具做旋转运动的锯机，如各种圆锯机。

1. 带锯机

带锯机是依靠带锯条沿一个方向连续运动而实现切割木材的，带锯条呈环状且被张紧在锯轮上。带锯机主要用于纵向剖分木材。锯条运动方向垂直于木材纵向轴线，但个别也采用锯条与原木纵向轴线平等的布局来剖分木材，如图6-14d所示。也有部分用作截断原木之用，如图6-14g所示。带锯机的主参数是锯轮直径，通常锯轮直径大于或等于1 500mm的带锯机称为重型，小于或等于900mm的称为轻型，两者之间称为中型。

带锯机按工艺用途不同可以分为原木带锯机，如图6-14a、h、i、j、k、l所示，主要用于将原木锯解成木方、板材；再剖带锯机，如图6-14b、e、f所示，主要用作将毛方、厚板材、厚板皮等再剖成薄板材；细木工带锯机，如图6-14c所示，可用于成批较小零件的加工或外形为曲线的零件加工。与圆锯机、框锯机相比，带锯机所用锯条较薄，可减少锯路损失，增加成材出材率。跑车木工带锯机以跑车夹持并送进原木，易于实现看材下锯，能够最充分地锯割出等级较高的成材，有利于成材质量和等级的提高。因而带锯机，尤其是跑车带锯机是最常见的机械之一，应用广泛，发展也较迅速。

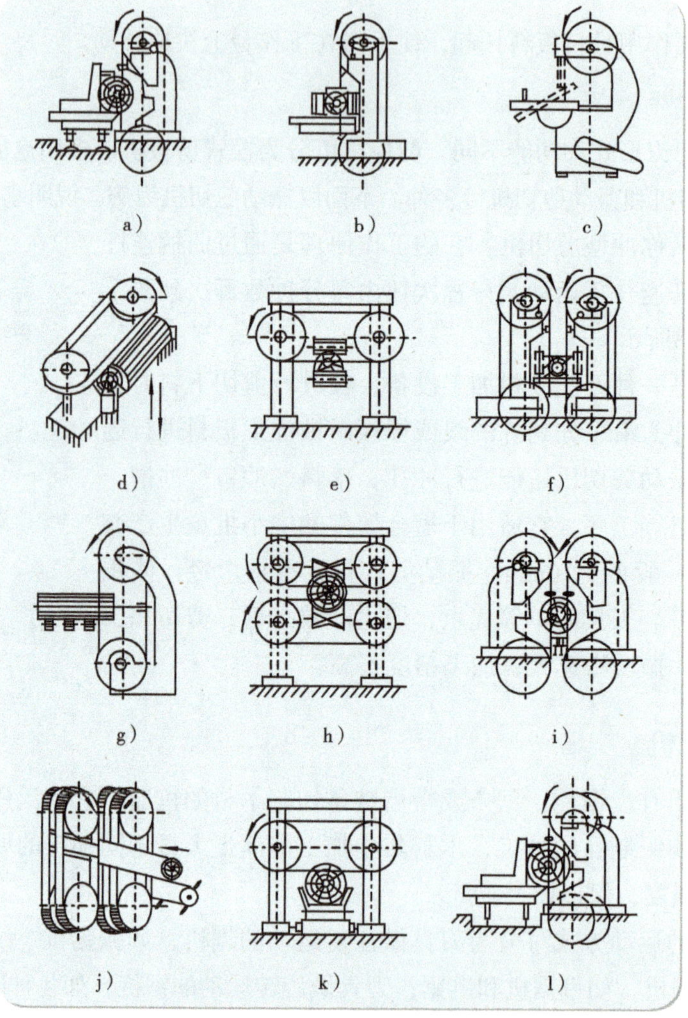

图6-14　木工锯机分类简图

a）跑车带锯机　b）再剖带锯机　c）细木工带锯机　d）立轴带锯机　e）卧式再剖带锯机　f）双联再剖带锯机　g）横截带锯机　h）双联卧式带锯机　i）双联跑车带锯机　j）四联带锯机　k）卧式跑车带锯机　l）双联纵列跑车带锯机

2. 框锯机

框锯机主要用于将原木或毛方锯解成方材或板材。其主要特点是因锯框上安装多片锯条，在一次进给中能锯出较多的木材，自动化程度较高，生产效率较高，锯条刚性好，锯出的板面质量较好，对操作人员技术要求低。但单框锯机锯条较厚，锯路大，原材损失大，出材率不及带锯机。框锯机的主运动是往复直线运动，有空行程损失，且换向时惯性较大，限制了切削速度的提高。

3. 圆锯机

按切削刀具的加工特征，圆锯机可分为纵剖圆锯机、横截面圆锯机和万能圆锯机。纵剖圆锯机主要用于对木材进行纵向锯解；横截面圆锯机主要用于对工件进行横向截断。圆锯机结构简单，效率较高，类型众多，应用广泛。

4. 多联木工带锯机

多联木工带锯机是由多台单锯条立式带锯机组合而成的新型现代化机械。通常是在一个进给机构条件下，用多台带锯机同时锯剖木材。根据组合在一起的锯条数，可分为双联、三联、五联和六联带锯机；根据各锯条相对于工件的位置又可分为对列式（或称并列式）和纵列式。前者将各锯条配置在原木纵向轴线两侧的对称位置上，后者将锯条安置在原木纵向轴线的一侧。

多联带锯机各锯条之间的距离，可根据所需板、方材的宽度，按指令自动、快速、准确地调整，是一种新型高效的制材机械。它可以作为主锯机将原木剖成毛方和毛边板或起再剖锯的作用，将毛方、方材、厚板锯剖成较薄的板材。

多联带锯机既具有普通带锯机锯条薄、锯路窄、出材率较高的优点，同时又具有像框锯机一样，可以连续进料，一次能完成多道锯，生产率较高的优点。

由于多联木工带锯机可以提高制材生产效率，提高成材出材率和木材综合利用率，具有良好的灵活性和锯切精度。它应用广泛，是国内外现代化木材加工的主要设备。

三、玻璃切割机

玻璃切割机是对玻璃进行切割的专用机械。平板玻璃的“集中套裁、开片供应”是重要的流通加工方式。这种方式是在城镇中心设立若干个玻璃套裁中心，负责按用户提供的图样统一套裁开片，向用户供应成品。在此基础上还可逐渐形成从工厂到套裁中心的稳定、高效率、大规模的平板玻璃“干线输送”，以及从套裁中心到用户的小批量、多户头的“二次输送”。这是一种现代物流模式。这种模式的好处包括：

（1）平板玻璃的利用率可由不实行套裁时的62%～65%提高到90%以上。

（2）可以促进平板玻璃包装方式的改革，从工厂向套裁中心运输平板玻璃，如果形成固定渠道，便可进行大规模集装，可以不断节约大量包装用木材，而且可以防止流通中玻璃的大量破损。

（3）套裁中心按用户需要裁制，有利于玻璃生产厂简化规格，搞单品种大规模生产，提高工厂生产效率，而且可简化工厂切裁、包装等工序，使工厂能集中力量解决生产问题。

（4）现场切裁玻璃劳动强度大，废料也难于处理，集中套裁可以广泛采用专用设备进行裁制，废料数量少且相对集中，易于处理。

（5）玻璃套裁中心可以装置专用设备对玻璃进行特形裁制、美术加工等深加工，增加附加值。

（一）玻璃自动切割机

1. 玻璃自动切割机的基本结构

玻璃自动切割机一般由切桌、切割桥、控制柜、掰板台、供电柜等主要部件组成。

切桌由支架、桌面、输送带及传动装置、气垫装置等构成。支架是用来支持桌面的，它由型钢柱、型钢梁等构成，其外侧一般整面封以钢板，做成柜式。桌面由层合板做成，有数条（一般为3～6条）输送带纵向排列其上，自切桌的首端至末端，桌面纵向外沿各固定一金属齿条，齿条与输送带、输送带与输送带之间的外露的桌面均铺设有毛毡，桌面开有许多小孔，孔与气垫风箱相连，输送带的上表面平时略低于毡面，输送玻璃片时需通过抬起装置将其抬起，使其上表面略高于毡面，输送带的传动装置及抬起装置均装于桌面下。气垫装置由风箱、风管、风机等构成，风箱装于桌面下，与桌面小孔相连，风箱通过风管与风机相通。风机向风箱吹风，风箱中的空气从小孔溢出，形成气垫，将玻璃托起，防止玻璃表面擦伤。

切割桥是横跨于切桌上空的金属结构桥，它支承于切桌纵向外侧的金属导轨上。切割桥纵向运动的传动机构由编程器、编程电动机、齿轮组成。从控制柜来的控制脉冲传到编程器，由编程器换算为编程电动机的转动转数，编程电动机的曲轴带动小齿轮，后者的齿数、齿距是固定的，控制编程电动机的转数就可以控制切割桥的纵向运动距离。此传动机械共有两套，每边各一套，同步运转。

2. 玻璃自动切割机的基本工作原理

当切割玻璃时，要将玻璃片准确地停在切桌一定的位置上。当需要调整玻璃片的位置时，起动风机，使风机向风箱吹风，风箱中的空气从小孔溢出，形成气垫，将玻璃托起，调整好玻璃片的位置。关闭风管闸板，玻璃片落在桌面上。通过数控系统控制切割头的运动，切割机即可按所输入的数据经过微机处理，自动组合，在玻璃片内切出要求的半成品。将已切出刀痕的玻璃片由切桌上的输送带送入掰板台，气垫装置将玻璃托起，人工手扶玻璃片，将其移至顶板上的适当位置，然后停止送风。玻璃片落在台面上，人工脚踏顶板机构，使顶板升出台面，玻璃自刀痕处断开。做第二次掰断时，先将气垫送风闸板打开，使台面产生气垫，由人工将玻璃片移至适当位置，停止送风，然后用顶板将玻璃掰断。

（二）翻转式玻璃切割机

翻转式玻璃切割机由切桌、切割桥、液压翻转装置、控制柜、供电柜等主要部件组成。

切桌的桌面、气垫装置与前述玻璃自动切割机相同，支架由型钢、型钢梁构成，其外侧不装封板。桌面设有输送带，纵向设有一块、横向设有两块掰断玻璃用的顶板，这些顶板用气动装置控制其升降运动。桌面纵向一侧有支撑玻璃片的挡辊。

切割桥由金属结构和切割头组成，切割头分单切割头和双切割头两种。横向、纵向切割分别使用不同的切割头，在切割桥的导轨上安装一个横向切割头，只能进行横向切割。切割桥导轨一侧装有精细的标尺，切割头装在位于导轨的滑块上，其位置由人工依据切裁的尺寸对照标尺精确定位。两种切割头上的硬质合金刀轮均装在一个小型气缸的活塞杆上，工作时向气缸提供压缩空气，刀轮向下并以一定压力压在玻璃上。纵向切割头一般不需全部工作，需要工作时，其供气支管的调节阀事先打开，此种切割桥采用人工操作按钮。

液压翻转装置由一组液压缸组成。切桌的一侧支架与固定在地面的钢结构铰接并设有一组液压缸，其活塞杆端部与切桌的型钢梁铰接，当活塞处于拉回状态时，切桌面呈水平状态；当液压缸反向供液，活塞杆推出时，切桌面翻转80°，此种玻璃切割机只能切出矩形的玻璃。大规模的玻璃原片，通常采用吊机—真空吸盘组合装置装片。

（三）靠模玻璃切割机

靠模切割机由气垫切割台、气箱、风机柜、电气柜、进料辊、模板、模板架、切割臂、切割头等组成。气箱、风机柜、电气柜用型钢及钢板组成箱体，箱体型钢架的四角下面各有一个调节螺栓。气箱在箱体的上部，下部是电气柜和风机柜。各部分由钢板隔开，风机柜内安装风机，有送风管、吸风管，管上装有换向阀。

进料辊是套有橡胶的辊子，用轴承座装于风箱三个侧面的上沿，装卸玻璃时，先将玻璃靠在辊上，避免玻璃表面被切割台边缘擦伤。

气垫切割台装在气箱的顶部，由钻有许多小孔的铝板、毛毡、定位块及定位杆组成。小孔与气箱相连，当风机向气箱送风时，台面形成气垫；当拨动换向阀，使风机从气箱抽气时，台面形成负压场，将玻璃吸牢在切割台面上。在台面横向有定位块，纵向有定位杆，用来将玻璃原片在台面上定位。

模板由多层胶合板制成，中间按所需切割的玻璃尺寸加上余量后，将胶合板中间挖空，用模板架将其固定在气垫切割台面的上方。模板架有两道定位架，固定架装在切割台纵向的操作侧，可移定位架装于气箱横向外侧上沿的滑轨上，模板装于这两道定位架上，并由锁紧装置锁紧，确保切割玻璃时模板不摆动。

切割臂由两段铝型材工作臂铰接而成。气箱型钢架非操作侧装有一支架，切割臂的一端装于此支座的立轴上，处于模板的上方，可在模板的上方绕支座上的立轴及铰接轴摆动。支座下面有两只调节螺栓，调整此两螺栓，可使切割臂在水平面上摆动。切割臂的另一端装切割头。切割头由手柄、按钮盒、挡轮、挡套、刀轮座、刀轮、切割液管子及阀门等组成。

（四）水平夹层玻璃自动切割机

大批量生产的大规格夹层玻璃，广泛应用于现代建筑中。实际使用时往往需按订单的尺寸进行切割加工，然后供用户使用。切割夹层玻璃的自动切割机类型很多，水平式夹层玻璃自动切割机就是其中一种。

从结构上看，水平式夹层玻璃自动切割机主要由切割机和掰断两大部分组成。前者的切桌、切割桥、控制箱等部件的结构与玻璃自动切割机的很相似。其主要特点是有两个切割桥，分别安装在切桌的上、下方。两个切割头同时同方向在同一垂直面上对夹层玻璃的上下表面进行切割，两条刀痕两边用夹板夹紧，然后液压装置将玻璃在断裂处拉开，中间的PVB薄膜即被拉断，夹层玻璃就一分为二，即使是厚玻璃及膜片的边缘都是平滑的，尺寸精确。此种夹层玻璃自动切割机能切割有4mm厚膜片、总厚度达28mm的夹层玻璃，但只能切割双层玻璃，只能直线切割。往往需使用起重设备将大块的夹层玻璃装上切桌。

（五）水平式无齿锯切割机

水平式无齿锯切割机可以用来切割多层双层玻璃，它的结构由金刚砂砂轮片、传动装置、固定悬臂梁、移动式载物架、导轨、导向板、工作台、机架、水喷头及控制盒等组成。

工作台、固定式悬臂架与机架连成一体，构成一个坚固的钢结构。在工作台上安装有导轨及导向板，导轨上装有移动式导物架。在固定式悬臂梁上安装有金刚砂砂轮片的传动装置，通过带有传动装置的轴直接带动砂轮片转动。水喷头装在固定式悬臂的一侧，与水管相连，切割玻璃时，自来水经喷嘴喷在砂轮片与玻璃相接处，起到冷却砂轮片及防止玻璃粉尘飞扬的作用。

水平式无齿锯切割机的工作原理是传动装置在变速电动机的驱动下，带动砂轮转动，将所切割的夹层玻璃平放在移动式载物架上，导向板定位后，夹层玻璃的一边紧靠导向板，起动传动装置，先用低速运转，缓缓推动移动式载物架，即可将夹层玻璃切割成预定的尺寸。如在移动式载物架上装上具有一定角度的垫板，再将夹层玻璃放在垫板上，则夹层玻璃的切口是斜切口，斜度与垫板斜角互为补角。该机适用于切割规格较小的产品，并能切厚度大的夹层玻璃。

| 经典案例 |

优化灌装技术 提高产品性能

2015年12月，广州达意隆公司在为纳爱斯总部实施的首条高速洗洁精生产整线成功投产后，又为纳爱斯分基地顺利交付两条高速线。后继项目方案中，达意隆精益求精，在灌装技术上取得新突破，效果显著，以超客户预期的性能完成项目。

一、优化灌装阀降低温度干扰

以往，物料灌装多采用电磁流量计定量灌装的方式，使用单速灌装阀。为了达到较高的灌装精度，需要限定物料流速。这种灌装方式对物料性状要求较高。物料受温度变化容易产生性状改变，高温处于拉丝状态，低温处于结晶状态。

针对这一问题，达意隆对灌装阀进行了优化改进，首先采用双速（快慢）灌装阀，快速灌装可以节省灌装时间，慢速灌装可以提高灌装精度；其次，增加了回吸功能，有效减少拉丝现象；另外，优化了灌装机物料罐结构，在不同温度下可以调整灌装压力，从而减少物料性状变化所带来的影响，有效地解决了温度干扰问题。

二、同步螺杆传输技术避免产品溢出

洗洁精灌装后，瓶子的液位很高，在高速输送时容易溢出。此前项目中，达意隆将灌装机、各级输瓶带、旋盖机采用联动方式，虽有效解决产品溢出的问题，但程序较为复杂，尤其在控制方面要求极为细致严谨。

新项目采用同步螺杆传输技术，在灌装出瓶星轮与旋盖进瓶星轮之间使用螺杆，进行同步传输瓶子。这种传输方式中，瓶子始终保持固定间距，不会发生挤压、碰撞现象，从而可有效避免产品在旋盖前输送过程中的溢出现象。与之前的技术相比，同步螺杆传输技术不仅程序简易，并且在灌装机与旋盖机之间节省了大量的输瓶带，有效地为客户节省了成本和空间，生产线的布置也更简洁美观。

三、提高灌装精度，节约客户成本

该项目还应用了达意隆新研发的称重定量灌装技术，取代之前的电磁流量技术。称重定量灌装技术使用了称重仪对产品进行定量灌装，采用双速灌装。终端测量能极大程度地提高灌装精度，为客户节约生产成本。

【资料来源：中国包装机械门户网】

复习思考题

1．流通加工与普通的生产加工相比，有何不同之处？

2．包装机械在结构上有何特点？一般包装机械由哪些基本结构组成？

3．计量充填机械有哪几大类，各自的计量原理有何不同？

4．物流过程中，哪些货物需用灌装？简述啤酒等压灌装机的工艺过程。

5．常用的封口机械有哪几类？各适用于什么场合？

6．简述折叠式裹包机的工作过程。

7．简述机械式自动捆扎机的工作原理。

8．瓶装啤酒或饮料的装箱工作，可以由垂直旋转式装箱机或纸板预成形纸箱包装机来完成，请讨论各自的优缺点。

9．不同木锯机的共同特点是什么？

10．玻璃切割机在结构上有什么特点？

第七章 Chapter Seven

物流信息技术与设备

知识目标

了解常用物流信息技术的种类及特点，熟悉各种典型物流信息设备的基本原理和应用。

能力目标

了解条形码识别系统的主要设备配置和全球定位系统的组成，掌握射频识别的应用。

随着现代物流技术的发展，信息技术在物流活动的各个环节应用越来越广泛，物流信息化的必要性逐渐显现。人们认识到信息是物流企业的重要资源，物流信息化可以给企业创造良好的经济效益。物流信息技术是现代物流区别传统物流的根本标志，也是物流技术中发展最快的领域，尤其是计算机网络技术的广泛应用使物流信息技术达到了较高的应用水平。

根据物流的功能以及特点，物流信息技术包括如计算机技术、网络技术、信息分类编码技术、条码技术、射频识别技术、电子数据交换技术、全球定位系统（GPS）、地理信息系统（GIS）等。

第一节　条码自动识别设备

条码作为一种信息载体，在各个领域迅速得到应用和推广，因此，市场上出现了品种繁多的适合于各个应用场合的条码自动识别设备。目前，条码自动识别设备正向着多功能、远距离、小型化、安全可靠、经济适用等方向发展。条码技术在物流领域的应用，可以大大提高物流效率和物流服务质量。

一、条码识读的基本原理

条码符号是图形化的编码符号，条码符号的识读必须借助一定的专用设备，将条码符号中所表示的编码信息转换成计算机可识别的数字信息。因而条码识读系统应该由扫描系统、信号整形、译码三个功能部分组成，如图7-1所示。

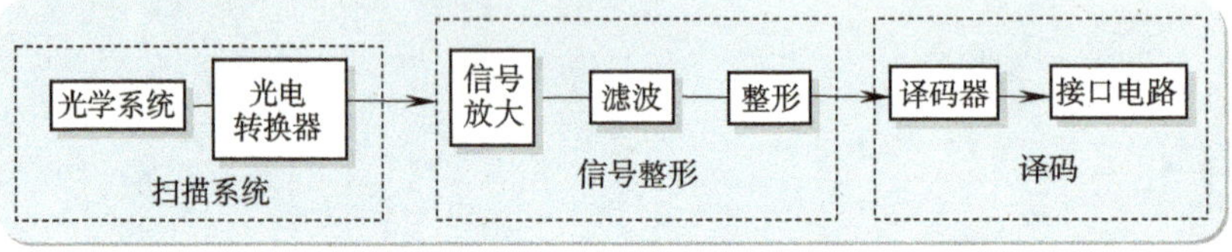

图7-1 条码识读系统的功能组成

扫描系统由光学系统和光电转换器组成，其功能是完成对条码符号的光学扫描，通过光电转换器，将获得的条码符号的光信号转换成为模拟电信号。

信号整形部分由信号放大、滤波和整形部分组成，其功能是将扫描系统获得的模拟电信号处理成为标准电位的矩形波信号，即标准的数字脉冲信号，其高低电平的宽度与条码符号的条空尺寸相对应。

译码部分一般由嵌入式微处理器组成，它的功能是对获得的条码脉冲数字信号进行译码，译码的结果通过接口电路输出到条码应用系统中的数据终端。

二、条码识读设备简介

（一）条码识读设备的分类

按照条码识别设备能够识别码制的能力和识读原理，可将其分为光笔与卡槽式、激光式、CCD图像式三类条码扫描器。光笔与卡槽式条码扫描器只能识读一维条码；激光式条码扫描器只能识读一维条码和行排式二维条码（如PDF417码）；图像式条码扫描器不仅可以识读一维条码，而且还能识读行排式和矩阵式二维条码。

（二）常用识读设备简介

1．激光式扫描器

常见的激光式扫描器包括手持激光扫描器与全向激光扫描器。

手持激光扫描器又称激光枪，是一种被广泛应用的远距离条码阅读设备，其外观如图7-2所示。

图7-3所示是一种全向激光扫描器。对于标准尺寸的商品条码以任何方向通过扫描器识读区域时都能被准确地识读。这种扫描器一般用于商业超市的收款台，可以安装在柜台下面，也可以安装在柜台侧面。

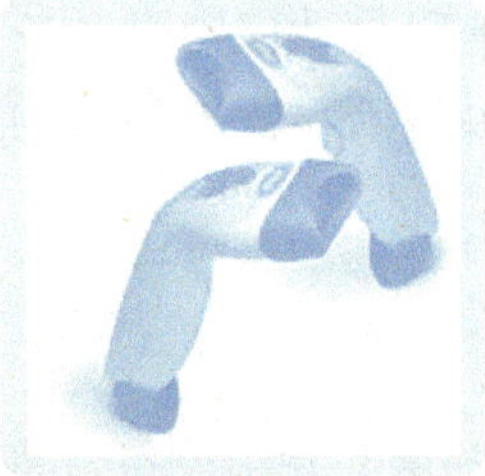

图7-2 手持激光扫描器

图7-3 全向激光式扫描器

激光扫描技术的基本原理如图7-4所示，先由机具产生一束激光，再由转镜将固定方向的激光束形成激光扫描线（类似电视机的电子枪扫描），激光扫描线扫描到条码上再反射回机具，由机具内部的光敏器件转换成电信号。

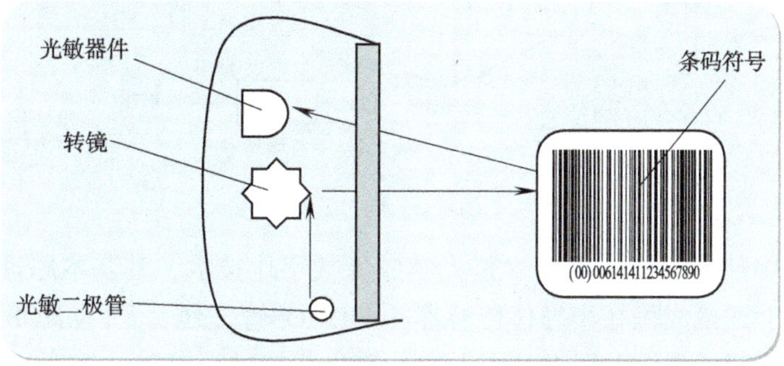

图7-4　激光扫描工作原理

激光扫描器的优点是识读距离适应能力强，且具有穿透保护膜识读的能力，识读的精度和速度比较容易做得高些。缺点是对识读的角度要求比较严格，而且只能识读层叠式二维条码（如PDF417码）和一维条码。

2. CCD扫描器

CCD扫描器是一种图像式扫描器，它是采用CCD（Charge Coupled Device）元件作为光电转换装置，CCD元件也叫CCD图像感应器。CCD扫描器在扫描条码符号时，其内部不需要任何驱动机构，便可实现对条码符号的自动扫描。图7-5所示是手持式CCD扫描器，图7-6所示是固定式CCD扫描器，这是两种基本结构形式。

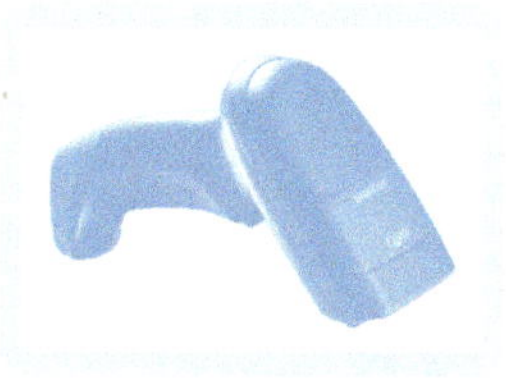

图7-5　手持式CCD扫描器

图7-6　固定式CCD扫描器

CCD元件通常选用具有电荷耦合性能的光敏二极管和CMOS电容制成。可将CCD元件排列成一维的线阵或二维的面阵。用于扫描一维条码的CCD扫描器通常选用一维的线阵，用于扫描二维条码的图像扫描器通常选用二维的面阵（也可选用一维的线阵）。一维CCD扫描器的构成及工作原理如图7-7所示。光源照射到条码符号上，反射回来的光线将条码符号成像在光敏二极管阵列上，由于条和空的反光强度不同，因而不同位置的光敏二极管接收到强度不同的光信号，因而产生不同的电信号，通过信号整形电路把相应的电信号进行放大、整形输出，最后形成与条码符号信息相一致的电信号。为了保证一定的分辨率，光电元件的排列密度要保证条码符号中最窄的元素至少应被2～3个光电元件所覆盖，而阵列的总长度应能够覆盖整个条码符号的图像。

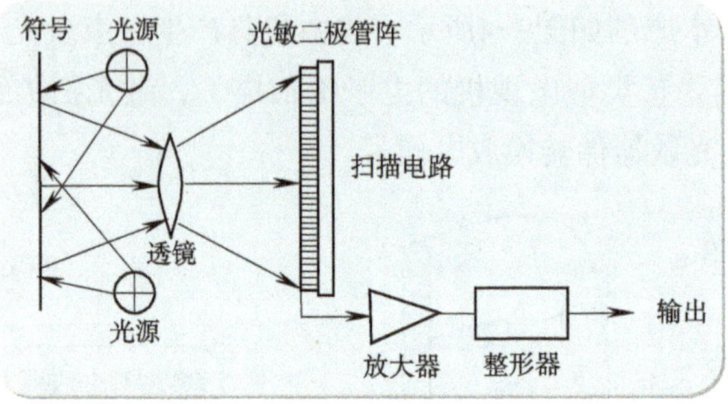

图7-7 CCD扫描器的工作原理

在条码识读器中使用的另一项技术是光学成像数字化技术，其基本原理如图7-8所示。它是将图像通过光学透镜成像在半导体传感器（即CMOS管阵列）上，CMOS管电路直接将图像数字化，并将采集到的图像数据送到嵌入式计算机系统进行处理。处理的内容包括图像处理、解码、纠错、译码，最后将处理结果通过通信接口（如RS232接口）送往计算机。

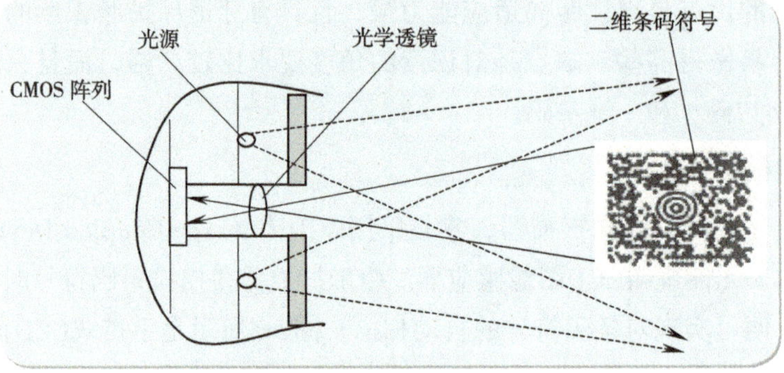

图7-8 光学成像数字化技术原理

3. 光笔和卡槽式扫描器

光笔和大多数卡槽式条码扫描器都采用手动扫描的方式。扫描器内部设有扫描光束驱动装置，发射的照明光束的位置相对于扫描器是固定的，完成扫描的过程需要人工手持扫描器扫过条码符号，属于固定光束式扫描器。光笔扫描内部结构如图7-9所示。

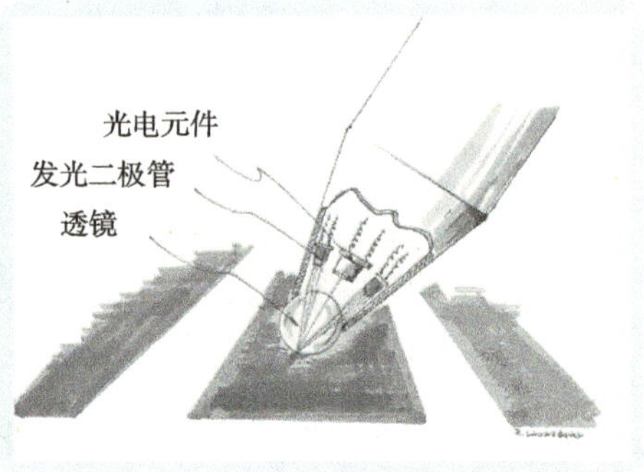

图7-9 光笔扫描内部结构

卡槽式扫描器也属于固定光束扫描器，其内部的结构和光笔类似，它上面有一个槽，手持带有条码符号的卡从槽中滑过实现扫描。这种识读器广泛用于时间管理和考勤系统。它经常和带有液晶显示和数字键盘的终端集成为一体。

三、数据采集器

数据采集器也称为数据终端，它是将手持式扫描器与掌上计算机（手持式终端）的功能组合为一体的设备单元。数据采集器与扫描器相比多了自动处理、自动传输功能。条码扫描器扫描条码后，经过接口电路直接将数据传送给计算机，而数据采集器扫描条码后，先将条码数据存储起来，根据需要再将数据以不同的传输方式送给计算机，根据实际情况需要，采集的数据可以实时传送，也可以批处理传送。另外，数据采集器作为一种终端设备，还可以直接利用终端的应用软件对数据进行处理。

根据数据传输的方式，数据采集器可分为便携式数据采集器（批处理方式）和无线数据采集器（实时处理方式）两大类。

（一）便携式数据采集器

便携式数据采集器是集条码扫描、显示、数据处理、数据通信等功能于一体的高科技产品，是计算机技术与条码技术的完美结合。

它的硬件基本配置有CPU、内存、电池、各种外设接口；软件配置有：操作系统、可以编程的开发平台、独立的应用程序。

便携式数据采集器根据其功能特点又可分为数据采集和数据管理两种类型。数据采集型的产品主要应用于供应链管理的各个环节，快速采集物流条码数据，在采集器上只做简单的数据存储、计算等处理，通过通信座将数据传输给计算机系统。图7-10所示的日本CASIO-DT900数据采集器就是数据采集型，这类采集器操作系统通常是DOS系统。数据管理型的产品主要用于数据采集量相对较小、数据处理要求较高（通常情况下包含数据库的各种功能）的场合，此类设备的功能主要考虑对采集的条码数据能够全面地分析，并得出各种分析、统计结果。为达到上述功能，通常采用WinCE/Palm/安卓等操作系统，可以内置小型数据库，如日本CASIO的IT70/IT700/DT-X10等设备。

图7-10 CASIO-DT900数据采集器

（二）无线数据采集器

无线数据采集器具有便携式数据采集器的所有功能，它与计算机的通信是通过无线电波来实现的，可以把现场采集到的数据实时传输给计算机网络系统，如图7-11所示。

无线式数据采集器之所以称之为无线，就是因为它可以直接通过无线网络与计算机、服务器进行实时数据通信。要使用无线数据采集器就必须先建立无线网络（见图7-12）。无线登录点（Access Point，AP）是无线网络中一个不可缺少的设备，它相当于一个连接有线局域网（LAN）和无线网络的网桥，它通过双绞线或同轴电缆接入有线网络，无线数据采集器则通过与AP的无线通信和局域网的服务器或计算机进行数据交换。

图7-11 无线数据采集器

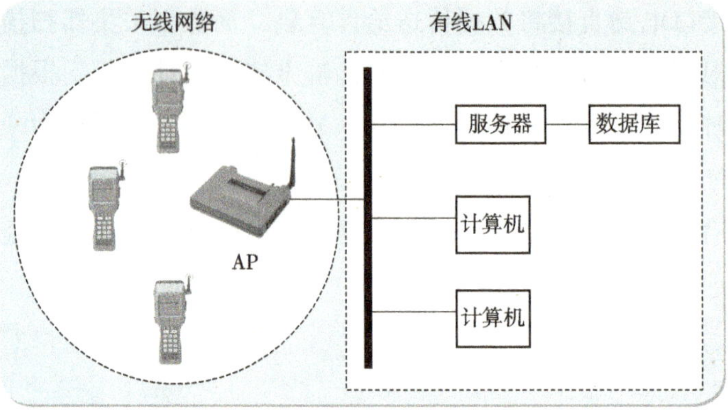

图7-12　无线数据采集器与计算机网络的连接

基本工作过程是：条码数据从无线数据采集器发出，通过无线网络到达当前无线终端所在频道的AP，AP通过连接的双绞线或同轴电缆将数据传入有线局域网，数据最后到达服务器的网卡端口后进入服务器，经分析处理后的数据通过原路径返回到无线数据采集器。所有数据都以TCP/IP通信协议传输。可以看出，操作员在无线数据采集器上所有操作后的数据都在第一时间进入后台数据库，也就是说无线数据采集器将数据库信息系统延伸到每一个操作员的手中。

无线数据采集器与计算机系统的连接常用以下三种方式。

（1）终端仿真（TELNET）连接。在这种方式下，无线数据采集器本身不需要开发应用程序。只是通过TELNET服务登录到应用服务器上，远程运行服务器上面的程序。在这种方式下工作，由于大量的终端仿真控制数据流在无线采集器和服务器之间交换，通信的效率相对会低一些。但是由于在数据采集器上无须开发应用程序，在系统更新升级方面会相对简单、容易。

（2）客户端/服务端（CLIENT/SERVER，C/S）结构。这种方式的系统也分为两部分：客户端为无线数据终端，服务端为数据交换服务器。这种情况下，客户端和服务端都需要开发相应的程序，但这两端的程序并不是完全独立。由于数据实时交互传输，同时可能有多台数据终端与服务端进行数据传输，这时服务端必须知道每个数据终端发出的具体作业请求是什么，这就需要建立一个客户端和服务端之间的消息互通约定表，这样服务端才能在多线程数据处理过程中应对自如。

（3）浏览器/服务器（Browse/Server，B/S）结构。在无线数据采集器上面内嵌浏览器，通过HTTP协议与应用服务器进行数据交换。它必须使用浏览器，通过HTTP协议与服务器进行数据交换。这种方式对无线数据采集器的系统要求较高，如基于WinCE操作系统平台就有内置的浏览器支持。

四、条码打印设备

条码打印设备大致分为两类，即通用打印机和专用条码打印机。通用打印机有点阵式打印机、喷墨式打印机、激光打印机等。使用通用打印机打印条码标签一般需专用软件，通过生成条码的图形进行打印，其优点是设备成本低，打印的幅面较大，用户可以利用现有设备；

缺点是通用打印机并非为打印条码标签专门设计的，因此用它印制条码在使用时不太方便，实时性较差。专用条码打印机是专为打印条码标签而设计的，它具有打印质量好，打印速度快，打印方式灵活，使用方便，实时性强等特点，是印制条码的重要设备。

专用条码打印机主要有热敏式条码打印机和热转印式条码打印机两种类型，如图7-13所示。热敏式打印和热转印式打印是两种互为补充的技术，两者工作原理基本相似，都是通过加热方式进行打印。热敏式打印机采用热敏纸进行打印，热敏纸在高温及阳光照射下易变色，用热敏打印机打印的标签在保存及使用上存在一些问题。但因为其设备简单、价格低，因此，热敏打印机广泛应用于打印临时标签的场合，如零售业的付货凭证、超市的结账单、证券公司的交易单等。在热敏打印机的基础上，又发展出了一种新型打印机称为热转印式打印机。热转打印机的执行部件与热敏打印机相同或相似，但它使用热敏色带。执行打印操作时，通过对热敏色带相应点的加热，使色带上的颜色转印在普通纸上，从而形成文字或图形。其发热元件的排列密度一般在150～270点/m^{2}之间，打印速度在40～150mm/s之间，其中某些型号的打印速度可调。热转印式条码打印机以其优良的性能逐步成为条码现场打印领域的主导产品。

图7-13 专用条码打印机

五、条码检测设备

条码符号本身必须符合质量要求，这就需要条码检测设备对条码质量进行检测。专用条码检测设备一般分为两类：便携式条码检测仪和固定式条码检测仪。

（一）便携式条码检测仪

图7-14所示为便携式条码检测仪。便携式条码检测仪可以随身携带，可在任何场合对条码进行快速检测，非常方便地测得条码的有关质量参数，并判断其质量是否合格。

图7-14 便携式条码检测仪

（二）固定式条码检测仪

固定式条码检测仪是一种专门设计的，安装在印刷设备上的检测仪，它对条码符号的制作和生成条码的主要参数进行连续的检测和分析，以便使操作者及时地掌握和控制印刷过程。一些智能化的检测设备还能自动反馈控制指令以提高符号的生成质量，并重新印刷有缺陷的条码标签。这样可以大大提高条码印制的生产效率，降低成本，保证条码的生成质量。

六、条码技术在物流中的应用

由于条码的识别具有快速、准确、便于操作等特点，在供应链物流的各环节都引入条码技术，采用应用计算机系统与数据采集器的结合方式，能方便、准确地完成物流的相关管理。

（一）仓储管理

条码技术的应用可以提高仓储管理的自动化水平，如在入库作业中利用条码扫描器可以直接读取入库单以及货物的条码信息，避免手工书写票据和送到机房输入的步骤，大大提高了工作效率。同时解决了库房信息滞后的问题，提高了交货日期的准确性。在货架货物的存取作业中，可以利用条码数据采集器直接读取货架、货物信息，进行验证，防止错误操作产生。采用条码技术可以解决票据信息不准确的问题，提高客户服务质量，减少无效劳动。

（二）配送管理

配送中心在业务处理中的订货、收货、入库、理货、在库管理、配货、补货等作业流程中都大量应用了条码技术。在国内，条码技术日益被配送中心所重视和应用，如上海联华的现代化配送中心、宝供的物流中心等都采用了国际最新的条码技术。在他们所用的条码中，除了商品的条码外，还有货位条码、装卸台条码、运输车条码等。条码的应用使得配送中心库存降低，商品损失减少，提高了经营效率。

第二节 GIS与GPS设备

一、GIS设备（地理信息系统设备）

GIS（Geographic Information System）即地理信息系统，它是以空间地理数据为基础，采用地理模型分析方法，适时地提供多种空间的和动态的地理信息，是一种为地理研究和地理决策服务的计算机技术系统。其主要特征是存储、管理和分析跟位置有关的信息。它通过对多要素数据的操作和综合分析，方便快速地把所需要的信息以图形、图像、数字等多种形式输出，满足各应用领域或研究工作的需要。地理信息系统技术广泛应用于农业、林业、国土资源、地矿、军事、交通、测绘、水利、广播电视、通信、电力、公安、社区管理、教育、能源等几乎所有的行业，并正在走进人们日常的工作、学习和生活中。

1. GIS的组成

GIS由五个主要的元素所构成：硬件、软件、数据、人员和方法。

（1）硬件：主要包括操作GIS所需的一切计算机资源。如计算机、数据输入设备、数据输出设备及储存设备等。

（2）软件：GIS软件提供所需的存储、分析和显示地理信息的功能和工具。主要的软件部件有：输入和处理地理信息的工具；数据库管理系统（DBMS）；支持地理查询、分析和视觉化的工具；容易使用这些工具的图形化界面（GUI）。

（3）数据：是GIS系统中最重要的部件。GIS把空间数据和其他数据源的数据集成在一起，并使用组织和保存数据的数据库管理系统，来管理空间数据。

（4）人员：GIS技术如果没有人来管理系统和制订计划应用于实际问题，将没有什么价值。GIS的用户范围包括从设计和维护系统的技术专家，到那些使用该系统并完成他们每天工作的人员。

（5）方法：成功的GIS系统，需要具有好的设计计划和独特的开发手段。

2. GIS系统的功能

一个GIS系统应具备五项基本功能，即数据输入、数据编辑、数据库管理、空间查询与分析、可视化表达与输出。

（1）数据输入。数据输入是建立地理数据库必需的过程。通过该功能将地图数据、物化遥感数据、统计数据和文字报告等输入、转化成计算机可处理的数字形式。用于GIS空间数据采集的主要技术有使用数字化仪的手扶跟踪数字化技术和使用扫描仪的扫描技术，而随着扫描仪技术性能的提高及扫描处理软件的完善，扫描数字化技术的使用将越来越普遍。

（2）数据编辑。数据编辑主要包括图形编辑和属性编辑。图形编辑主要包括拓扑关系建立、图形整饰、图幅拼接、图形变换、投影变换、误差校正等。属性编辑主要与数据库管理结合在一起完成。

（3）数据库管理。数据库管理功能除了应具备普通的DBMS功能以外，对空间数据的管理技术主要包括：空间数据库的定义、空间数据的访问和提取、图数互查、开窗和接边操作、数据更新和维护等。

（4）空间查询与分析。空间查询与分析功能是GIS区别于其他信息系统一个特有的功能。空间分析可分为三个层次的内容：①空间检索：包括从空间位置检索空间物体及其属性、从属性条件检索空间物体；②空间拓扑叠加分析：实现空间特征（点、线、面或图像）的相交、相减、合并等，以及特征属性在空间上的连接；③空间模型分析：包括地形分析（如坡度坡向）、网络分析（如优化路径）、空间统计分析（如空间插值）、多要素综合分析等。

（5）可视化表达与输出。通过可视化表达，GIS具有了以人机交互方式来选择显示的对象与形式，以及根据要素的信息密集程度对图形数据选择放大或缩小显示的功能。另外GIS不仅可以输出全要素地图，还可以根据用户需要，分层输出各种专题图、统计图、图表及数据等。

由于地理信息系统功能复杂，且用户往往为非计算机专业人员，因而用户界面是地理信息系统应用的重要组成部分，它使该系统成为人机交互的开放式系统。

3. GIS在物流中的应用

由于GIS强大的数据组织、空间分析和可视化等众多优点，基于GIS的物流配送系统集成已成为物流配送系统发展的必然趋势。系统集成的目的是利用GIS空间分析功能，在可视化、智能化的信息平台实现高效、便捷的物流配送，使配送企业能最大限度地利用内部人力、物力资源，缩短配车计划编制时间，减少车辆的闲置、等候时间，合理安排配送车辆行驶路线，制定合理的配送方案，提高车辆的利用率，优化人员与车辆的调度，使物流配送达到最优，以降低企业的运营成本。

（1）选址。在GIS辅助下，结合各种选址模型，为物流配送中心、连锁企业和仓库位置选址、中心辐射区范围的确定提供参考数据。

（2）配送最佳运输路线的模拟与决策。运输路径的选择意义重大，不仅涉及物流配送的成本效益，而且关系到物流能否及时送达等。GIS按照最短的距离，或最短的时间，或最低运营成本等原则，可为物流管理提供满足不同要求的最佳路径方案。

（3）车辆和货物跟踪和导航。利用GPS（详见下一部分）和电子地图可以实时显示出车辆或货物的实际位置从而对车辆提供导航服务，并能查询出车辆和货物的状态，以便进行合理调度和管理。在时间紧迫的情况下，找出可替代的行车路线。使物流活动可以安排在恰当的时间出发并按照规定的时间到达目的地。

（4）实现仓库立体式三维管理。GIS与条形码技术，POS（销售时点信息系统）、射频技术以及闭路电视等多种自动识别技术相结合可以应用于物流企业的仓库管理信息化，为仓库入库、存储、移动及出库等操作提供三维空间位置信息，以更直观的方式实现仓库货物的立体式管理。

二、GPS设备（全球定位系统设备）

GPS（Global Positioning System）即全球定位系统，是一个中距离圆形轨道卫星导航系统。它是利用GPS星座（通信卫星）、地面控制部分和信号接收机对对象进行动态定位的系统。它具有全方位、全天候、全时段、高精度的特点，可以为全球用户提供低成本、高精度的三维位置、速度和精确定时等导航信息。

1. GPS的组成

GPS由三部分组成：空间部分——GPS星座；地面控制部分——地面监控系统；用户设备部分——GPS信号接收机。如图7-15所示。

（1）空间部分。GPS定位系统的空间部分是由24颗GPS工作卫星所组成，这些GPS工作卫星共同组成了GPS星座，其中21颗为可用于导航的卫星，3颗为活动的备用卫星。这24颗卫星分布在6个倾角为55°的轨道上绕地球运行。卫星的运行周期约为12恒星时。每颗GPS工作卫星都发出用于导航定位的信号。

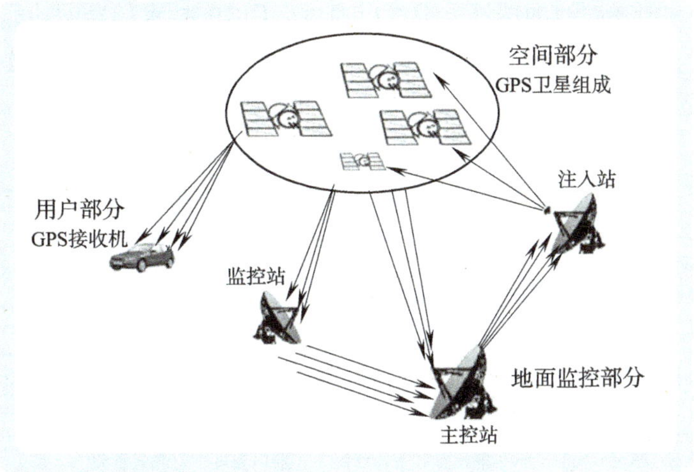

图7-15 GPS卫星系统组成

（2）地面监控部分。此部分由分布在全球的由若干个跟踪站所组成的监控系统所构成，根据其作用的不同，这些跟踪站又被分为主控站、监控站和注入站。主控站的作用是根据各监控站对GPS的观测数据，计算出卫星的星历和卫星钟的改正参数等，并将这些数据通过注入站注入卫星中去；同时，它还对卫星进行控制，向卫星发布指令；当工作卫星出现故障时，调度备用卫星，替代失效的工作卫星工作；另外，主控站也具有监控站的功能。注入站的作用是将主控站计算出的卫星星历和卫星钟的改正数等注入卫星中去。

（3）用户设备部分。GPS定位系统的用户部分由GPS接收机、数据处理软件及相应的用户设备如手机、计算机、气象仪器等所组成。它的作用是接收GPS卫星所发出的信号，利用这些信号进行导航定位等工作。

2. GPS的功能

（1）跟踪、定位：通过地面终端，可以实时显示出船舶、车辆的实际位置，随时掌握车、船动态。

（2）信息传递、查询：利用GPS，一方面管理中心可以向车、船提供相关的气象、交通、指挥等信息；另一方面，也可以将车、船的信息传递给管理中心，实现信息双向交流。

（3）及时报警：利用GPS，可及时掌握运输设备的异常情况，并将接收的求助和报警信息传递给管理中心，从而实施紧急救援。

（4）支持管理：通过GPS提供的信息，可以实施运输指挥、实时监控、规划和选择线路、到货预报等，有效地支持大跨度物流系统管理。

3. GPS在物流中的应用

在物流管理中，GPS是非常先进和实用的工具。GPS技术在物流业中的主要应用有：配送车辆的自定位、跟踪调度、陆地救援；内河及远洋轮船的最佳航程和安全航线的测定，航向的实时调度、监测及水上救援；航空的空中交通管理、精密进场着陆、航路导航和监视等。尤其是在货物配送领域中，对可能涉及的货物的运输、仓储、装卸、送递等处理环节，对各个环节涉及的问题如运输路线的选择、仓库位置的选择、仓库的容量设置、合理装卸策略、运输车辆的调度和投递路线的选择，都可以通过运用GPS技术的导航功能及车辆跟踪、信息查询等功能进行有效的管理和决策分析，这无疑将有助于配送企业有效地利用现有资源、降低消耗、提高效率。具体见表7-1。

表7-1　GPS的应用范围及应用情况

应用范围	应用情况
物流配送	GPS可将车辆的状态信息以及客户的位置信息快速、准确地反映给物流系统，由特定区域的配送中心统一合理地对该区域内所有车辆做出快速地调度。如此可大幅度提高物流车辆的利用率，从而减少物流公司的运营成本
动态调度	操作人员通过在途信息的反馈，车辆未返回车队前即做好待命计划，提前下达运输任务，减少等待时间，加快车辆周转，以提高重载率，减少空车时间和空车距离
货物跟踪	通过GPS可以实时了解车辆位置和货物状况（车厢内温度、空载或重载），真正实现在线监控，提高货物的安全性
车辆优选	查出在锁定范围内可供调用的车辆，根据系统预先设定的条件判断车辆中哪些是可调用的。并根据最优化原则，在可能被调用的车辆中选择一辆最合适的车辆
路线优选	地理分析功能可以快速地为驾驶人员选择合理的物流路线，所有可供调度的车辆不用区分本地或是异地，都可以统一调度。配送货物目的地的位置和配送中心的地理数据结合后，产生的路线将是整体的最优路线
报警援救	当发生故障和一些意外的情况时，GPS系统可以及时地反映发生事故的地点，调度中心可及时采取相应的措施来挽回和降低损失，增加运输的安全和应变能力

第三节　射频识别设备

射频识别（Radio Frequency Identification，RFID）技术，又称无线射频识别，是一种通信技术，可通过无线电讯号识别特定目标并读写相关数据，而无须识别系统与特定目标之间建立机械或光学接触。其基本原理是利用射频信号和空间耦合（电感或电磁耦合）或雷达反射的传输特性，实现对被识别物体的自动识别。

一、RFID系统的组成

一般而言，RFID系统由5个组件构成，包括传送器、接收器、微处理器、天线，标签。传送器、接收器和微处理器通常都被封装在一起，又统称为阅读器（Reader），所以通常将RFID系统分为信号发射机（射频标签）、信号接收机（阅读器）、发射接收天线三大组件。如图7-16所示。

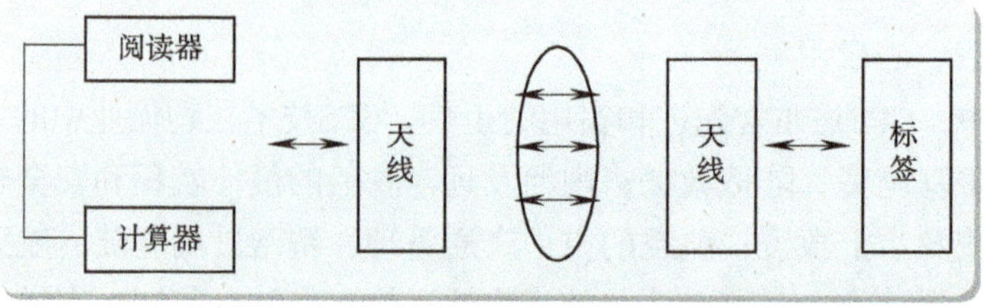

图7-16　FRID系统的基本组成

1. 信号发射机（射频标签）

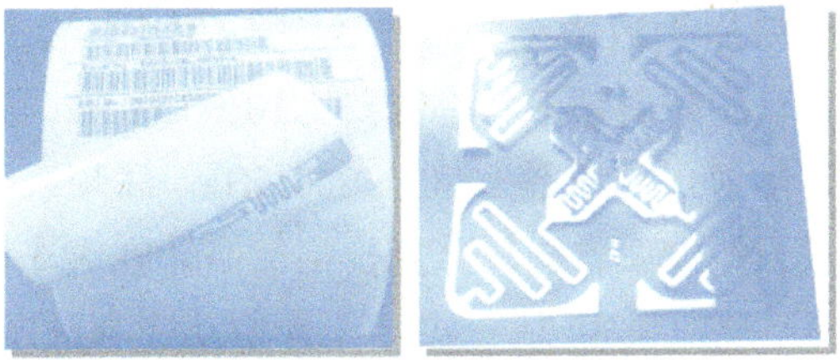

图7-17　电子标签

在RFID系统中，信号发射机为了不同的应用目的，会以不同的形式存在，典型的形式是标签（TAG）（如图7-17所示）。标签是由耦合元件、芯片及微型天线组成的，每个标签内部有唯一的电子编码，附着在物体上，用来标识目标对象。标签进入阅读器扫描场以后，接收到阅读器发出的射频信号，凭借感应电流获得的能量发送出存储在芯片中的电子编码（被动式标签），或者主动发送某一频率的信号（主动式标签）。

2. 信号接收器（阅读器）

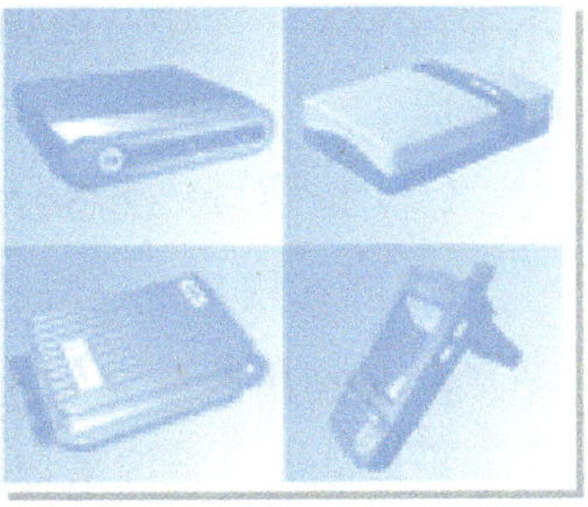

图7-18　RFID读写器

阅读器是由天线、耦合元件、芯片组成，读取（有时还可以写入）标签信息的设备，可设计为手持式RFID读写器或固定式读写器（如图7-18所示）。

阅读器基本的功能就是提供与标签进行数据传输的途径。另外，阅读器还提供相当复杂的信号状态控制、奇偶错误校验与更正功能等。标签中除了存储需要传输的信息外，还必须含有一定的附加信息，如错误校验信息等。识别数据信息和附加信息按照一定的结构编制在一起，并按照特定的顺序向外发送。阅读器通过接收到的附加信息来控制数据流的发送。一旦到达阅读器的信息被正确地接收和译解后，阅读器通过特定的算法决定是否需要发射机对发送的信号重发一次，或者知道发射器停止发信号，这就是“命令响应协议”。使用这种协议，即便在很短的时间、很小的空间阅读多个标签，也可以有效地防止“欺骗问题”的产生。

3. 天线

天线是标签与阅读器之间传输数据的发射、接收装置。阅读器可以连接一个或多个天线，但每次使用时只能激活一个天线。天线的形状和大小会随着工作频率和功能的不同而不同。RFID系统的工作频率从低频到微波，范围很广，这使得天线与标签芯片之间的匹配问题变得很复杂。

二、RFID的类型

1. RFID射频卡的分类

（1）按供电方式可分为有源射频卡和无源射频卡。有源是指卡内有电池提供电源，其识别距离较远，但寿命有限、体积较大、成本高，且不适合在恶劣环境下工作；无源射频卡内无电池，它利用波束供电技术将接收到的射频能量转化为直流电源为卡内电路供电，它的重量轻、体积小、价格便宜、寿命较长，且对工作环境要求不高，但其作用距离相对有源卡短，且需要读写器的发射功率较大。

（2）按工作频率可分为低频、中频和高频。低频射频卡频率主要在100～500kHz之间，主要用于短距离、低成本的应用中，如多数的门禁控制、校园卡、动物监管、货物跟踪等；中频射频卡频率主要为10～15MHz，主要用于门禁控制和需传送大量数据的应用系统；高频射频卡频率为840～960MHz，高频系统应用于需要较长读写距离和高读写速度的场合，其天线波束方向较窄且价格较高，在火车监控、高速公路收费等系统中应用。

（3）按调制方式可分为主动式和被动式。主动式射频卡用自身的射频能量主动地发送数据给读写器；被动式射频卡使用调制散射方式发射数据，它必须利用读写器的载波来调制自己的信号。在有障碍物的情况下，用调制散射方式，读写器的能量必须来去穿过障碍物两次。而主动方式的射频卡发射的信号仅穿过障碍物一次，因此主动方式工作的射频卡主要用于有障碍物的应用中，距离更远（可达30m）。

（4）按作用距离可分为密耦合射频卡（作用距离小于1cm）、近耦合射频卡（作用距离小于15cm）、疏耦合射频卡（作用距离约1m）和远距离射频卡（作用距离从1m到10m，甚至更远）。

（5）按读写功能可分为只读射频卡、可读写射频卡和一次写入多次读出射频卡。

2. RFID按系统完成的功能分类

根据RFID系统完成的应用功能不同，可以大致把RFID应用系统分成四种类型：便携式数据采集系统、定位系统、物流控制系统、电子商品防盗系统。

（1）便携式数据采集系统。该系统是使用带有RFID读卡器的手持式数据采集器采集RFID标签上的数据。这种系统具有比较大的灵活性，适用于不易安装固定式RFID系统的应用环境。RFID读卡器可以在读取数据的同时，通过无线电被数据传输方式实时地向主计算机系统传输数据，也可以暂时将数据存储在RFID读卡器中，再一批一批地向主计算机系统传输数据。

（2）定位系统。定位系统用于自动化加工系统中的定位以及对车辆、轮船等进行运行定位支持。RFID读卡器放置在移动的车辆、轮船上或者自动化流水线中移动的物料、半成品、成品上，射频识别标签嵌入到操作环境的地表里面。射频识别标签上存储有位置识别信息，读卡器一般通过无线的方式或者有线的方式连接到主信息管理系统。

（3）物流控制系统。在物流控制系统中，固定布置的RFID读卡器分散布置在给定的区域，并且读卡器直接与数据管理信息系统相连，射频识别标签是移动的，一般安装在移动的物体、人上面。当物体、人经过RFID读卡器时，读卡器会自动扫描标签上的信息，并把数据信息输入数据管理信息系统进行存储、分析、处理，达到控制物流的目的。

（4）电子商品防盗系统。电子商品防盗系统是一种设置在需要控制物品出入的门口的RFID技术。这种技术的典型应用场合是商店、图书馆、数据中心等地方，当未被授权的人从这些地方非法取走物品时，系统会发出警告。电子商品防盗系统技术的应用可以有效防止物品的被盗，不管是大件的商品，还是小件的物品。应用该技术，物品不用再锁在玻璃橱柜里，可以让顾客自由地观看、检查商品，这在自选购物日益流行的今天有着非常重要的现实意义。

三、RFID在物流管理中的应用

为了满足现代物流的发展需要，必须在整个物流过程中提供一种通用的、可以快速识别和录入的通用语言，条形码和射频识别等技术的应用满足了这个要求。而射频标签突破了传统条形码技术的局限，利用其自身的特点可以在物流的不同环节中随不同的实体（物资、运输工具、物流容器等）移动，通过在不同的活动环节向不同的系统输入/输出数据，这样就提供了一个统一的数据交换的媒介。因此，RFID技术在物流管理中的应用将通过提供更精确、更及时的物资流动信息，使每一个物流环节的各成员实现信息共享，减少重复工作，从而提高整个物流系统的运行效率。目前RFID技术在仓储管理、物流和供应链管理、生产制造和装配、道路自动收费、航空行李处理、邮件/快运包裹处理、集装箱的管理、一卡通等方面得到广泛应用。

（一）在仓储管理中的应用

RFID系统可以应用在智能仓库货物接收、入库、订单拣货、出库等环节，能有效地解决仓储货物信息管理。其中，应用的形式多种多样，可以将射频识别标签贴在货物上，由叉车上的读写器和仓库相应位置的读写器读写；也可以将射频识别标签与条码配合使用。对于大型仓储基地，管理中心通过RFID系统可以实时了解货物位置、储存情况，高效地完成各种业务操作，不仅增强了作业的准确性和快捷性，还提高了服务质量，降低了成本，节省了劳动力和库存空间，同时减少了整个物流过程中由于商品误置、送错、偷窃、损害和库存、出货错误等造成的损耗，对于提高仓储效率、反馈产品信息、指导生产有很重要的意义。

（二）在配送管理中的应用

在配送环节，如果到达中央配送中心的所有商品都贴有RFID标签，在进入中央配送中心时，托盘通过阅读器，读取托盘上所有货箱上的标签内容。系统将这些信息与发货记录进行核对，以检测出可能的错误，然后将RFID标签更新为最新的商品存放地点和状态。这样就确保了精确的库存控制，甚至可确切了解目前有多少货箱处于转运途中、转运的始发地和目的地，以及预期的到达时间等信息。采用射频技术能大大加快配送的速度和提高拣选与分发过程的效率与准确率，并能减少人工、降低配送成本。

（三）在物流运输中的应用

射频识别技术结合全球定位系统，可以对物流运输过程进行全面可视化跟踪。当贴有电子标签的货物和运输工具，经过一些设立了RFID读写系统的地理位置时，运输工具可以不用停下来而直接通过，节省了通关的时间。同时，设立在运输路径上的RFID系统可以对车辆进行实时定位跟踪，及时了解货物在途运输信息，便于公司进行远程调度管理，并极大地提高了在途货物的安全性。

（四）在集装箱管理中的应用

将记录有集装箱箱号、箱型、装载货物种类、数量等数据的电子标签安装在集装箱上，在经过安装有RFID系统的公路、铁路的出入口、码头的检查门时，该系统既可以对集装箱进行动态跟踪，同时阅读器可以非常容易地校验集装箱等封闭容器内的货物，而无须花费大量的人力和时间进行开箱检查、手工点货和货单校对，不仅加快了车辆进港提箱的速度，而且能对车辆提箱进行严密的管理并有效地降低工作人员的劳动强度，减少人为因素造成的差错，提高集装箱的管理效率。

四、RFID的发展前景

RFID技术是从20世纪80年代起步并逐步走向成熟的一项自动识别技术。随着大规模集成电路技术的发展与成熟，RFID系统的体积大大缩小，功能愈趋强大，正大踏步进入实用化的阶段。它和同期或早期的接触式识别技术不同，RFID系统的射频卡和读写器之间不用接触就可完成识别，因此，具有更广泛的场合中应用。

RFID技术在国外的应用发展很快，RFID的应用仍在层出不穷。RFID产品种类很多，如德州仪表、摩托罗拉、飞利浦等世界著名厂家都生产RFID产品，并且各有特点，自成系列。RFID技术被广泛应用于工业自动化、商业自动化、交通运输控制管理等众多领域。如欧共体宣布1997年开始生产的新车型必须具有基于RFID技术的防盗系统；澳大利亚将它的RFID产品用于机场旅客行李管理；比利时2014年年底发行了20万张基于生物识别的护照，这些护照将包含一个射频天线和一个64K的非接触芯片等。

目前，RFID技术在中国的应用还处于一个刚刚起步的阶段。但是它的发展潜力是巨大的，它的前景非常诱人。RFID技术作为一种新兴的自动识别产品，在中国很快地普及。国内已有数十家公司在引进国外的先进技术，开发自己的RFID系统。随着RFID技术的成熟和普及，国家意识到应用RFID技术会给众多行业的发展带来的积极作用，政府加快了制定相关政策以推动RFID产业发展的步伐，《国家中长期科学和技术发展规划纲要2006–2020》将RFID技术列入22项未来重点发展前沿技术，2010年中国物联网发展被正式列入国家发展战略后，中国RFID及物联网产业迎来了难得的发展机遇。2012年，我国RFID的市场规模达到236.6亿元，同比增长31.5%；2013年的行业规模突破300亿元，规模增速达到35%。由此可见，RFID技术具有广阔的发展前景。

| 经典案例 |

中创物流RFID仓储管理系统

【项目背景】

RFID技术在企业内物流的应用越来越受到重视，企业负责人逐渐意识到，通过RFID技术可以提高供应链物流管理的透明度和库存周转率，有效减少缺货损失，提高企业内的物流效率。RFID应用于企业内物流管理的功效体现在两点：一快，物流效率快，货品交接点数快，提高物流作业效率；二准，数据准，在物流管理的各个环节对货品的流通数据采集准确。

中创物流股份有限公司（以下简称：中创物流），业务主要涵盖货运代理、场站服务、船舶代理、沿海运输、项目物流等领域，旨在建设网络覆盖中国沿海及内陆主要口岸的综合物流企业。中创物流拥有精通物流业务的IT研发团队，自行开发了拥有独立知识产权的综合物流管理平台CML E-Platform.中创物流根据目前仓库管理的现状和对RFID技术在物流管理中的可行性研究，提出在仓储管理系统（WMS）中实现RFID系统的应用，目的是为了提高物流管理的先进性与高效性。

上海实甲智能系统有限公司，结合现今的RFID技术并根据中创物流仓储管理的业务需求，为其设计了RFID技术应用在仓储管理的设备配置方案。该方案采用RFID电子标签对叉车、集装箱及托盘进行标识，并在WMS中融合了先进的RFID数据采集手段，实现了企业物流管理的信息化与现代化。以此，提高企业物流管理水平和管理效率，降低企业管理成本。

【系统方案】

采用RFID电子标签对叉车、集装箱及托盘进行标识，并在WMS中融合了先进的RFID数据采集手段，实现了企业物流管理的信息化与现代化。以此，提高企业物流管理水平和管理效率，降低企业管理成本。

中创物流想把RFID技术应用在仓储管理中，着重需要解决了2个问题：仓储管理流程的规范化，提高出入库效率。具体而言要实现以下管理目标：

仓储管理以RFID标签标识的托盘、叉车和集装箱。

货物收货后进行码盘时，将托盘RFID标签与所装载货物的物流信息进行关联。

通过智能RFID手持机，实现码盘、收货和发货确认、库存盘点。

智能RFID车载终端系统，实现入库、出库、装车等环节的高效识别与检验。

通过智能RFID识别通道终端系统，实现出入库计数、校验及库存自动更新。

【系统特点】

采用RFID标签标识托盘、集装箱、叉车作为物流过程管理的基本单位，实现数据自动采集。

多种数据采集方式集成应用，通过有线/无线的通信方式，实现智能RFID识别通道、智能RFID手持机、智能RFID叉车读写设备、条码标签打印机等读写设备进行数据采集并上传。

完整的仓储管理流程，涵盖入库、出库、盘库、库存管理等。

精确的库存管理，出入库自动校正库存，非法出入库及时报警。

【实施效益】

完整的货物物流过程管理功能，出入库差错及时报警，对货物的实时动态管理的能力得到极大提高。

管理实时，操作快捷，记录详尽，实现完整的管理链路。

提高出入库准确率，使得库存盘点更高效。

全过程数据的实时采集并记录，通过信息集中管理，达到信息共享，减少劳动环节，节约时间；通过对数据进行统计、分析处理，提供管理所需的各种数据，为决策者提供可靠依据。

灵活易用的RFID中间件技术，可在现有管理系统中方便地扩展RFID数据采集方式，充分保护企业的现有投资。

【资料来源：全国物流信息网】

复习思考题

1. 简述条码识读的基本原理。
2. 常见的条码扫描器有哪些类型？
3. 在选择条码扫描器时应考虑哪些主要的技术性能指标？
4. 简述CCD扫描器的基本工作原理。
5. 简述激光式扫描器的工作原理。
6. 便携式数据采集器和无线数据采集器有何区别？
7. 什么是地理信息系统？地理信息系统的组成。
8. 地理信息系统在物流中有哪些应用？
9. 什么是全球定位系统？全球定位系统有哪些功能？
10. 什么是射频识别技术？射频识别技术由哪几部分组成？
11. 射频识别技术有哪些类型？
12. 射频识别技术在物流管理中有哪些应用？

参考文献

[1] 孟初阳．物流设施与设备[M]．北京：机械工业出版社，2003．

[2] 蒋正雄，刘鼎铭．集装箱运输学[M]．北京：人民交通出版社，1997．

[3] 余洲生．港口装卸机械[M]．北京：人民交通出版社，1993．

[4] 何三全．综合运输与装卸机械[M]．北京：人民交通出版社，2000．

[5] 真虹．集装箱运输学[M]．大连：大连海事大学出版社，1999．

[6] 刘鼎铭．国际集装箱及其标准化[M]．北京：人民交通出版社，1998．

[7] 刘志学．现代物流手册[M]．北京：中国物资出版社，2001．

[8] 王之泰．现代物流学[M]．北京：中国物资出版社，2000．

[9] 魏国辰．物流机械设备的运用与管理[M]．北京：中国物资出版社，2002．

[10] 常红，孟初阳．物流机械[M]．北京：人民交通出版社，2003．

[11] 秦同瞬，杨承新．物流机械技术[M]．北京：人民交通出版社，2002．

[12] 何焯．设备起重吊装工程便携手册[M]．北京：机械工业出版社，2003．

[13] 秦明森．物流技术手册[M]．北京：中国物资出版社，2002．

[14] 周全申．现代物流技术与装备实务[M]．北京：中国物资出版社，2002．

[15] 秦明森，王方智．实用物流技术[M]．北京：中国物资出版社，1999．

[16] 毕华林，李士瀛．港口起重机械设计手册[M]．北京：人民交通出版社，2001．

[17] 丁俊发．中国物流年鉴[M]．北京：中国物资出版社，2002．

[18] 赵淮．包装机械选用手册[M]．北京：化学工业出版社，2001．

[19] 何明珂．物流系统论[M]．北京：中国审计出版社，2001．

[20] 李治平．货运技术[M]．北京：新世纪出版社，1992．

[21] 董千里．高级物流学[M]．北京：人民交通出版社，1999．

[22] 何晓莉．物流设施与设备[M]．北京：机械工业出版社，2006．

[23] 孔令中．现代物流设备设计与选用[M]．北京：化学工业出版社，2006．

[24] 陶新良．物流设施及设备[M]．北京：机械工业出版社，2012．

[25] 陈鹏．物流设施与设备[M]．北京：北京理工大学出版社，2012．

[26] 王进．物流设施设备应用与管理[M]．北京：人民邮电出版社，2015．